KARIN HILDERBRANDT

Bis *bald* in FRANKREICH!

ROMAN

1. Auflage 2017

Autor: Karin Hildebrandt
Umschlaggestaltung, Illustration: Christiane Hibbe
Printed in Germany

Verlag: tao.de in J. Kamphausen Mediengruppe GmbH, Bielefeld,
www.tao.de, eMail: info@tao.de

Bibliografische Information der Deutschen Nationalbibliothek:
Die Deutsche Nationalbibliothek verzeichnet diese Publikation
in der Deutschen Nationalbibliografie; detaillierte bibliografische Daten
sind im Internet über http://dnb.de abrufbar.

ISBN Hardcover: 978-3-96051-668-2
ISBN Paperback: 978-3-96051-667-5
ISBN e-Book: 978-3-96051-669-9

Vorbemerkung der Autorin:
Alles, was in diesem Roman geschieht, ist nie geschehen. Alle Personen, die in diesem Roman leben, haben nie gelebt. Alle Örtlichkeiten und Firmen, die real existieren, haben meine Freude und Faszination dermaßen beflügelt, dass ich sie kreativ in die Handlungsstränge einbaute.

Freunde

Jeder Schritt in diesem Leben
ist von großem Glück umgeben,
wenn du Freunde hast, die lachen,
auch verrückte Sachen machen.
Und dazu an dunklen Tagen,
deine Nöte gern ertragen.

Kapitel 1

Auf der Straße hupte ein Auto. Zweimal kurz.

Typisch, dachte Carla, immer fünf Minuten vor der Zeit. Sie kannte die Hupe und brauchte gar nicht erst aus dem Fenster zu schauen, um zu wissen, wer gemeint war. Doch sie war so gut wie fertig. Ihr Gepäck stand bereits unten im Hausflur und die letzte Runde durch die Wohnung war auch schon gedreht. Schnell schlüpfte sie in ihre neuen dunkelgrünen Pumps. Sie konnte sich ein Lächeln nicht verkneifen, denn erstens waren die Schuhe ausnahmsweise einmal nicht schwarz und zweitens passten sie ausgezeichnet zu ihrem T-Shirt mit den grünblauen Streifen. Dazu die Jeans. Perfekt. Sie fühlte sich wohl. Und dass die farbliche Abstimmung ein reiner Zufall war, brauchte sie ihrer Freundin ja nicht zu offenbaren. Noch immer grinsend warf sie sich die alte Lederjacke über den Arm, schnappte sich ihre Handtasche und schloss die Wohnungstür. Leichtfüßig rannte sie die Stufen der beiden Stockwerke hinunter, als trüge sie ausgetretene Turnschuhe und nicht fünf Zentimeter hohe Hacken. Eine Bilanz ihres jahrelangen Trainings. Als sie die Haustür öffnete, stand Johanna schon vor ihr. Die beiden begrüßten sich herzlich und luden die Taschen in den Kofferraum, dessen Kapazität damit erschöpft war. Es war sieben Uhr in der Früh und um sieben Uhr wollten sie auch starten.

»Das nenne ich Timing«, strahlte Johanna, nachdem sich beide angeschnallt hatten. Sie liebte die Pünktlichkeit. Vielleicht lag es daran, dass sie sich jahrelang um die Terminführung in der Praxis ihres Mannes gekümmert hatte? Aber nein, winkte Carla gedanklich ab, so war sie schon als Kind.

Mit einem routinierten Handgriff löste sie die Sitzbremse und fuhr ein Stück nach hinten, um sich für die bevorstehende Reise mehr Beinfreiheit zu gönnen. Dann öffnete sie ihre Handtasche und legte ihr Handy griffbereit in ein offenes Seitenfach. Sie konnte es einfach nicht ausstehen, hektisch nach dem Telefon kramen zu müssen, während es unentwegt klingelte oder rappelte oder sich sonst wie bemerkbar machte, je nachdem, welche Art der Lautgebung sie gerade ausgewählte hatte. Und auf dieser Fahrt würde das Gerät nicht schweigen, da war sie sich ganz sicher.

Carla registrierte, dass ihre Freundin jetzt die lange Reise einläutete. Dazu bedurfte es eines kleinen Rituals, das jedoch nur wenige Augenblicke andauerte. Sie schaute zum Innenspiegel des Autos, an dem ein kleiner Schutzengel baumelte, aus feinem Silber gearbeitet und mit weit ausgebreiteten kupfernen Flügeln. Sie schloss kurz die Augen und verharrte einige Augenblicke konzentriert und in sich gekehrt. Carla wusste, dass Johanna nun ihren Schutzengel Raphael um Fürsorge und Begleitung bat. Sie tat dieses vor jeder langen Reise, ohne viel Getue und mit einer Selbstverständlichkeit, die bewundernswert war. Insgeheim beneidete sie die Freundin um ihre festen Überzeugungen, besser ausgedrückt, sie beneidete Johanna um den Besitz einer tief verankerten und belastbaren Lebenseinstellung, weil ihr das eine Stärke und Sicherheit verlieh, die Carla selber gerne gehabt hätte. *Jeder muss seinen eigenen Weg finden*, wäre Johannas Antwort gewesen, hätte sie Carlas Gedanken erraten können.

»So, los geht's! Auf eine schöne Reise.«, sagte sie stattdessen und nahm ihre Freundin noch einmal in den Arm. Und schon fuhren sie los.

»Es ist die erste große Fahrt mit meinem neuen Schätzchen, sozusagen die Jungfernfahrt.«

Johanna sprach von ihrem Auto, einem Mini, den sie vor vier Wochen bekommen hatte.

»Weißt du eigentlich, dass es mein erstes eigenes nagelneues Auto ist?« Bedächtig hatte sie jedes einzelne Wort betont.

»Autos interessieren dich doch gar nicht. Am liebsten würdest du doch immer noch deine alte Ente fahren, wenn sie das bis heute durchgehalten hätte.«

»Das stimmt schon. Trotzdem ist es diesmal anders. Der Mini ist etwas Besonderes. Er hat Charakter, Charme, Ausstrahlung.« Johanna geriet ins Schwärmen »Oder etwa nicht?«

»Doch. Doch. Ausstrahlung kann ich nur bestätigen, wenn ich mir die Farbe so ansehe. Wahrscheinlich glaubt jeder Autofahrer, der uns begegnet, ein Bonbon hätte sich selbstständig gemacht.«

Johannas Mini, es war zum Erstaunen aller auch noch ein Cabrio geworden, erstrahlte in einem leuchtenden Violett. Sogar durch den Innenraum zogen sich entsprechende Zierstreifen, so dass man auch während der Fahrt der Farbe nicht entgehen konnte. Glücklicherweise hatte sie sich für neutrale schwarze Sitze entschieden. Eine Wohltat für die Augen aller Mitfahrer, wie nicht nur die Freundinnen, sondern auch Johannas Familie fand.

»Die Farbe Violett gefällt mir eben ausgesprochen gut und ist im Übrigen das Symbol für die Suche nach Ausgeglichenheit. Für mich zwei überzeugende Argumente.«

Ihr ernsthafter Gesichtsausdruck war gespielt, aber ihre Erklärung durchaus ernst gemeint. Vor zwei Jahren hatte Benedikt begonnen, seine Frau an den Gedanken eines neuen Autos zu gewöhnen. Immer wieder hatte er sie auf die Schwächen ihres 14 Jahre alten Polos aufmerksam gemacht, besonders, wenn dieser mal wieder nicht anspringen wollte oder im Winter die Heizung ausgefallen war. Große Hoffnungen hatte er auch auf den Sicherheitsaspekt gesetzt. So hatte er immer wieder dosiert einfließen lassen, dass er sie und die Kinder in diesem Auto nicht mehr sicher aufgehoben wisse. Steter Tropfen höhlt den Stein, hatte er wohl gehofft. Doch Johanna hatte sein Ansinnen von Anfang an durchschaut und ihm irgendwann Einhalt geboten.

»Gib dir keine Mühe, Benedikt«, hatte sie leichthin zu ihm gesagt, »die Zeit ist noch nicht gekommen.«

Es gab Entscheidungen in Johannas Leben, die ihr schwerfielen. Dabei handelte es sich immer um Bereiche, die sie nicht interessierten. Wie zum Beispiel ein Auto. Es hatte zuverlässig zu fahren, bequem zu sein und angemessen klein, damit das Einparken nicht zu mühselig wurde. Das war in diesem Zusammenhang auch schon alles. Natürlich wusste sie selber, dass damit noch längst nicht alle Aspekte eines guten Autos berücksichtigt wurden. Doch diese spielten für ihre Bedürfnisse keine Rolle und deren Auswertung hätte nur unnötig viel Zeit gekostet, denn eines war so sicher wie das Amen in der Kirche: Nicht nur ihr Mann, sondern auch ihre inzwischen halbwüchsigen Kinder hätten sich intensiv an der Diskussion beteiligt. Von ihren Freundinnen ganz zu schweigen. Nein, sie vertraute dem ausgereiften Standard der heutigen Autoindustrie und hatte lediglich ein ansprechendes Modell gebraucht. Doch diesen Prozess hatte sie nicht durch krampfhaftes Suchen beschleunigen können, denn sie verließ sich grundsätzlich auf die Fügung des Schicksals und ihre Intuition. Und so war es eines Tages auch geschehen, dass sie auf dem Parkplatz eines Supermarktes neben eine junge Frau gefahren war, die gerade ihre Einkäufe in den Kofferraum eines Minis eingeräumt hatte. Beim Anblick des Autos hatte Johannas Herz sogleich höhergeschlagen; der Mini hatte ihr Herz erobert. Die beiden Frauen waren sofort ins Gespräch und ins Schwärmen gekommen und so hatte Johanna aus erster Hand alles über das Auto erfahren können, was sie wissen wollte.

Als im letzten Winter dann die ersten Autoprospekte in der Familie aufgetaucht waren, hatte es niemand glauben wollen. Doch Johanna hatte nur gelächelt. Wie erwartet wurde zwei Wochen lang enthusiastisch über die technische Konfiguration des neuen Autos, über alle Details der Ausstattung und die beste Farbe diskutiert. Johanna hatte alle gewähren lassen und bei der Bestellung, die sie irgendwann stillschweigend in einer Mittagspause getätigt hatte, gerne die technischen Komponenten übernommen. Nur bezüglich der Farbe hatte sie ihre eigenen Vorstellungen umgesetzt. Als alle schon resigniert hatten und an keine Entscheidung mehr glauben mochten, besonders Benedikt nicht, hatte sie strahlend verkündet:

»Nächste Woche kann ich den Mini abholen.«

»Wen?«, echoten sie im Chor.

»Mein neues Auto natürlich.«

»Das glauben wir jetzt nicht!«

Alle hatten sie mit großen Augen angeschaut. Sie kannten Johanna und waren auch an ihre Eigenheiten gewöhnt. Alle wussten auch, dass es zwecklos war, sie zu irgendetwas zu drängen. Sie musste immer ihren eigenen Weg finden, mit den Dingen umzugehen. Doch wenn sie sich zu einer Entscheidung durchgerungen hatte, konnte sie sehr spontan und durchsetzungsstark sein. Dass sie jedoch hinter dem Rücken aller schon vor Monaten auf eigene Faust ihr Auto bestellt hatte, das hatte ihr keiner zugetraut. So hatte Johanna mit großer Freude beobachten können, wie alle ganz langsam aus ihrer Erstarrung erwacht waren.

»Und die Farbe?«

»Überraschung!« Johanna hatte über das ganze Gesicht gestrahlt. »Nur noch 13mal schlafen.«

AUSFAHRT VOR IHNEN! IN 100 METERN RECHTS ABBIEGEN AUF DIE AUTOBAHN!

Carla schreckte hoch.

»Mein Gott! Da bekommt man ja einen Herzinfarkt. Was ist denn das für eine Stimme? Und so laut!«

»Ich hatte bisher leider keine Zeit, mich um die Charlies Einstellungen zu kümmern. Tut mir leid. Aber ich habe unseren Zielort eingegeben. Und das ist doch wohl das Wichtigste, oder?«

»Hat Benedikt dir dabei geholfen?« Carla wurde misstrauisch.

»Nein. Gestern Abend wurde er noch zu einem Notfall gerufen und kam erst spät nach Hause. Dann haben wir es vergessen.«

»War Franz denn nicht da?«

»Nein.«

Carla nahm sich vor, möglichst rasch auf eine Kaffeepause zu drängen, um die Einstellungen des Navigationsgerätes zu kontrollieren. Sie kannte Johannas technisches Verständnis, es war schlichtweg nicht vorhanden. Warum musste sie auch alles bis auf die letzte Minute hinausschieben?

»Nun bleib mal ganz locker, Carla«, sagte Johanna, als hätte sie die Gedanken ihrer Freundin erspürt. »Du weißt doch selber, wie die letzten Tage vor dem Urlaub ablaufen. Vertrau mir einfach. Wir werden schon gut ankommen.«

Wenn das mal so einfach wäre, dachte Carla, lehnte sich aber in ihrem Sitz zurück und versuchte, sich zu entspannen. Ihr Blick fiel auf den kleinen Schutzengel, der am Innenspiegel lustig zappelte. Sie lächelte. Mein Gott, wie lange war das nun schon her? Es muss Anfang der Achtziger gewesen sein. Johanna hatte sich gerade genug Geld zusammengespart, um sich die alte Ente zu kaufen. Und damit auch ein großartiges Lebensgefühl. Diese Mischung aus Erwachsensein, Freiheit und Selbstständigkeit hatte das Leben der Freundinnen für viele Monate beflügelt. In jeder freien Minute waren sie herumkutschiert und hatten jeden Winkel in Münster und Umgebung unsicher gemacht. Doch zuvor hatten sie dieses Ereignis gebührend gefeiert, und zwar im *Schwarzen Schaf* in Münsters Studentenviertel. Eine ausgezeichnete Wahl für einen fröhlichen und ausgelassenen Abend. Oder sollte sie Nacht sagen? Auf jeden Fall hatte sie irgendwann in einem ruhigen Augenblick kurz vor Mitternacht ihrer Freundin ein kleines Geschenk überreicht.

»Ich wünsche dir allzeit eine gute und sichere Fahrt.«

Ein wenig verlegen hatte Johanna das Päckchen geöffnet und den Engel in die Hand genommen.

»Ein Schutzengel! Das ist ja großartig!«

Sie hatte so laut gesprochen, dass andere Gäste von den Nachbartischen aufgeschaut und die beiden etwas seltsam angesehen hatten. Doch Johanna hatte gejubelt und ihre Freundin herzlich umarmt.

»Damit hast du mir eine riesige Freude gemacht.«

Sie hatte den Engel Raphael genannt und am nächsten Morgen liebevoll in ihr Auto gehängt. Seitdem begleitete er sie von einem Auto zum nächsten.

hatte sie einen Tick für farbenfrohe Schuhe und verrückte Details. Heute trug sie lila Turnschuhe zu einer lila Sommerjeans. Ein für ihre Verhältnisse ganz normales Outfit. Und auf ihrer schlichten weißen Bluse prangte die Rückenaufschrift *Freiheit den Fifties.*

»Ich gebe zu, ich erkenne einen gewissen Unterschied«, antwortete Carla mit Blick auf Johannas Füße. Und sofort prusteten beide los vor Lachen, weil ihnen derselbe Gedanke durch den Kopf geschossen war. Es war vor ungefähr zehn Jahren in Travemünde gewesen. Johanna, Carla und Isabelle hatten ihre jährliche Ladiestour an der Ostsee verbracht, fernab von Job, Familie oder Partner. Diese Urlaubswoche war ein fester Bestandteil ihrer Freundschaft seit nunmehr 25 Jahren. An diesem heißen Sommertag waren die drei Frauen über die Strandpromenade spaziert, stets einen interessierten Blick über die Auslagen werfend.

»Das gibt es doch nicht. Solche habe ich immer schon gesucht!«

Carla war auf einen großen Ständer mit Sommerschuhen zugeschossen. Mit geübtem Griff hatte sie ein Paar Sandaletten herausgezogen, Absatzhöhe etwa sechs Zentimeter, mit einer breiten schwarzen Schnalle auf dem Fußrist und ohne Riemchen an der Ferse. Schnell waren sie übergestreift.

»Genial. Und so bequem. Die nehme ich. Wie findet ihr sie?«

Johanna, die an diesem Tag ihre alberne Phase hatte, hatte sich – welcher Eingebung auch immer folgend – zu einer leicht unüberlegten Antwort hinreißen lassen.

»Ich finde sie auch toll. Wenn es die in einer anderen Farbe gäbe, würde ich sie auch sofort nehmen.«

Diese Gelegenheit konnten sich die beiden anderen nicht entgehen lassen. In Windeseile hatte Carla ein paar gelbe und Isabelle ein paar orangefarbene Sandalen in der Hand.

»Hier! Größe 36. Bitte schön.«

Johanna hatte sich gewunden wie ein Aal. Die Schuhe waren chic gewesen, keine Frage, und die Farben auch okay. Aber sechs Zentimeter Absatz. Niemals!

»Anprobieren!« Die Freundinnen hatten nicht lockergelassen.

»Aus der Nummer kommst du jetzt nicht mehr heraus.«

Sie hatten die Sandaletten demonstrativ neben Johannas Füße gestellt, so dass ihr nichts Anderes übriggeblieben war, als sich von ihren Birkenstock-Strandlatschen zu lösen und in die hohen Hacken zu schlüpfen.

»Willst du hier etwa stehen bleiben? Schuhe sind zum Gehen da. Nun lauf schon und probiere sie aus.«

Die Freundinnen hatten nicht aufgehört zu drängen, bis Johanna ein paar Schritte über die gut besuchte Strandpromenade gewagt hatte. Isabelle hatte sich demonstrativ dicht hinter Johanna aufgebaut und ihre Arme weit ausgebreitet, allzeit zum Auffangen oder Stützen bereit, während Carla ein paar Schritte vorgegangen war, um alles besser begutachten und ein Foto schießen zu können. Um diesen unmöglichen und auffälligen Auftritt der beiden endlich zu beenden, hatte Johanna Isabelle abgeschüttelt und war losgestöckelt. Zum ersten und letzten Mal in ihrem Leben auf so hohen Schuhen. Drei Schritte lang war es den beiden Freundinnen gelungen, sich zu bremsen. Danach war es aus ihnen nur so herausgebrochen. Sie hatten geprustet, gestikuliert und vergeblich versucht, ein paar verständliche Worte herauszubringen. Doch sobald sie sich angesehen hatten, mussten sie sich wieder vor Lachen krümmen.

»Ich finde … Ich finde«, hatte Carla gekrächzt, »das Bild eines Stelzengängers recht passend.«

»Und ich muss immer an ein Männerballett denken. Einfach göttlich.« Tränen liefen über Isabelles Gesicht.

Johanna hatte etwas Zeit gebraucht, um ebenfalls mitlachen zu können.

»Das war gemein von euch damals.«

Johanna tuckerte hinter einem LKW her und aus Angst vor einem neuen Lachanfall traute sie sich nicht, ihn zu überholen.

»Gemein würde ich nicht sagen. Wir waren vielleicht ein wenig ausgelassen an diesem Tag. Du übrigens auch bis zu dieser Episode«, erinnerte sich Carla und grinste weiter.

»Außerdem musst du doch zugeben, dass du uns förmlich dazu herausgefordert hast. Oder etwa nicht?« Ohne eine Antwort abzuwarten, ergänzte sie: »Im Übrigen hatte die Geschichte doch auch ihre positiven Aspekte.«

»Ach nee. Und welche sollten das gewesen sein?«

»Durch deinen Auftritt hatten wir glücklicherweise im Urlaub immer etwas zu lachen, besonders an den folgenden drei Tagen, wo es nur noch regnete.«

»Das stimmt allerdings. Und was noch?«

»Außerdem«, flötete Carla, »von diesem Zeitpunkt an wusstest du mit Gewissheit, dass hohe Schuhe nichts für dich sind.«

»Dazu, meine Liebe, hätte ich euren grandiosen Auftritt allerdings nicht gebraucht.«

Kapitel 3 Die nächsten Kilometer fuhren sie schweigend durch das Münsterland, vorbei an Getreide- und Gemüsefeldern, die sich mit grünen Wiesen abwechselten und regelmäßig von kleinen Baumgruppen oder Wäldchen unterbrochen wurden. Immer wieder tauchten stattliche Gehöfte und Anwesen auf, eingefriedet von hohen Bäumen. In den meisten Fällen waren es Eichen oder Kastanien, aber auch Buche und Ahorn waren hier beheimatet. Das Münsterland war durchzogen von vielen kleineren Ortschaften oder Kleinstädten, von denen die meisten durch einen gemütlichen Ortskern mit der Kirche als Mittelpunkt ihr Gesicht erhielten. Oftmals bestand ein großer Teil dieser Häuser aus alter Bausubstanz, was die stimmungsvolle Atmosphäre der Dörfer noch erhöhte. Auch die roten Klinkersteine der Gebäude trugen dazu bei und erinnerten an das Nachbarland Holland.

Die Münsterländer steckten viel Mühe in die Gestaltung und Dekoration ihrer Häuser. An den Fenstern, neben den Treppen und in den Gärten standen farblich aufeinander abgestimmte und liebevoll bepflanzte Blumenkästen und Amphoren. In den Fenstern hingen angepasst an die Jahreszeiten bunte Fensterbilder und viele Haustüren schmückten getrocknete Blumengebinde. Dass die Gärten ebenso aufwendig gepflegt waren, verstand sich von selber. Es schien, als hätten alle Menschen hier einen grünen Daumen. Auch dies war eine Gemeinsamkeit mit den niederländischen Gemeinden, die sofort auffiel, sobald man die Grenze überschritt.

Und dann gab es ja noch das Fahrrad als leidenschaftlich genutztes Hauptverkehrsmittel dieser Gegend. Wie die überwiegende Mehrheit der Bevölkerung bevorzugten auch die Freundinnen das gute alte Hollandrad. Diese Drahtesel waren robust und unverwüstlich und überdauerten nicht nur eine Generation. In der heutigen Wegwerfgesellschaft eine schier unglaubliche Vorstellung! Allerdings gelang diese Nachhaltigkeit auch nur bei der besonderen Fahrweise von kraftvoll, stetig und gleichmäßig.

Johanna und Carla liebten diese Gegend. Beide waren in Münster aufgewachsen und fühlten sich dort zu Hause. Und bis heute war es ihre Heimat geblieben, was sie beide als großes Glück empfanden. Sie hatten sich vor vier Jahrzehnten kennengelernt, als sie von der Grundschule zur Mädchen-Realschule gewechselt waren. Der Zufall hatte es wohl so gewollt, dass sie in derselben Klasse landeten und plötzlich nebeneinandersaßen. Vom ersten Schultag an hatten sich die beiden Mädchen gut verstanden, die temperamentvolle, zupackende und kommunikative Carla und die ruhige, zurückhaltende, aber äußerst eigenständige Johanna. Schnell war aus ihrer Sitznachbarschaft eine innige Freundschaft gewachsen. Bei den Lehrern waren beide sehr beliebt gewesen, weil sie ein unauffälliges Team bildeten, das viele gute Ideen in den Unterricht einbrachte. Obwohl sie mit allen anderen Klassenkameradinnen gut ausgekommen waren, hatten sich keine weiteren Freundschaften entwickelt. Die beiden hatten sich selber genügt.

So hatte es sich ganz selbstverständlich ergeben, dass sie immer mehr Freizeit miteinander verbrachten. Carlas Vater hatte sich mit einer kleinen Schusterwerkstatt in Münster selbstständig gemacht. Im hinteren Raum hatte der Vater gearbeitet, während in dem vorderen Verkaufsraum die reparierten Schuhe sowie Kleinigkeiten wie Schuhsenkel, Sohlen,

Schuhspanner und Schuhcremes aufbewahrt und verkauft worden waren. Herr Gerber hatte sich als sorgfältiger und zuverlässiger Handwerker bald einen Namen gemacht, so dass seine Frau immer häufiger im Geschäft aushelfen musste, bis sie schließlich, als Carla zur Realschule gewechselt war, den ganzen Tag dort gearbeitet hatte. So war es Frau Gerber mehr als recht gewesen, dass sich die beiden Mädchen so rasch angefreundet und einen Teil der Freizeit entweder in der Werkstatt oder in ihrer Wohnung auf der ersten Etage verbracht hatten. Die Mädchen selber hatten die Werkstatt geliebt und Carlas Eltern gerne bei der Arbeit zugeschaut, manchmal auch geholfen. Besonders Carla war mit großer Freude auf die Kunden zugegangen. Vielleicht hatte sie damals schon geahnt, wie wertvoll diese Erfahrungen für ihr späteres berufliches Leben sein würden?

Allerdings hatten Carlas Eltern phasenweise recht wenig Zeit für die Kinder gehabt, so dass sie es stets begrüßt hatten, wenn ihre Tochter nach dem Unterricht mit Johanna nach Handorf gefahren war, wo Familie Lindemann einen großen Bauernhof bewohnte. Dort hatte Carla einen gänzlich anderen Lebensrhythmus kennengelernt, als sie es aus der Stadt gewohnt war. Natur und Tiere hatten dort den Ton angegeben und den Tagesablauf bestimmt. Neben dem Wetter natürlich. Und dann waren da noch Johannas Brüder gewesen, zwei ältere und ein jüngerer. Alle hatten sich ständig geneckt, woran sich Carla als Einzelkind erst gewöhnen musste. Doch sie hatte sich schnell eingefunden und erfahren, dass sich die Geschwister sehr gut verstanden und immer zusammenhielten, bis heute. Carla war rasch integriert worden, denn sie hatte gerne mit angepackt und die Freiheiten, die das Leben auf einem Hof so mitbrachte, genossen. Sie hatten eine herrliche Kindheit gehabt.

Und nun waren sie unterwegs nach Südfrankreich. Mit einem gleichbleibenden Tempo von 120 Stundenkilometern tuckerten sie dahin. Johanna fuhr nie schneller. Sie war der festen Überzeugung, dass Raserei, und alles über Tempo 120 war für sie Raserei, überhaupt nichts einbrachte. Die eventuell eingesparte Zeit würde durch aufgeriebene Nerven nicht aufgewogen. Sowieso sei es nicht möglich, Zeit zu gewinnen. Zeit könne man nicht aufholen, so ihre Devise, Zeit müsse jeden Augenblick gelebt werden.

»Ich glaube, ich habe heute Morgen zu viel getrunken.«

Carla nahm ihre Handtasche und kramte eine Tüte Pfefferminzbonbons heraus.

»Soll ich dir eines auspacken?« Sie hielt Johanna die Tüte vor die Nase.

»Ja, gern. Vielleicht findest du ja noch mehr Aufgaben, die dich ein wenig ablenken. Wir machen nämlich frühestens in zwei Stunden Rast, eher in drei.«

»Warum denn das?«

»Erstens, weil wir das immer so gehandhabt haben. Und zweitens, weil du nur nach einer Gelegenheit suchst, Charly zu checken.«

»Aber das stimmt doch gar nicht!«

»Natürlich stimmt das. Ich kenne dich doch. Entspann dich, wir haben schließlich Urlaub, und vertrau mir einfach mal.«

»Du weißt, dass ich dir blind vertraue, halt nur nicht bei den technischen Dingen.«

»Du solltest mal darüber nachdenken, ob es dir guttut, wenn du so nachtragend bist.«

»Ich bin überhaupt nicht nachtragend, sondern ein gebranntes Kind. Und ich sage nur: Cochem an der Mosel.«

Johanna versuchte, ein Grinsen zu unterdrücken und sowohl sich als auch ihre Freundin durch mehrmaliges Schauen in den Seiten- und Rückspiegel abzulenken.

»Du kannst dich doch noch daran erinnern, oder?«, stichelte Carla.

»Aber sicher. Es war eine wunderbare Ladiestour. Wir haben herrliche Wanderungen durch die Weinberge und eine Fahrradtour entlang der Mosel gemacht. Die Pension war eine Zumutung, aber der Blick vom Frühstückszimmer auf den Fluss phantastisch.«

»Ja, ja, aber …«

»Und wenn ich mich recht erinnere, hattest du dir für unsere Wanderungen neue Stöckelschuhe aus schwarzem Lackleder gekauft, die die erste Route durch die Weinberge, auf der uns leider der Regen erwischte, nicht überlebten.«

»Ich habe noch nie Wanderschuhe getragen und werde es auch in Zukunft nicht tun. Und ich habe mich nicht beklagt.«

»Das stimmt. Aber du hast dir die ersten Blasen deines Lebens gelaufen. Und wenn ich mir vorstelle …«

»Hör auf!«

Beide fingen an zu kichern.

»Dieses Bild werde ich nie vergessen.«

»Hör auf!«

Carla erinnerte sich sehr gut an die beiden riesigen Blasen, die einzigen, die sie sich in ihrem Leben bisher gelaufen hatte. An jeder Ferse blühte eine. Natürlich hatte sie sich nicht beschwert! Wie sollte sie auch. Schließlich war die Wahl ihrer Schuhe auf ihren Ladiestouren häufig genug Anlass für endlose Diskussionen gewesen, da die anderen beiden ihr immer wieder zu erklären versuchten, dass es einen berechtigten Unterschied gäbe zwischen Dienst- und Freizeitschuhen. Aber es hatte ihr noch nie Probleme bereitet, ausschließlich Pumps zu tragen, während der vielen Stunden im Friseursalon nicht und bei anderen Gelegenheiten erst recht nicht. Auch nicht bei stundenlangen Wanderungen. Nur in ihrer Wohnung trug sie Filzpantoffeln, um das Parkett zu schonen. So hatte sie sich auch in Cochem trotzig verteidigt.

»Wozu soll ich meine Gewohnheiten ändern? Um euch einen Gefallen zu tun?«

Bis zum Abend waren es lediglich die Schuhe gewesen, die den Ausflug nicht überlebt und daher für ausreichend Gesprächsstoff gesorgt hatten. Am nächsten Morgen jedoch hatte sich das Ausmaß leicht verschärft. Johanna und Isabelle waren die ersten beim Frühstück gewesen und hatten die Aussicht auf die Mosel genossen, als Carla den Raum betrat. Sofort war den beiden das angestrengte Lächeln ihrer Freundin aufgefallen. Und noch etwas war anders gewesen: Carlas Gang.

»Guten Morgen, ihr zwei. Ist was?«

Im Zeitlupentempo und fast synchron hatten Johanna und Isabelle ihre Köpfe gesenkt, um Carlas Füße zu begutachten. Es hatte sie nicht wirklich verwundert, dass ihr Blick auf schwarze Schuhe gefallen war. Dass diese vorne breit wie Moortreter gewesen waren, hatte schon eine ungewöhnlichere Nuance. Aber dass sie flach wie Badelatschen waren, hatte die beiden vollends sprachlos gemacht.

»Nein, nichts«, säuselten sie im Chor. »Gar nichts. Schau dir mal den blauen Himmel an. Es wird ein fantastischer Tag heute.«

»Ja, das sieht ganz danach aus. Aber ich brauche erstmal einen starken Kaffee.«

Unbeeindruckt und ein wenig unbeholfen war sie zum Büffet geschlurft, verfolgt von den Blicken der Freundinnen, die dabei das ganze Ausmaß der Leidensgeschichte entdeckt hatten. Carla hatte ihre Fersen dick eingepflastert. Die untere Schicht des Verbandes hatte aus einem dicken Mullpolster bestanden, das mit mehreren Schichten eines weißen Pflasters am Fuß befestigt worden war, so dass es wie ein überdimensioniertes Furunkel gewirkt hatte. Die schneeweiße Farbe hatte nicht gerade zur optischen Zurückhaltung dieses Gebildes beigetragen. Geradezu filigran und anmutig war ihnen das dünne schwarze Riemchen erschienen, das sich darüber spannte und mit dem letztmöglichen Loch in einer goldenen Schließe mündete. Johanna und Isabelle hatten sofort die Schwachstelle dieser Konstruktion erkannt. Es war eine höchst wackelige Angelegenheit gewesen, und das nicht nur in der Theorie. Als Carla sich mit der vollen Tasse vom Kaffeeautomaten abwenden wollte, war das Riemchen am rechten Fuß schon verrutscht und aus der Sandale war ein Schlappen geworden. Unbestritten hatte Carlas Gang weiter an Eleganz verloren. Nur mit größter Anstrengung hatten die beiden ihre Fassung bewahren können. Dann war es Isabelle mit fester Stimme gelungen, Carla einen konstruktiven Vorschlag zu unterbreiten:

»Vielleicht solltest du auch über die Riemchen einen Streifen Pflaster kleben. Das gäbe ihnen mehr Halt.«

Carla, noch immer um Contenance bemüht, hatte gerade angesetzt, um ihrer Entrüstung Ausdruck zu verleihen, als es aus den beiden anderen herausgebrochen war. Mindestens zehn Minuten lang hatten sie sich nicht mehr halten können vor Lachen, unterbrochen von immer abstruseren Vorschlägen. An diesem Tag hatten sie sich für eine Schiffstour entschieden.

»Wie geschickt du von Charly abgelenkt hast! Mein Kompliment.« Carla schaute ihre Freundin grinsend an.

Auch auf der Fahrt nach Cochem hatte Johanna am Steuer gesessen. Die Freundinnen wechselten sich immer ab, doch gab es keine feste Reihenfolge. Und Johanna fuhr gerne Auto, weil sie dann die Fahrweise und Geschwindigkeit beeinflussen konnte. Im Grunde genommen ließ sich Carla auch gerne von ihr chauffieren, obwohl sie selber wesentlich rasanter unterwegs war. Da an diesem Tag Isabelle wegen ihrer langen Beine das Privileg auf den Beifahrersitz genießen durfte, hatte Carla vom Rücksitz aus beruhigt registriert, dass ihre Freundin das Navigationsgerät, das sie von Anfang an Charly nannten, fest im Blick hatte. So war die Fahrt völlig reibungslos und fröhlich verlaufen. An einer Raststätte hatten sie sie kurz Halt gemacht, damit Carla und Isabelle zur Toilette gehen konnten, während Johanna im Auto auf sie gewartet hatte. Als Charly ihnen dann am folgenden Autobahnkreuz die nächste Ausfahrt angekündigt hatte, waren Isabelle und Carla sofort hellhörig geworden.

»Das kann nicht sein«, hatte Isabelle gesagt. Sie besaß von allen den besten Orientierungssinn und war die einzige, die sich auf alle Reisen gut vorbereitete.

»Auch du kannst dich mal täuschen.« In aller Ruhe hatte Johanna den Blinker gesetzt.

»Du fährst auf jeden Fall weiter geradeaus! Bei der nächsten Möglichkeit können wir anhalten und in Ruhe nachschauen. Aber hier fahren wir nicht raus.«

Nur äußerst selten bediente sich Isabelle ihres Lehrerinnen-Befehlstons, aber er hatte bewirkt, dass Johanna den Blinker wieder zurücksetzte und erstaunlich widerspruchslos weitergefahren war. Das allein hätte die beiden anderen schon ein wenig stutzig machen sollen, aber sie waren in zu guter Urlaubsstimmung gewesen. Zehn Minuten später hatten sie angehalten. Isabelle und Carla hatten sich sofort über Charly gebeugt, während Johanna vorgetäuscht hatte, etwas aus dem Kofferraum holen zu müssen in der Hoffnung, die Explosion dadurch ein wenig abmildern zu können. Die beiden merkten es natürlich sofort: Jemand hatte die Einstellungen verändert. Ein falscher Zielort war eingegeben worden.

»Johanna!!!«

»Was ist denn?« flötete Johanna. »Ich habe doch nur ein wenig lernen wollen.«

Kapitel 4

Sie hörten eine Melodie von Chopin.

»Kannst du mal bitte drangehen?«

Carla nahm Johannas Handy von der Ablage und sah im Display, dass es Franz war.

»Hallo Franz. Hier ist Carla. Alles klar zu Hause?«

Franziska, Johannas Älteste, wurde von allen nur Franz genannt. Die einzige Ausnahme war ihre Mutter, die nichts von Abkürzungen hielt. Franziska war ein Technikfreak und hatte es schon als kleines Kind abgelehnt, mit Puppen zu spielen. Stattdessen hatte sie sich all das zusammengesucht, was sich bauen, zusammenstecken oder besser noch zusammenschrauben ließ. Und heute, als 16jährige, interessierte sie sich immer noch nicht für die Interessensgebiete ihrer Mitschülerinnen wie neue Modetrends oder Frisuren. Ihre Freunde waren Jungen, die wie sie Spaß an Computertechnologie hatten.

»Gut, dass du dran bist, Carla. Lass dir jetzt bitte nichts anmerken. Wo seid ihr?«

»Wir sind gleich auf dem Kölner Ring.«

»Ging bisher alles gut?«

»Ja, wir sind gut durchgekommen. Hatten keinen Stau und der Verkehr hält sich auch in Grenzen. Ich habe es mir voller vorgestellt.«

»Das ist gut. Mama wollte nicht, dass ich Charly programmiere, was ich mir überhaupt nicht erklären kann. Aber sie hat sich strikt geweigert, tat so komisch, als würde ihr niemand was zutrauen und so. Du musst auf jeden Fall mit auf den Weg achten! In Köln nehmt ihr die A 4 Richtung

Aachen. Die Strecke ist wesentlich ruhiger, weil ihr durch Belgien fahrt und dort nur 130 gefahren werden darf. Hinter Aachen dann Richtung Lüttich. Auf Französisch heißt das Liège. LIÈGE. Dann Bastogne und an Luxemburg vorbei nach Metz.«

»Seit wann redet Franziska denn so lange an einem Stück?« Johanna wurde hellhörig.

»Hör zu, Franz.« Carla musste improvisieren. »Wenn Max sich vor seinem Auftritt am Samstag unbedingt noch die Haare stylen lassen will, soll er sich an Catharina wenden und ihr schöne Grüße von mir bestellen. Sie wird sicher eine Lösung finden, ihn terminlich dazwischen zu kriegen. Schließlich sind Ferien und Max ist flexibel.«

Max war Johannas Zweitgeborener, ein zurückhaltender, höflicher, 14jähriger Teenager. Er war der musikalischste der Familie und spielte schon recht gut Schlagzeug. Seinen Eltern wäre zwar Klavier, Geige oder Posaune lieber gewesen, doch hatten sie nie versucht, ihren Sohn umzustimmen. Inzwischen gehörte er einer Jugendband an und am Samstag hatten sie einen ihrer regelmäßigen Auftritte im Jugendclub.

»Möchtest du noch deine Mutter sprechen?«

»Wenn sie sich das zutraut?« Franziska lachte. Sie wusste, dass Johanna während des Fahrens normalerweise nicht telefonierte. Carla stellte das Handy auf Laut und schwenkte ihren Arm zu Johannas Ohr.

»Guten Morgen, Franziska. Was habe ich da von Max gehört?«

Max sah seiner Mutter sehr ähnlich. Er hatte die gleichen strahlend blauen Augen und die dicke blonde lockige Haarmähne, die ohne Hilfsmittel so schwer zu bändigen war. Er trug seine Haare schulterlang und zu einem Zopf zusammengebunden. Die am wenigsten aufwendige Lösung, wie er fand. Schon oft hatte Carla ihm einen ebenso pflegeleichten, jedoch kurzen und in ihren Augen flotteren Haarschnitt vorgeschlagen, bisher jedoch ohne Erfolg. Er war auch derjenige, den sie aus der Familie Schulte-Loh am seltensten in ihrem Geschäft sah. Sein jüngerer Bruder und Franziska ähnelten typmäßig beide dem Vater mit ihren glatten braunen Haaren. Franziska trug ihre lang und kam ab und zu zum Nachschneiden in den Salon, Timo regelmäßig, meistens zusammen mit seinem Vater. Mit allen drei Kindern ihrer Freundin verband Carla ein sehr enges Verhältnis, besonders aber mit Franziska, die mit ihrer eigenen Tochter Corinna befreundet war. So gab es Zeiten, wo Carla Franziska häufiger sah als Johanna.

»Ach so ist das. Er wird schon wissen, was er tut. Grüß auch alle von mir, Franziska. Dank dir für deinen Anruf und einen schönen Tag noch, Liebes.«

AUSFAHRT VOR IHNEN! IN 500 METERN NEHMEN SIE DIE AUSFAHRT!

Franz' Anruf hatte Carla noch mehr verunsichert. Mussten sie jetzt wirklich die nächste Ausfahrt nehmen? Warum hatte sie nicht besser auf die Beschilderung geachtet? Krampfhaft suchte sie nach Worten, die ihre Bedenken verbergen sollten. Und das unter Zeitdruck, was noch nie ihre Stärke gewesen war.

AUSFAHRT VOR IHNEN! IN 300 METERN NEHMEN SIE DIE AUSFAHRT!

Noch 300 Meter. Ihre Gedanken rasten.

»Auf welche Autobahn müssen wir denn jetzt wechseln?«

Ihre Stimme klang viel zu ölig, aber sie konnte es nicht ändern.

»Wir fahren jetzt auf die A 4 Richtung Aachen«, antwortete Johanna souverän. »Die Strecke über Belgien ist weniger befahren und daher gemütlicher. Und bei dem Tempolimit vom 130, das ich nicht vorhabe auszukosten, fühlst du dich sicherlich auch weniger als Bremsklotz.«

Carla blieb der Mund offenstehen.

»In Höhe Düren muss es eine Raststätte geben. Dort können wir kurz anhalten, wenn du möchtest. Ich finde es allerdings noch zu früh. Von mir aus fahren wir weiter bis Aachen, überqueren erst einmal die Grenze nach Belgien und nehmen dann die erste Raststätte. Was meinst du?«

Carla hatte keine Meinung mehr. Sie nickte stumm. Aus ihren Augenwinkeln heraus glaubte sie, ein leichtes Schmunzeln in Johannas Gesicht zu erkennen.

Kapitel 5

»Stau! Der hat ja lange auf sich warten lassen.«

»Das stimmt. Aber das ist die Großbaustelle vom Tagebau. Da ist immer Stau, weil sich die Fahrbahn verengt.«

So langsam wurde es Carla unheimlich. »Nun mal heraus mit der Sprache. Woher weißt du das alles, Johanna? Du hast dich doch noch nie um solche Sachen gekümmert.« Carla schaute ihre Freundin auffordernd an.

»Erstens bin ich heute die Fahrerin und zweitens ist das die längste Strecke, die wir bisher zusammen mit dem Auto zurückgelegt haben. Da muss man sich doch ein wenig vorbereiten, finde ich.«

»Findest du!«

»Ja, finde ich.«

Sie standen auf der Überholspur. Langsam, aber stetig zogen PKWs und LKWs rechts an ihnen vorüber. Es waren viele Campingwagen und Caravans darunter, oft beladen mit Fahrrädern. Die Ferienzeit hatte begonnen. Das merkten sie auch an den Gesichtern der Menschen. Die Kinder winkten aus den Autos heraus, die Erwachsenen unterhielten sich fröhlich oder sangen zur Radiomusik und ließen andere Autos großzügig vorbeifahren, damit sie sich einfädeln konnten. Es gefiel Johanna, ihre Freundin ein wenig auf die Folter zu spannen. Diese hatte inzwischen ihre Pumps ausgezogen, die Füße auf das Armaturenbrett gelegt und das Seitenfenster heruntergekurbelt.

»Wie in alten Zeiten. Dreh doch mal die Musik etwas lauter.«

Im Radio wurde ein Lied der Beatles gespielt und die beiden sangen mit, so gut sie konnten. Als es zu schräg wurde, ging ihre Melodie in Lachen über.

»Wirklich, wie in alten Zeiten, als wir an jedem Wochenende mit der Ente unterwegs waren. Weißt du noch?«

»Ja, klar. Wie könnte ich das jemals vergessen! Es war eine tolle Zeit.«

Johanna nutzte eine große Lücke, um sich rechts einzuordnen, was in 50 Metern ohnehin erforderlich war. Sie schaute nach links.

»Es sieht so aus, als würde nicht jeder in einer ausgelassenen Stimmung sein. Schau mal nach links.«

Carla drehte sich herum und sah ein gut aussehendes Pärchen in ihrem Alter. Die Frau saß am Steuer des roten BMW und redete wütend auf ihren Mann ein, der nur den Kopf schüttelte und ratlos mit den Händen wedelte. Es war kein harmonisches Bild, doch für Johanna und Carla nur ein flüchtiger Eindruck, denn im nächsten Moment waren die beiden schon weitergerollt.

»Glaubst du, dass Max ein Mädchen kennengelernt hat? Franziska hat so etwas angedeutet, weil er so kurzfristig einen Termin bei euch wollte.«

»Das ist doch gut möglich, schließlich ist er schon 14.«

»Wie, schon 14?!«

»Mit 14 ist es doch wohl an der Zeit, dass man sich mit dem anderen Geschlecht beschäftigt.«

»Ich finde, das ist viel zu früh! Franziska ist zwei Jahre älter und hat auch noch keinen Freund.«

»Du weißt selber, dass Franz kein Maßstab ist. Sie lebt in anderen Sphären. Außerdem musst du dich wohl daran gewöhnen, dass deine Kinder in ein Alter kommen, wo sie dir nicht mehr alles erzählen.«

»Was soll das denn heißen! Hat Franziska dir irgendetwas erzählt? Weißt du etwas, das ich wissen sollte?«

Carla wand sich innerlich wie ein Aal. Wie kam sie aus dieser Nummer nur wieder heraus? Man sollte sich wirklich jede Notlüge gut überlegen.

»Ich weiß nicht mehr als du, Johanna. Ich finde nur, dass 14 ein normales Alter ist, um sich mal umzuschauen. Das ist alles. Vielleicht sucht Max ja auch nur eine Sommerfrisur, weil ihm seine dicke Matte zu warm geworden ist?«

»Ja, das wäre natürlich auch möglich. Trotzdem, wir hatten damals mit 14 doch noch ganz andere Interessen.« Johanna zog ihre Stirn kraus.

»Es war aber auch eine andere Zeit, das darfst du nicht vergessen. Wir hatten lange nicht so viele Freiheiten wie die Kinder heute. Außerdem waren wir auf einer Mädchenschule und tagsüber ziemlich sicher aufgehoben.«

»Das ist gut ausgedrückt.«

Inzwischen waren wieder beide Fahrspuren geöffnet und der Verkehr entspannte sich. Johanna scherte nach links aus, um einige LKWs zu überholen. Jetzt oder nie, dachte sie in dem Bewusstsein, dass solche Manöver bei ihrem Fahrstil grundsätzlich etwas mehr Zeit in Anspruch nahmen. Doch schon nach wenigen Augenblicken hatte ein roter BWM aufgeholt und fuhr aufdringlich dicht an sie heran. Carla registrierte ihn sogar in ihrem Außenspiegel.

»Der hat's aber eilig. Junge, Junge. Das grenzt ja schon an Nötigung.«

»Reisende soll man eigentlich nicht aufhalten. Aber wenn ich die LKWs jetzt nicht überhole, komme ich gar nicht mehr an ihnen vorbei. Noch zwei, dann ist es geschafft.« Johanna schaute in den Rückspiegel.

»Lichthupe! Das gibt es doch nicht. Ach, sieh mal einer an. Ist das nicht das Stresspärchen vom Stau?«

Carla drehte sich um und schaute nach hinten.

»Stimmt. Die Frau hat aber ganz schön Feuer unterm Hintern.«

Kurzentschlossen setzte Carla ihr breitestes Lächeln auf und winkte ihnen fröhlich zu. Sofort wurde der Abstand zwischen den beiden Autos größer.

»Hat sie jetzt Angst vor zu viel Nähe oder Fröhlichkeit?«, überlegte Carla. »Vielleicht mag sie aber auch die Farbe Violett nicht.«

Beide Frauen kicherten, als Johanna den Mini gemächlich auf die rechte Fahrspur steuerte. Im gleichen Augenblick war der BMW auf ihrer Höhe. Fröhlich winkten sie dem Stresspärchen noch einmal zu, besser gesagt hinterher.

»So langsam kriege ich Hunger. Vielleicht hätten wir doch ein Proviantpaket mitnehmen sollen.«

»Ungefähr ein Stündchen noch; dann legen wir eine Frühstückspause ein. Hältst du noch so lange durch?«

Johanna selber war in allen Dingen äußerst diszipliniert. Wenn sie sich entschlossen hatte zu fasten, dann fastete sie halt. Wenn sie mehr Sport machen wollte, fand sie immer Wege, ihr Programm mehrmals wöchentlich in ihren Tagesablauf einzubinden. Und wenn sie eine neue Yogarichtung ausprobieren wollte, so fand sie auch dafür regelmäßig Zeit, trotz Berufstätigkeit und einer fünfköpfigen Familie. Sie wusste, dass ihre Freundinnen sie für ihre Entschlossenheit und ihr Durchhaltevermögen bewunderten. Doch für sie selber war weniger das Nicht-Aufgeben die Herausforderung, sondern die mentale Arbeit vorher. Das Hinterfragen der Motivation ihres Planes. Die ehrliche Antwort auf die Frage: Für wen oder was ist dieser Schritt wichtig? Wirklich für dich selber oder doch für dein Ego oder für andere? Und erst wenn sie diesen Prozess kritisch durchlaufen hatte und am Ende sicher war, dass der Nutzen für sie persönlich der stärkste Antrieb bedeutete, wusste sie mit Sicherheit, dass sie jedes Hindernis ausräumen konnte, auch den inneren Schweinehund.

»Hast du dich eigentlich noch ein bisschen mit Metz beschäftigt? Ich habe das überhaupt nicht mehr auf die Reihe gekriegt. Die letzten Wochen waren im Salon ziemlich hart. Jeder wollte dringend noch einen Termin haben, als würde ich mich für mindestens ein halbes Jahr verabschieden und nicht nur zwei Wochen Urlaub machen.«

»Deine Kunden wissen eben, was sie an dir haben, und möchten auf niemand anderen ausweichen. Und wahrscheinlich brauchen viele eine neue Sommerfrisur. So wie Max.« Johanna lächelte.

»Ich will ja auch nicht undankbar sein«, entschuldigte sich Carla, »und freue mich natürlich über die vielen Stammkunden. Diejenigen, die ich seit meiner Meisterprüfung verloren habe, sind meist weggezogen. Der Rest ist wirklich treu.«

»Das ist ein großes Geschenk.«

»Allerdings. Und Kapital. Schließlich haben wir inzwischen acht Mitarbeiter zu versorgen.«

»Das ist wohl wahr. Also, Metz.« Johanna drosselte ihre Geschwindigkeit nach einem kurzen Überholvorgang wieder auf 120 Stundenkilometer. »So ein Tempomat ist wirklich ein Segen. Diese Erfindung könnte gut von einer Frau stammen.

»Von einer Frau mit deinem Fahrstil allerdings. Aber du hast ja vorhin gesehen, dass es durchaus Frauen gibt, die etwas mehr Power haben. Fahrtechnisch gesehen, meine ich.«

»Da denkst du wohl an dich selber?«

Carla grinste. »Wohl wahr. Aber ich würde mich nie so gehenlassen, wenn du im Auto sitzt.«

»Das ist auch gut so. Also Metz. Franziska hat mir ein paar Seiten aus dem Internet ausgedruckt. Es muss eine wunderschöne Stadt sein. Vielleicht halb so groß wie Münster mit einem historischen Stadtkern und vielen alten Gebäuden. An der Mosel gelegen. La Moselle. Hoffentlich können die wenigstens ein bisschen Englisch; mit unserem Französisch ist es ja nicht weit her.«

»Wir sind doch bisher immer ganz gut klargekommen. Mit meinem Charme und deiner Hartnäckigkeit …«

»… liegt uns die Welt zu Füßen«, ergänzte Carla mit einer theatralisch ausladenden Armbewegung.

»Franziska hat uns übrigens auch das Hotelzimmer gebucht. Das muss ein echt nobler Schuppen sein, vier Sterne, Citylage und was für uns besonders wichtig ist, mit Parkplatz. Da verlieren wir erstens keine Zeit und zweitens steht der Wagen dann auch sicher. Franziska hat sich wirklich viel Mühe gegeben, immer wieder abgewartet, verglichen und zuletzt bei einem super Angebot zugeschlagen. Jetzt zahlen wir 150 Euro für das Zimmer inklusive Frühstück. Normalerweise kannst du da noch 100 Euro drauflegen.«

Während ihrer Ladiestouren wurde nie gespart. Natürlich achteten sie auf ihr Geld und waren nicht bereit, Wucherpreise zu zahlen, aber etwas Luxus durfte schon sein. Schließlich arbeiteten sie auch sehr hart.

»75 Euro für jede, das ist ein sehr gutes Angebot«, bestärkte Johanna noch einmal. »Doch ein zentrales Hotel mit Parkmöglichkeit zu finden, war wohl das größte Problem gewesen.«

»Dann müssen wir uns etwas Schönes einfallen lassen, um uns bei Franz für ihre Mühe zu bedanken.«

Carla schaute aus dem Fenster und las *Aachener Kreuz*. Sie fuhren jetzt Richtung Lüttich. Das Frühstück rückte also in greifbare Nähe. Wenn sie mit ihren Freudinnen unterwegs war, gelang es ihr immer sehr schnell, abzuschalten. Schon nach wenigen Kilometern hatte sie den Salon vergessen, Aufgaben und Termine traten in den Hintergrund und eine gewisse Leichtigkeit umgab sie. Sie fühlte sich befreit und auch geborgen durch die Vertrautheit und Sicherheit ihrer Freundschaft. Immer wieder war sie überrascht, wie schnell dieses Gefühl von ihr Besitz ergriff. Auf einmal war es da. Und sie verband damit Entspannung und Erholung pur, egal, was sie erleben würden.

Kapitel 6

Sie nahmen die Ausfahrt zur Raststätte, tankten kurz auf und gingen zum Restaurant. Carla hatte ihren Plan aufgegeben, Charly unter die Lupe zu nehmen. Ihr wäre auch keine sinnvolle Ausrede eingefallen, die Johanna nicht durchschaut hätte. *Bisher ist ja alles super glatt gelaufen*, sagte sie sich und hoffte, dass dieses auch so bleiben würde.

»Deux cafés au lait et deux baguettes avec du fromage, s'il vous plait."

Carla blieb der Mund offenstehen. »Seit wann sprichst du auch noch Französisch?«

Johanna überlegte kurz, ob sie ihrer Freundin einen Bären aufbinden sollte, entschied sich dann aber dagegen.

»Diesen Satz hat Benedikt mit mir geübt, damit ich nicht verhungere. Ehrlich gesagt hat es eine Woche gedauert, bis er sich nicht mehr krümmte vor Lachen und meinte, mit ein wenig Glück und Wohlwollen unserer französischen Nachbarn würde man mich wohl verstehen.«

»Ich finde, dass hörte sich verdammt geschliffen an.«

»Du kannst ja auch genauso wenig Französisch wie ich«, schmunzelte Johanna.

Sie suchten sich einen Fensterplatz, aßen mit großem Appetit und genossen den heißen, starken Kaffee.

»Ah, das tut gut. Das nenne ich Urlaub.«

Das Restaurant war nicht sehr voll, so dass sich eine ruhige und angenehme Atmosphäre ausgebreitet hatte.

»Da sind wir tatsächlich auf dem Weg nach Südfrankreich, um Isabelles neuen Freund kennen zu lernen. Irgendwie kann ich das noch gar nicht richtig glauben. Geht dir das auch so?«

Johanna leckte sich den Schaum ihres Milchkaffees von den Lippen.

»Ja, mir geht es ganz genauso. Was mag er wohl für ein Typ sein? Auf jeden Fall wird es nicht leicht für Isabelle werden, die Entfernung zu meistern. Münsterland - Provence. Da kann man nicht einmal eine Wochenendbeziehung führen.«

»Na ja, so weit sind wir ja noch nicht. Jetzt macht sie erst einmal Ferien bei ihm und mit ihm und ein bisschen ja auch mit uns. Die beiden können sich doch noch gar nicht richtig kennen, so wenig Zeit, wie sie bisher miteinander verbracht haben.«

»Isabelle wird schon wissen, was sie tut. Außerdem hörte sie sich in letzter Zeit immer so glücklich an. Ich bin sehr froh darüber, nach allem, was sie durchgemacht hat.«

»Mir kommen gerade die Bilder von dem Landgut in den Sinn, das Antoine geerbt hat. Ein tolles Anwesen, das muss man schon sagen, sehr eindrucksvoll. Oder war das gar kein Erbe?«

»Ich glaube, so halbe-halbe.« Johanna schmunzelte bei dem Ausdruck. »Wenn ich es richtig in Erinnerung habe, war es das Geburtshaus seines Onkels, der dort mit seiner Frau lebte. Vor einigen Jahren starb der Onkel wohl. Und Antoines Tante konnte das Anwesen zuletzt alleine nicht mehr bewältigen. Auf dem Bild, das wir gesehen haben, sah es auch ziemlich groß aus.«

»Und sehr arbeitsintensiv. Bestimmt nicht das Richtige, um seinen Lebensabend zu genießen«, überlegte Carla.

»Das stimmt. Aber die alte Dame wollte auf jeden Fall, dass das Anwesen in der Familie bleibt und hat es dann Antoine zu einem äußerst guten Preis angeboten. Die Tante selber ist dann nach Avignon zu ihrer Tochter gezogen. Ich finde, das hört sich nach einer sehr vernünftigen Lösung an.«

»Aber auch nur, wenn er viel Spaß an handwerklichen Tätigkeiten hat und jede Minute seiner Freizeit in das Haus stecken will. Diese alten Kästen sind meistens ziemlich heruntergewirtschaftet.« Carla pulte die letzten Krümel ihres Baguettes vom Teller.

»Vielleicht hat er auch genug Geld, sich ausreichend Hilfe zu leisten, der Herr Professor.« Johanna setzte eine ehrfürchtige Miene auf: »Antoine Chevallier. Professor für Geschichte und Antike Sprachen. Wie das klingt!«

Doch Carlas Pragmatismus ließ sich nicht unterdrücken. »Glaubst du etwa, dass man mit diesem Beruf in eine Neubausiedlung ziehen kann?«

Johanna verschluckte sich fast am Kaffee. Ihre Freundin hatte Recht, das ging nun gar nicht.

»Auf den Fotos sah nicht nur das Anwesen toll aus, sondern auch Antoine selber. Die dunklen Haare, der grau melierte Vollbart, braune Augen, das klingt so gar nicht nach Isabelles Traummann. Bisher stand sie doch immer auf Schwedentypen.«

»Tja, aber wenn der Richtige kommt, spielt das alles keine Rolle mehr«, ergänzte Johanna verträumt. »Irgendwann finden wir auch für dich den Passenden. Hat Antoine eigentlich noch Brüder oder Cousins?«

»Was soll das denn heißen: Finden wir auch für dich den Passenden?« Carla spielte die Entrüstete und äffte das *wir* nach. »Das habe ich bisher immer noch selber hinbekommen.«

»Das schon,« schmunzelte Johanna, »aber die Durchfallquote war doch recht hoch. Das lässt sich sicherlich noch optimieren. Mal sehen, was sich in Frankreich so ergibt. Die Franzosen sollen ja so leidenschaftlich sein.«

»Du vergisst meine fehlenden Sprachkenntnisse.«

»Ach, darauf kommt es doch in der Liebe nicht an. Wenn dich Amors Pfeil trifft, brauchst du keine Worte mehr«.

»Bevor deine Einbildungskraft mit dir durchgeht, sollten wir uns besser auf den Weg machen.«

»Na gut, aber du kannst mich nicht daran hindern, dass ich meine Augen für dich offen halte«, grinste Johanna.

Arm in Arm wie ein vertrautes Liebespaar schlenderten sie zum Parkplatz.

»Wenn ich dir jetzt noch etwas ins Ohr flüstere, hält man uns für lesbisch«, hauchte Carla und beugte sich schmachtend zu Johanna hinunter. »Damit hätte sich dann das Thema Traumprinz auch erledigt, nicht wahr?«

Johanna schüttelte ihre Freundin ab und rannte zum Auto.

»Das hättest du wohl gerne. Aber so leicht kommst du mir nicht davon.«

Lachend stiegen sie ein und machten es sich wieder im Mini bequem. Carla schloss die Augen und räkelte sich wohlig in ihrem Sitz. Gemächlich zuckelten sie los Richtung Auffahrt.

»Was geht es uns gut. Und wie lange habe ich mich auf diese Tour gefreut.« Sie drapierte ihre Füße wieder auf dem Armaturenbrett und schnurrte wie eine Katze, völlig versunken in einem satten Gefühl träumerischer Behaglichkeit. Abrupt riss sie ihre Augen wieder auf.

»Was ist los? Warum stoppst du? Ist was passiert?«

Bevor Johanna antwortete, legte sie schon den Rückwärtsgang ein und gab Gas. Carla drehte sich um.

»Das ist doch wohl nicht dein Ernst! Wir nehmen doch keine Tramper mit!«

»Der sieht aber nicht aus wie ein typischer Tramper, Carla. Viel zu alt und irgendwie verlegen, geradezu verschämt.«

»Das ist ein Trick!«

»Nein«, erwiderte Johanna, »das sieht mir eher nach einem Notfall aus.«

Carla rollte genervt mit den Augen. Wenn Johannas soziale Ader durchbrach, musste man mit allem rechnen. Doch sie hatte nicht vor, sich die Fahrt von irgendjemandem vermiesen zu lassen, ganz sicher nicht von einem Tramper, der in der Hand ein armseliges Stück Papier hielt. Sie las Avignon und schaute auf seine Laptoptasche, seinem einzigen Gepäckstück. Sehr seltsam.

Johanna stoppte den Mini vor seinen Füßen und ließ innerlich schmunzelnd Carlas Seitenfenster hinunter, da diese keinerlei Anstalten dazu machte und stoisch geradeaus blickte. *So manche technische Neuerung ist doch recht praktisch*, dachte sie und beugte sich vor ihre Freundin.

»Hallo!«

Carla blieb stumm.

»Äh, hallo. Ich, äh ich, ich suche eine Mitfahrgelegenheit nach Avignon oder zumindest schon einmal ein Stück in diese Richtung.«

Wenigstens kann er ganze Sätze sprechen, dachte Carla und überlegte sich eine passende Antwort. Ablehnend natürlich, aber nicht zu schroff wegen Johanna. Doch sie war nicht schnell genug.

»Das passt grundsätzlich gut«, sagte Johanna, »nur ist unser Auto etwas klein.« Und schon stieg sie aus und lief um das Auto herum dem Fremden entgegen. Sie reichte ihm nicht einmal bis zur Schulter. Freundlich streckte er ihr die Hand entgegen.

»Es ist eine Art Ausnahmesituation entstanden, unvorhersehbar sozusagen. Und wie Sie sicher schon bemerkt haben, bin ich nicht sehr geübt im …« Es dauerte einen Moment, bis er die richtige Vokabel gefunden hatte, »… im Trampen. Ich würde es also gerne versuchen, wenn es nicht zu viele Umstände kostet. Ich würde mich auch ganz klein machen.«

Wie will er das denn anstellen bei seiner Länge von schätzungsweise 1,90 m?, schoss es Carla durch den Kopf. Doch sein Lächeln war einfach unwiderstehlich, das musste sogar sie einräumen. Trotzdem, ein Anhalter und dann noch ein wildfremder Mann kam überhaupt nicht in die Tüte.

»Ich bin Johanna. Und das ist Carla«, hörte sie ihre Freundin schon fröhlich erklären und glaubte, in einen falschen Film geraten zu sein. Und dann wurde die Beifahrertür aufgerissen, was sie als Nötigung und dreisten Eingriff in ihre Intimsphäre empfand. Nur mit Mühe gelang es Carla, keinen respektlosen Spruch loszulassen. Stattdessen zog sie bewusst langsam die Füße vom Armaturenbrett, schlüpfte in ihre Pumps und stieg provokativ langsam aus.

»Maurice. Ich freue mich sehr, Sie beide kennenzulernen.«

Verhalten reichte er auch Carla die Hand, die immer noch nicht fassen konnte, was sich hier abspielte, doch ein Blick in Johannas Gesicht genügte, um zu erkennen, dass sie das Spiel verloren hatte. Johanna einen Akt der Menschenliebe zu verwehren, war schier unmöglich und hieße, den ganzen Urlaub lang ein schlechtes Gewissen zu haben. Innerlich aufstöhnend sagte sie:

»Wenn Sie sich das zutrauen?«

Sie trat einen Schritt zurück, klappte die Rückenlehne nach vorne und machte eine einladende Bewegung in Richtung Rückbank. Sie dachte gar nicht daran, ihren Platz vorne zu opfern.

Johanna, die hinter Maurice stand, starrte Carla verständnislos an, schüttelte mit dem Kopf und machte ein paar stumme Mundbewegungen so nach dem Motto: *Das ist doch nicht wirklich dein Ernst!*

»Oh!« hörten sie stattdessen Maurice sagen, der mit Kopf und halbem Oberkörper im Mini verschwunden war und erst jetzt das wahre Ausmaß des Platzproblems erkannte.

Ein ziemlich großes rotes Paket, umhüllt mit einer riesigen weißen Schleife und verziert mit vielen weißen Papiermargeriten stand hinter dem Fahrersitz. Offensichtlich ein Geschenk. Auch Johanna hatte völlig vergessen, dass ja der halbe Rücksitz schon besetzt war. Noch einmal starrte sie Carla auffordernd an, aber diese grinste nur zurück und säuselte:

»Das wird wohl doch nicht gehen, oder?«

Doch Maurice presste ein »Das wäre doch gelacht!« heraus, vollführte einige seltsam aussehende Verrenkungen und verschwand tatsächlich im Fond des Wagens und die Laptoptasche unter dem Paket. Carla blieb nun nichts Anderes übrig, als es sich schmollend auf dem Beifahrersitz bequem zu machen. Genüsslich streckte sie ihre Beine nach vorne aus, als sie Johanna sagen hörte:

»Es macht dir doch sicherlich nichts aus, mit deinem Sitz ein wenig nach vorne zu rutschen, Carlotta.« Dieser Wink war unmissverständlich.

»Oh ja, natürlich. Daran habe ich gar nicht gedacht.«

Und mit einem gezielten Handgriff bewegte Carla ihren Sitz wenige Zentimeter nach vorne. Johanna jedoch machte immer noch keine Anstalten, loszufahren. Stattdessen schaute sie ihre Freundin ruhig an.

»Geht das vielleicht noch etwas weiter?«

Schließlich gab Carla nach und Maurice‘ Position auf dem Rücksitz entspannte sich ein wenig.

»Es tut …«

Doch bevor Maurice eine Chance hatte, seinen Entschuldigungssatz zu formulieren, startete Johanna den Wagen und fuhr los.

NACH 200 METERN LINKS HALTEN. FAHREN SIE AUF DIE AUTOBAHN!

Die Strecke durch Belgien verlief sehr entspannt. Es herrschte viel weniger Verkehr als in Deutschland und durch die vorgeschriebene Geschwindigkeitsbegrenzung rollte der Verkehr gemütlich daher, vorbei an grünen Wiesen und vielen Feldern. Eine Weile fuhren sie an der Maas entlang, bis sie Lüttich erreichten, dann ging es weiter Richtung Bastogne.

Johanna sah in ihrem Rückspiegel, dass Maurice es sich so gemütlich wie möglich gemacht hatte. Er schaute nachdenklich, aber entspannt aus dem Fenster. Das war gut. Im Grunde ihres Herzens hatte sie erwartet, dass Carla sich aus freien Stücken auf die Rückbank gesetzt hätte, aber bei näherer Betrachtung der Situation sah sie ein, dass sie ihre Freundin mit dieser Spontanentscheidung überrumpelt und ihr dadurch kein Mitspracherecht eingeräumt hatte. Das war natürlich nicht in Ordnung gewesen. Das wurde ihr jetzt immer klarer. Genauso wenig konnte sie ihr zumuten, noch stundenlang beengt zu sitzen. Und was Maurice betraf, so hatte dieser ja eine Wahl dafür oder dagegen gehabt und sich freiwillig für eine Mitfahrt entschieden. Johanna musste unwillkürlich schmunzeln, als sie ihn neben dem lustigen roten Paket sitzen sah. Sie hatte noch nie einen Tramper mitgenommen. Warum also dieses Mal? Sie wusste es nicht. Es war mehr eine Eingebung gewesen als eine bewusste Entscheidung. Also kein verstandesmäßiger Akt. Eher ein Geführtwerden mit großer Kraft. So hatte sie keine Möglichkeit gesehen, diesem Drang auszuweichen. Und sie hoffte, dass Carla sie letztlich auch verstehen würde.

Was hatte Maurice nur bewogen, per Anhalter zu fahren? Dass er keine Übung im Trampen besaß, hatte sie ihm an der Nasenspitze angesehen. Außerdem war das Fahren per Anhalter wohl eher eine Gepflogenheit der Jugend, die sich noch kein Auto leisten konnte. Überhaupt war das Trampen völlig aus der Mode gekommen; sie hatte seit Jahren niemanden mehr mit einem Schild an der Straße stehen sehen. Nun gut, den Grund für sein Verhalten würden sie sicherlich noch erfahren. Johanna schätzte ihn auf Mitte bis Ende Vierzig. Seine wuscheligen braunen Locken, die er relativ lang trug, gaben ihm ein lässiges Aussehen, das seiner formellen Ausdrucksweise ein wenig entgegenstand. Die dunkle rechteckige Brille stand ihm vorzüglich und unterstrich die legere Note seiner Gesamterscheinung. Sie konnte sich diesen Mann sowohl im Anzug als auch in sportlicher Kleidung gut vorstellen. Heute trug er reisetaugliche Freizeitkleidung, eine blaue Jeans, ein blau-beige gestreiftes Hemd, dazu beige Segelschuhe und eine schwarze Lederjacke, die schon bessere Zeiten gesehen hatte. Wahrscheinlich ein Lieblingsstück aus alten Tagen. Das gefiel Johanna. Sie mochte Individualität, sogar wenn sie ein wenig verschroben daherkam. Oder uncool, wie man heute sagte.

Eine ihr vertraute Melodie von Chopin unterbrach ihre Gedanken.

»Soll ich wieder drangehen?« hörte sie Carla fragen und nickte ihr zu.

»Ah, Max. Hallo.«

»Nein, bei uns ist alles bestens.«

»In geschliffenem Französisch.«

»Du unterschätzt deine Mutter, das ist sehr unklug, Max.«

»Und warum sollte ich ihr das erzählen?«

»Aber sie macht sich keine Sorgen. Sie findet übrigens, dass du alt genug dafür bist.«

Carla hörte Max eine Weile aufmerksam zu. Sie wusste, dass Johanna vor Neugier fast platzte, gab sich aber Mühe, recht einsilbig zu antworten, um nichts Wesentliches vom Inhalt des Gespräches preiszugeben.

»Ach wirklich?«

»Du wirst es nicht glauben, Max, aber wir sind tatsächlich schon groß.«

»Na ja, da hast du allerdings nicht ganz unrecht. Aber du musst doch auch zugeben, dass wir bisher immer alles gemeistert haben und auch wieder gut nach Hause gekommen sind, oder?«

»Na also.«

»Ja, das mache ich. Grüß alle von uns. Ja natürlich. Sobald wir im Hotel in Metz sind, rufen wir an. Mama lässt schön grüßen. Ciao.«

Carla legte gemächlich das Handy zurück auf die Ablage. Sie konnte Johannas Spannung fast körperlich spüren.

»Ich soll dich schön grüßen, Johanna.« Mehr sagte sie nicht.

Johanna wusste, dass ihre Freundin sauer war. Und das zu Recht. Aber was konnte sie jetzt noch tun? Ein offenes Gespräch über ihre Eingebung ging nicht. Eine Entschuldigung war auch keine glückliche Lösung, zumindest nicht zu diesem Zeitpunkt, da Maurice dann sicherlich darauf bestehen würde, bei der nächsten Gelegenheit auszusteigen. Da war guter Rat teuer. Auf der anderen Seite kannte sie ihre Freundin, die mit ihrem sonnigen Gemüt niemandem lange böse sein konnte. Johanna berührte Carlas Arm und drückte ihn sanft.

»Ein tiefer und ehrlicher Kotau heute Abend.«

Carla kannte die Bezeichnung dieses chinesischen Rituals der Unterwerfung und verstand sofort, was Johanna damit zum Ausdruck bringen wollte. Aber so schnell gedachte sie nicht klein beizugeben.

»Und ein großer französischer Cocktail«, forderte sie zusätzlich.

»Gibt es so etwas denn überhaupt in Frankreich? Ich dachte, die Franzosen trinken Pastis?«

Beide Frauen lachten, während Maurice sich nicht ganz sicher war, ob er den Sinn dieses kurzen Dialogs richtig gedeutet hatte, aber er hielt es für unangemessen, sich einzumischen.

»Max wollte wissen, ob wir schon verhungert sind oder ob man uns tatsächlich die Baguettes verkauft hat.« Carla wiegte sich hin und her vor Lachen.

»Wissen Sie, Maurice, die ganze Familie hat eine Woche lang mit Johanna einen französischen Satz geübt: *Deux cafés au lait et deux baguettes avec fromage, s'il vous plait.* Doch trotz dieses Intensivtrainings hat wohl niemand daran geglaubt, dass sie verstanden wird.« Carla rang nach Luft.

»Aber Sie sehen nicht verhungert aus, meine Damen!«

»Nein, es hat wunderbar funktioniert«, schwärmte Carla.

»Und was sollst du mir nicht erzählen?« Johannas mütterliche Neugier war nicht zu bremsen.

»Nun ja«, antwortete Carla gedehnt, »ich soll es dir ja gerade erzählen. Dass Max nämlich keine Freundin hat.« Sie grinste. »Ich soll es dir erzählen, damit du dich nicht beunruhigst.«

»Was soll das denn wieder heißen?«

»Deine Familie möchte alles vermeiden, was Unruhe in unsere Reise bringen könnte. Sie ist der Auffassung, dass unsere Ladiestouren« und bei dem Wort *Ladiestouren* glaubte Carla, ein leichtes Zucken bei Maurice gespürt zu haben »ohnehin immer chaotisch genug sind und keine zusätzlichen Spannungen vertragen. Rührend, nicht wahr! Daraufhin habe ich Abstand davon genommen, Max zu erzählen, dass wir eine männliche Begleitung sozusagen als Schutz eingeladen haben. Du solltest mir dankbar sein für meine Umsicht.«

Johanna ging nicht auf Carlas Spitze ein und schwenkte gemütlich auf die linke Spur, um ein Wohnmobil zu überholen. Dann hörte sie Maurice sagen:

»Es muss doch sehr erfüllend sein, solch eine liebe und fürsorgliche Familie zu haben.«

»Oh ja, das ist es auch. Ich bin sehr stolz auf sie. Nur manchmal sind sie etwas besitzergreifend. Als Mutter muss man immer darum kämpfen, sich seine Freiräume zu erhalten.«

»Wie alt ist Max denn, wenn die Frage nicht zu indiskret ist?«

»Nein, überhaupt nicht. Fragen Sie ruhig! Max ist jetzt 14 und interessiert sich überhaupt noch nicht für Mädchen.«

»Glaubst du!«, spöttelte Carla.

»Aber Sie haben doch ein sehr vertrauensvolles Verhältnis zu ihrem Sohn, wie mir scheint. Er würde es Ihnen sicherlich erzählen. Ääh. Irgendwann.«

»Irgendwann! Das ist gut. Ja, Maurice, das sehe ich genauso. Denn es ist bei der Jugend heute nicht anders als bei uns damals.«

Alle lachten.

»Damals. Wie sich das anhört. Aber wir müssen den Tatsachen wohl ins Auge sehen: Unsere ersten Lieben liegen schon ein paar Jahrzehnte zurück.«

»Wohl wahr, wohl wahr.«

Maurice beugte sich ein wenig vor, ohne ein gequältes Gesicht zu machen, und fragte langsam: »Aber was ich nicht verstanden habe, ist die Geschichte mit dem Hotel in Metz.«

»Ach du Schreck!« riefen Johanna und Carla fast im Chor.

»Es tut mir leid, aber das haben wir total vergessen«, Johanna fing sich als erste. »Unsere heutige Etappe endet in

Metz. Dort haben wir ein Hotelzimmer gebucht, wollen uns die Stadt ansehen und schon einen ersten Urlaubstag genießen. Wir mögen nämlich keine Stressurlaube, wissen Sie. Morgen früh starten wir dann ganz in Ruhe in die zweite Etappe Richtung Süden.«

Carla ärgerte sich ein wenig über sich selber, dass sie sie nicht früher daran gedacht hatte. Die kurze Strecke bis Metz wäre doch sicherlich das K.-o.-Kriterium für Maurice' Mitreise gewesen. Sei's drum. Bis Metz hielt sich das Ganze ja noch in Grenzen. Dort konnte er ja einen Zug nehmen und heute noch weiterfahren, um keine Zeit zu verlieren. Ihre Laune stieg wieder.

»Metz ist eine sehr schöne Stadt«, antwortete Maurice. »Da haben Sie eine gute Wahl getroffen. Ich war einige Male dort und durfte die Stadt kennenlernen.«

»Hören Sie, Maurice, es …«

Während Johanna versuchte, die Situation zu retten, rutschte Maurice unruhig auf der Rückbank herum. Johanna sah, dass er abgelenkt war und verstummte. Endlich gelang es ihm, sein Handy aus der Hosentasche zu fischen. Es war wohl auf lautlos gestellt gewesen. Bevor er es ans Ohr hielt, schaute er auf das Display und lächelte.

»Was gibt's denn?« fragte er reserviert.

Wie auf Kommando, begannen die beiden Frauen zu schweigen. Johanna kümmerte sich scheinbar intensiv um den Verkehr, während Carla interessiert aus dem Fenster schaute, um die Landschaft zu studieren. Doch alle vier Ohren waren nach hinten gerichtet. Das war natürlich auch Maurice bewusst.

»Das ist jetzt zu spät. Daran hättest du früher denken müssen.«

»Seit wann …?«

»Die Diskussion ist doch nicht neu, Florence.«

»Ich weiß, dass es dir leidtut, aber es ändert jetzt nichts.«

»Ich ging davon aus, dass ich es vor der Reise und ich betone noch einmal ausdrücklich *vor der Reise* deutlich zum Ausdruck gebracht habe.«

»Lass es einfach nur gut sein und mach dir keine Sorgen. Ich bin in guten Händen.«

Für die Frauen folgte eine lange Pause, in der Maurice nur zuhörte. Sowieso gewannen beide zusehends den Eindruck, dass er ein sehr ausgeglichener Mensch war, der sich nicht so schnell aus der Ruhe bringen ließ. Insgeheim bedauerten sie, nicht den gesamten Gesprächsinhalt mithören zu können. Florence. Wer war wohl diese Florence?

»Auf keinen Fall wirst du irgendwo auf mich warten! Wir treffen uns bei Tante Bernie. Das ist mein letztes Wort.«

»Trockenbrot?«

»Entweder heute Abend oder morgen. Das weiß ich noch nicht. Aber darum brauchst du dich nicht mehr zu kümmern. Ich sage Bernie selber Bescheid. Und Florence, guten Flug. Ciao.«

Er steckte das Handy in seine Lederjacke und schaute eine Weile aus dem Fenster. Dann unterbrach er das Schweigen, das ihn aus seinen Gedanken riss.

»Florence ist sehr impulsiv und temperamentvoll. Sie hat mich *Trockenbrot* genannt.«

Die Bemerkung war ihm so herausgerutscht. Er war erschrocken über seine eigene Geschwätzigkeit, konnte jetzt aber nichts mehr daran ändern. Vor ihm registrierte er ein leichtes Vibrieren von Carlas Schultern. Und langsam, sehr langsam nahm er ein Kitzeln in seinem eigenen Bauch wahr, das langsam nach oben stieg. Ein tiefes Glucksen entwich seiner Kehle, wurde lauter und lauter und mündete in ein lautes ausgelassenes Lachen, das kein Ende nehmen wollte. Es war wie ein Lachen, das seit Monaten auf seine Befreiung gewartet hatte und sich jetzt endlich in seiner ganzen Energie entlud. Es war wie ein Lachen, das er sich selber nicht mehr zugetraut hatte. Und es war ein Lachen, das alle in seiner Nähe ansteckte.

»Trockenbrot?«, prustete Carla. »Einfach klasse. Das muss ich mir merken.«

Sie lachten, bis Johanna die Tränen liefen und sie rief: »Hört auf! Hört auf, ich kann sonst nicht mehr fahren.«

Nach und nach beruhigten sich alle wieder und das Erlösende dieses Lachens hatte auch eine Veränderung der Atmosphäre bewirkt, die jeder auf seine Weise wahrnahm. Allen gemeinsam erschien sie wunderbar leicht und irgendwie hatte sich sogar eine kollektive Note in ihre Stimmung hineingeschmuggelt, die man leicht verschwörerisch nennen könnte. Nach einer Weile der Beruhigung sagte Maurice:

»Meine Damen, ich möchte Ihnen etwas mitteilen. Ich finde Ihre Idee, in Metz Station zu machen, einfach großartig. Als kleines Dankeschön, dass Sie sich der großen Gefahr ausgesetzt und mich mitgenommen haben, biete ich Ihnen eine exklusive Stadtführung durch Metz an mit einem abschließenden Abendessen in einem exquisiten Restaurant. Ich kenne dort eines, wo man hervorragendes Trockenbrot bekommt.«

»Nicht schon wieder!« schrie Johanna auf und alle glucksten leise.

»Ich hoffe, dass in Ihrem Hotel noch ein Zimmer frei ist. Alles Weitere wird sich dann finden. Sogar in Frankreich gibt es schon Bahnhöfe und gute Zugverbindungen. Und mir ist heute klargeworden, wie sehr auch ich das gemütliche Reisen schätze. Dafür bin ich Ihnen beiden dankbar.«

Schon eine ganze Weile fuhren sie entlang der luxemburgischen Grenze. Dann sahen sie die Autobahnausfahrt nach Luxemburg, der Landeshauptstadt. Nun dauerte es nicht mehr lange, bis sie Belgien verließen und Frankreich begrüßen durften.

»Eine sehr schöne Gegend ist das hier,« schwärmte Carla. »Irgendwie habe ich sie mir gar nicht so bergig vorgestellt.«

»Ja, hier kann man sehr gut Urlaub machen. Wie sind Sie eigentlich auf Metz gekommen?«

»Das war eine ziemlich spontane Entscheidung«, kramte Carla in ihren Erinnerungen. »In der engeren Auswahl waren auch Luxemburg und Trier. Aber wir wollten auf jeden Fall schon in Frankreich sein und so ist es dann Metz geworden.«

Johanna war in der letzten halben Stunde sehr schweigsam gewesen. Irgendwie kam ihr Maurice bekannt vor und sie versuchte die ganze Zeit, ihn irgendwo einzuordnen, was ihr jedoch nicht gelingen wollte. Aber es ließ ihr auch keine Ruhe.

»Sagen Sie, Maurice, es geht mir einfach nicht aus dem Kopf, aber irgendwo haben wir uns doch schon einmal gesehen, oder?«

Maurice nickte traurig mit dem Kopf.

»Ja, Sie haben Recht. Aber ich habe gehofft, dass Sie sich nicht mehr daran erinnern, weil es eine unschöne Situation war. Sie ist mir auch sehr peinlich.«

Carla verstand gar nichts. »Was für eine unschöne Situation denn?«

Dann fiel bei Johanna der Groschen. »Das Stresspärchen! Jetzt hab ich's.«

»Natürlich. Klar. Das Stresspärchen. Warum bin ich denn nicht gleich darauf gekommen?« Auch Carla war jetzt im Bilde.

»Ich verstehe nicht ganz?«

»Sie saßen in dem roten BMW. Und es sah so aus, als hätten sie und ihre Frau Streit oder zumindest eine ernste Diskussion. Außerdem hatten sie es eilig, sehr eilig sogar.«

»Ja, und das tut mir auch sehr leid. Es war fast Nötigung, so dicht, wie Florence auffuhr. Sie hat es immer eilig und ist eine mehr als rasante Autofahrerin. Kaum einer fährt ihr schnell genug. Für mich ist es schwierig, bei ihr mitzufahren.«

Johanna verstand seine Situation sehr gut. »Aber wahrscheinlich ist sie eine noch schlechtere Beifahrerin, sonst hätten sie ja auch die Rollen tauschen können?«

»Ich besitze im Augenblick kein Auto und wäre auch lieber geflogen. Aber Florence wollte sich darauf nicht einlassen. Ihr ist es immer wichtig, frei und unabhängig zu sein und ohne Auto ist ihr das nicht möglich. Außerdem hatte sie mir versprochen, vernünftig zu fahren, aber mir ist jetzt klargeworden, dass zwischen unseren Vorstellungen Welten liegen. Eigentlich sollte die Fahrt auch dazu dienen, mal wieder Zeit für längere Gespräche zu haben.«

»Oh.«

»Das hat wohl nicht so ganz geklappt.«

»Nein, nicht wirklich. Also ist der Ausdruck Stresspärchen schon sehr zutreffend.« Maurice lächelte.

»Das war eigentlich ein Insider.«

»Aha.«

Carla begann zu erklären.

»Wir, das sind Johanna, unsere Freundin Isabelle und ich, lieben Wortspielereien. Als die Kinder klein waren, haben wir begonnen, Worte zu verschlüsseln, um ihre Bedeutung zu verschleiern. So ist es uns in Fleisch und Blut übergegangen, Menschen oder Situationen mit Spezialausdrücken zu belegen. Tja, und bei ihnen fiel spontan das Wort Stresspärchen. Aus unserer Sicht doch verständlich, oder?«

»Nicht nur aus ihrer Sicht.« Maurice lachte.

»Im Übrigen habe ich Sie beide auch nicht als Personen wiedererkannt, das muss ich ehrlicherweise gestehen. Es war das Auto.«

Carla stupste ihre Freundin am Arm. »Ich habe doch gesagt, jeder hält uns für ein Bonbon.«

»Nun mach aber mal einen Punkt«, entrüstete sich Johanna.

Maurice kam ihr zur Hilfe.

»Ich persönlich finde die Farbe violett sehr charmant für dieses Auto. Und ausgefallen. Aber ich gebe Ihnen Recht, Carla, meine Schwester Florence war da anderer Meinung.«

Kapitel 8

Sie passierten die belgisch-französische Grenze, ohne den Übergang richtig wahrzunehmen. Johanna und Carla erinnerten sich noch gut an die geschlossenen Grenzen. Wie oft hatten sie in langen Staus gestanden, wenn sie zur falschen Zeit die Grenze überqueren wollten? Und wenn man seinen Ausweis vergessen hatte, konnte man direkt wieder umkehren oder musste darauf bauen, nicht kontrolliert zu werden. Doch als junge fröhliche Frauen hatte man bei den Grenzbeamten gute Chancen, einfach durchgewinkt zu werden. Wer in Münster wohnte, fuhr immer schon regelmäßig nach Holland zum Einkaufen, völlig unabhängig von den Grenzkontrollen. Und die drei Freundinnen waren da keine Ausnahme.

Dass sie Belgien verlassen hatten, merkten sie in erster Linie an der fehlenden Autobahnbeleuchtung. Dieser Luxus war wohl nur in einem kleinen Land mit einem überschaubaren Autobahnnetz bezahlbar. Heute konnten sie ohne Stopp die Grenze überqueren, mussten aber kurze Zeit später an der ersten Mautstelle halten und ein Ticket ziehen. Johanna entschied sich gegen die Kartenzahlung; sie beschränkte die Nutzung der Elektronik prinzipiell auf ein Minimum und ließ sich auch von Franz in dieser Hinsicht nicht umstimmen. Und jetzt, wo man fast überall in Europa mit dem Euro bezahlen konnte, sah sie die Notwendigkeit an den Mautstellen schon gar nicht ein. Risikominimierung nannte sie das. Sie legte das gezogene Ticket in das Ablagefach und gab wieder Gas.

Johanna stellte mit Freude fest, dass Carla irgendwann sogar ihre Rückenlehne etwas geradegestellt hatte, um Maurice mehr Komfort zu bieten. Aber wann dieses geschehen war, hatte sie nicht registriert. Jetzt umspielte ein Grinsen den Mund ihrer Freundin.

»Lass uns teilhaben an deinem Spaß«, forderte sie Carla auf.

»Ach, mir schoss nur noch einmal das *Trockenbrot* durch den Kopf«, antwortete diese und lachte laut auf. »Ich finde, dass Maurice sehr gut gekontert hat, als er Florence einen *Guten Flug* wünschte. Das war einfach herrlich.«

»Stimmt. Eine sehr elegante Anspielung auf ihre Raserei.«

»Vielen Dank für das Kompliment, meine Damen. Ich fühle mich geschmeichelt.«

Carla beobachtete Maurice. Es war ihr nicht mehr so unangenehm, dass er sie begleitete, denn er schien ausgesprochen höflich und zurückhaltend zu sein. Und es tat ihr sogar ein wenig leid, dass er sich auf dem Rücksitz so sehr einschränken musste. Bei seiner Länge konnte das kein reines Vergnügen sein. Aber er saß dort und lächelte. Sie konnte einen Teil seines Gesichtes in ihrem Außenspiegel sehen.

»Ist es nicht manchmal sehr umständlich, so gänzlich ohne Auto zurechtzukommen?« Ihre direkte Frage schien ihn keineswegs zu irritieren.

»Nein, für mich ist es das im Augenblick nicht. Ich lebe in Köln, und meine Wohnung liegt sehr nah an meinem Arbeitsplatz. So kann ich alles mit dem Fahrrad erreichen. Außerdem hat Köln ein S-Bahn-Netz und einen zentral gelegenen Bahnhof. Das ist äußerst praktisch. Und natürlich den Flughafen.«

»Nun ja, wir erledigen ja auch das Meiste ohne Auto, aber gänzlich darauf verzichten möchte ich nun doch nicht.«

»Wohnen Sie denn in der Innenstadt von Münster? Ich habe Ihr Autokennzeichen gelesen.«

»Carla wohnt mitten in der Stadt und ich etwas am Rande. Aber Münster ist natürlich viel kleiner. Ein S-Bahn- oder

Straßenbahnnetz gibt es nicht und die Busverbindungen lassen auch oft zu wünschen übrig. Da ist das Auto natürlich sehr praktisch.«

»Stimmt es eigentlich, dass Münster ein Parkhaus für Fahrräder hat?«

»Ja. Sagen Sie bloß, Sie waren noch nie in Münster?«

»Nein, leider nicht. Wenn ich so überlege, so bin ich wohl mehr Richtung Süden orientiert.«

»Dann meinen Sie wohl die Eifel?«, wollte Carla in trockenem Tonfall wissen.

»Bitte entschuldigen Sie, meine Freundin hat manchmal ein freches Mundwerk.«

Maurice lachte. »Natürlich kenne ich auch die Eifel, aber ich meinte schon etwas weiter südlich von Europa. Wissen Sie, als Franzose drängt es einen doch immer wieder in die Heimat.«

»Sie sind Franzose?« Johanna und Carla hatten fast gleichzeitig gesprochen.

»Davon merkt man ja gar nichts. Ich meine, Sie haben überhaupt keinen Akzent.« Carla drehte sich nach hinten um.

»Das wäre auch sehr schlecht, da ich in Deutschland groß geworden bin. In Berlin, wo mein Vater für eine französische Firma arbeitete. Heute wohnen meine Eltern wieder in Paris. Und meine Verwandten sind überall in Frankreich verstreut. Ach ja, Florence lebt auch in Deutschland, in Düsseldorf.«

AUSFAHRT VOR IHNEN! IN 800 METERN NEHMEN SIE DIE AUSFAHRT!

Carla und Maurice zuckten zusammen. Carla schüttelte mit dem Kopf.

»Johanna. Ich hoffe, es ist nicht unhöflich von mir,« versuchte Maurice zu helfen, »aber vielleicht wissen Sie nicht, dass man sowohl die Stimme als auch ihre Lautstärke im Navigationsgerät einstellen kann.«

»Mir gefällt alles so, wie es ist«, konterte Johanna unbeirrt, »und jetzt lasst mich mal in Ruhe. Ich muss mich auf den Verkehr konzentrieren. Schließlich sind wir gleich da und ich war noch nie mit dem Auto in Frankreich und noch nie in Metz.«

Während der nächsten Kilometer ließ sich Johanna durch die Stadt leiten. Die anderen beiden schwiegen und sahen aus dem Fenster, Carla interessiert und neugierig und Maurice etwas wehmütig.

»Oh. La Citadelle. Keine schlechte Wahl, meine Damen.«

Sie fuhren auf den Hotelparkplatz. Maurice wollte den beiden beim Tragen des Gepäcks helfen, aber sie hatten für diese eine Nacht nur eine kleine Tasche gepackt. So schlenderte er mit seinem Laptop hinter ihnen her. An der Rezeption glänzte Johanna dann mit dem zweiten Teil ihrer Französischlektion.

»Bonjour Madame. Une chambre sur de nom Schulte-Loh, s'il vous plait."

«Bonjour Mesdames, bonjour Monsieur. Soyez les bienvenus dans notre Hotel. J'espère que vous avez eu un agréable voyage.«

Uff. Mit dieser langen französischen Antwort hatte Johanna wohl nicht gerechnet, denn sie schaute ratlos und verwirrt drein. Doch bevor Maurice als Franzose sie retten konnte, zog sie ihre Anmeldebestätigung aus ihrer Handtasche und legte sie der jungen Frau vor.

»Ah, Sie kommen aus Deutschland. Herzlich Willkommen. Ich hoffe, Sie hatten eine gute Reise.«

»Vielen Dank. Ja, wir hatten eine sehr angenehme Fahrt und freuen uns auf diesen Zwischenstopp hier in Metz.«

Fast hörbar plumpste Johanna ein Stein vom Herzen. Die Deutschkenntnisse der Hoteldame waren ein Segen.

»Ihr Zimmer liegt auf der zweiten Etage, Madame

Schulte-Loh. Wunschgemäß ist es ein sehr ruhiges Doppelzimmer mit getrennten Betten. Außerdem hatten Sie ein Nichtraucherzimmer gebucht. Das war jedoch nicht nötig, da unser Haus ein Nichtraucherhotel ist. Bitte füllen Sie uns dieses Formular aus. Ist das Zimmer für Sie und Monsieur Schulte-Loh?«

Lächelnd und fragend schaute sie in die Runde. Ganz offensichtlich stand eine Person zu viel vor ihr.

»Nein, nein«, sprang Maurice ein, »ich habe kein Zimmer gebucht, würde aber auch gerne eine Nacht in Ihrem Haus verbringen, wenn Sie noch ein freies Zimmer haben. Ein Einzelzimmer bitte.«

Aus Höflichkeit seinen Chauffeurinnen gegenüber sprach auch er Deutsch.

Die Hoteldame schaute in ihren Computer und tippte ein wenig hin und her.

»Ja, wir haben noch ein sehr schönes Zimmer für Sie.«

»Das ist ja wunderbar.« Maurice freute sich.

»Wir können Ihnen heute noch einen Sondertarif für 185 € die Nacht exklusive Frühstück anbieten. Wenn das für Sie in Ordnung ist, füllen Sie doch auch bitte unser Anmeldeformular aus. Darf ich mir eine Kopie Ihrer Kreditkarten machen?«

Sie blickte Johanna und Maurice an.

Während die beiden sich um die Formalitäten kümmerten, schaute Carla sich um. Sie war ein wenig geblendet von der ehrwürdigen Atmosphäre dieser alten Gemäuer. Schon draußen hatte sie sich eingefangen gefühlt von der Kraft der historischen Ausstrahlung des Gebäudes. Aber die Hotelhalle mit ihren Gewölbegängen beeindruckte sie noch mehr. So exklusiv hatten sie noch nie gewohnt. Trotz des geschichtsträchtigen Gemäuers war die Einrichtung modern gehalten. Ein Kompliment an den Innenarchitekten. Er hatte

Geschmack und Stil. Vielleicht war es ja auch eine Frau gewesen? Ein Zusammenspiel von dezenten warmen Farben, bequemen Sitzgruppen, originellen Dekorationen und stilvollen Bildern machten das gepflegte Ambiente aus. Leise klassische Musik rundete den Rahmen ab. Hier konnte man sich schon wohl fühlen.

»Nein, es ist wirklich nur für eine Nacht. Morgen früh geht unsere Reise weiter«, hörte Carla ihre Freundin sagen.

Ja, nur eine Nacht, dachte sie. *Mehr können sich Normalsterbliche hier auch kaum leisten. Und dann auch nur zum Schnäppchenpreis.*

»Dann wünsche ich Ihnen noch einmal einen schönen Aufenthalt bei uns in Metz. Unser Restaurant öffnet um 18 Uhr. Es ist bekannt für seine gute Küche. Sie benötigen keine Reservation. Und Monsieur, Ihr Zimmer liegt auch im zweiten Stock.«

Sie lächelte.

Gemessenen Schrittes gingen Sie zum Aufzug. Als sich die Tür hinter ihnen geschlossen hatte, prusteten Johanna und Carla los vor Lachen. Maurice schaute sie fragend an. Inzwischen hatte er sich ein wenig an die Ausgelassenheit der Frauen gewöhnt und begann, sich davon nicht mehr irritieren zu lassen. Ganz im Gegenteil. Er begann, selber etwas lockerer zu werden und diesen Zustand sogar zu genießen. Doch bevor die beiden sich wieder gefangen hatten, standen sie schon im Flur vor ihren Zimmern. Sie lagen direkt nebeneinander. Wieder begannen die Frauen zu lachen.

»Später, Maurice. Später«, brachte Johanna mühevoll hervor, als sie merkte, dass er ihnen etwas sagen wollte.

»Gut. Dann stelle ich Ihnen zwei kurze Fragen, auf die Sie mit Ja oder Nein antworten können. Brauchen Sie eine längere Mittagszeit? Es ist jetzt 13.30 Uhr.«

Johanna und Carla schauten sich an und schüttelten den Kopf.

»Dann treffen wir uns in einer halben Stunde unten im Foyer. Ist das in Ordnung für Sie?«

Sie nickten und verschwanden in ihrem Zimmer.

Dort verstummten sie augenblicklich vor Ehrfurcht. Welch ein Komfort! Das Zimmer war mit einem braun-beigen Teppich ausgelegt, der ausgezeichnet mit der lederbezogenen Rückwand der Betten harmonierte. Die himbeerrote Tapete wirkte erstaunlicherweise überhaupt nicht kitschig, sondern edel und fröhlich. Farblich dazu abgestimmt waren die Überwürfe der Betten, die am Kopfende aufgeschlagen waren, so dass die faltenlose schneeweiße Bettwäsche sichtbar wurde. Auf den Kopfkissen lagen jeweils zwei kleine Seidenkissen zur Dekoration, eines in rot, das andere in weiß.

»Was meinst du, Johanna, ob man in den Betten auch schlafen kann oder sind das nur Ausstellungsstücke?«

Selbstverständlich passte auch das moderne Gemälde haargenau zum Ambiente des Raumes. Der warme Beigeton des Teppichs fand sich in den Gardinen wieder. Ein kleiner runder Tisch mit einer Rauchglasplatte und zwei gemütliche kleine Sessel standen in der Fensterecke und luden zum gemütlichen Verweilen ein.

Johanna ging ins Badezimmer. Auch hier dominierten warme Töne den Raum, rostrot und beige. Das Waschbecken, eingelassen in eine große Marmorplatte, hatte eine ovale Form. Das Bad war ausgestattet mit einer Badewanne und einer Dusche mit Glastür. Neben dem Waschbecken standen ein kleines Arrangement aus getrockneten Blumen in einer Vase und mehrere kleine Fläschchen mit Duschgel, Shampoo, Seife und sogar einem Parfüm. Johanna öffnete den Flacon und roch daran.

Mmmh. Sehr angenehm.

Sie drehte sich um und umarmte ihre Freundin, die ebenfalls einen neugierigen Blick ins Badezimmer warf.

»Ich finde, wir haben ein wenig Luxus verdient. Außerdem muss ich mich noch bei dir dafür entschuldigen, dass ich Maurice einfach so eingeladen habe, ohne dich vorher zu fragen. Das tut mir wirklich leid, Carla.«

»Das weiß ich doch. Mach dir keine Gedanken, es ist schon in Ordnung. Wahrscheinlich hast du einem inneren Druck nachgegeben und konntest gar nicht anders. Außerdem komme ich so in den Genuss eines tiefen Kotaus von dir. Könnte ich den versprochenen Cocktail nicht schon jetzt haben?«

Sie grinste.

»Weißt du eigentlich, wie froh ich darüber bin, dass du mich so gut kennst?«, sagte Johanna.

»Ich dich und du mich.«

»Ja, unsere Freundschaft ist ein großes Geschenk und ich empfinde sie überhaupt nicht als selbstverständlich.«

Als Carla antworten wollte, hörten sie im Nebenraum ein Handy klingeln. Beide gingen hinüber und öffneten ihre Handtaschen. Johanna nahm ihr Handy und sah auf dem Display, dass ihr Mann in der Leitung war. Sie lächelte, machte es sich in einem der Sessel bequem und begrüßte Benedikt.

»Hallo, Bärchen. Es ist lieb, dass du anrufst. Wir haben gerade im Hotel eingecheckt.«

Carla fischte ihre Fotokamera aus der Tasche, eine Canon IXUS. Es war nicht mehr das neueste Modell, aber klein, handlich und einfach in der Bedienung. Für ihre Bedürfnisse machte die Kamera ausgesprochen gute Bilder, auch im Automatikmodus. Wenn sie keine Lust dazu hatte, brauchte sie sich also um die vielen Einstellmöglichkeiten nicht zu kümmern. Das war ihr sehr wichtig. Jetzt ging sie leicht in die Knie und nahm ihre Freundin ins Visier.

»Auf der Fahrt ging alles glatt. Wir sind nur in einen kleinen Stau auf der A 44 gekommen.«

Als Johanna sah, dass Carla sie fotografierte, zog sie einen Schmollmund, setzte ihren ärgsten Schlafzimmerblick auf und räkelte sie sich lasziv im Sessel. Carla grinste und schoss etliche Bilder. Dabei bemühte sie sich, den Luxus des Raumes einzufangen. Anschließend nahm sie ihr Handy, ging zum Fenster und zog die Gardine beiseite. Dann wählte sie eine Nummer aus ihrem Adressbuch und wartete.

»Natürlich nicht. Ich habe mich einfach auf Charly verlassen. Du weißt doch, er kennt alle Wege.«

»Isabelle, hallo meine Liebe. Habe gar nicht damit gerechnet, dich jetzt zu erreichen. Stell dir vor, wir sind schon im Hotel.«

»Aber Bärchen, Carla vertraut mir in dieser Hinsicht völlig.«

»Die Fahrt verlief reibungslos. Und Johanna hat heimlich einen Kurs in Elektronik gemacht.«

»Vielleicht bin ich lernfähiger, als ihr alle zusammen meint. Du und die Kinder.«

»Wie Johanna das mit Charly hingekriegt hat, weiß ich auch noch nicht. Aus der Familie hat ihr jedenfalls niemand geholfen, aber sie rückt nicht mit der Sprache raus.« Carla zwinkerte Johanna zu.

»Man muss nur das Grundprinzip einmal begreifen, das sind doch immer deine Worte, Bärchen.«

»Hör zu, Isabelle, das Zimmer ist eine Wucht. So was haben wir bisher noch auf keiner Ladiestour gehabt. Ich habe Fotos für dich gemacht und für die anderen auch, sonst glaubt uns das niemand.«

»Bitte richte Franziska aus, dass sie ein Wahnsinnszimmer für uns ausgesucht hat, es ist der reinste Luxus. Ich hoffe, Carla weiß sich hier zu benehmen.« Diesmal zwinkerte Johanna Carla zu.

»Nein, nein. Wir werden uns jetzt die Stadt ansehen. Du wirst es nicht glauben, Isabelle, aber wir sind zu einer exklusiven Stadtführung einschließlich Abendessen eingeladen.«

Johanna schaute erschrocken auf, schüttelte ihren Kopf und legte einen Finger auf ihren Mund.

»Hier ist auch ein super Wetter. Deswegen werden wir jetzt auch ein wenig durch die Stadt bummeln, die Sonne genießen und einfach nur Touristen sein.«

»Das ist allerdings eine besondere Geschichte. Hier die Kurzform: Johanna hatte mal wieder eine ihrer berühmten Eingebungen und kurzerhand einen Tramper mitgenommen.« Carla hatte mit leiserer Stimme gesprochen.

»Aber natürlich, Bärchen.«

»Und dieser kennt Metz ganz gut und bedankt sich bei uns mit diesem individuellen Touristenprogramm.«

»Vielen Dank. Ich drück euch alle und dich ganz besonders. Tschüss Bärchen.«

Sofort sprang Johanna auf und riss Carla das Telefon aus der Hand.

»Hi Isabelle, hier ist Johanna. Was Carla gesagt hat, stimmt, aber ich bin mir ganz sicher, dass du ihn auch mitgenommen hättest, so verloren, wie er dort gestanden hat. Es war eine echte Notsituation, was er uns dann auch bestätigte.«

Carla rollte schmunzelnd mit den Augen.

»Aber bitte, Isabelle, das muss erst einmal unter uns bleiben. Du weißt doch, wie besorgt Benedikt immer ist.«

»Ja, ich weiß, er hat es nicht immer ganz leicht mit mir. Aber er soll sich nicht unnötig aufregen. Sobald wir bei dir sind, erzähl ich es ihm. Versprichst du mir, dichtzuhalten?«

»Gut. Ich danke dir. Wir werden morgen so um 9 Uhr losfahren und melden uns dann von unterwegs aus. Lass es dir gutgehen! Viele Grüße auch von Carla. Tschühüüss.«

Dann ein Blick auf die Uhr und die Frauen verschwanden kurz im Bad, schnappten sich ihre Jacken und Handtaschen und preschten los. Diesmal nahmen sie nicht den Aufzug, sondern die breite Steintreppe. Hier verlangsamte Carla ihren Schritt, richtete ihren Körper kerzengerade auf und nahm eine gezierte Haltung an.

»Ich stelle mir jetzt vor, in einem langen rauschigen Kleid diese Stufen hinunter zu gleiten und mich ein paar Jahrhunderte jünger zu fühlen.«

»In einem langen schwarzen Gewand würde dich jeder für eine Trauerwitwe halten«, stichelte Johanna und lief weiter.

Als sie das Foyer erreichten, sahen sie Maurice an der Rezeption stehen. Lächelnd kam er auf sie zu.

»Meine Damen, ich hoffe, ich habe Ihnen genug Zeit gelassen?«

»Aber ja. Sonst hätten wir uns schon gemeldet«, grinste Carla. »Der Weg war ja nicht sehr weit.«

Kapitel 9

»Sagen Sie, Maurice, sind Sie häufiger in solchen Hotels?«

»Nein, eher selten. Sie sind mir ein wenig zu groß und unpersönlich. Und auch zu teuer. Aber nun zu unserem Programm. Ich schlage vor, wir stärken uns zuerst einmal ein wenig und genießen die Sonne und die Atmosphäre der Stadt, bevor wir uns einige Sehenswürdigkeiten genauer anschauen. Es gibt nicht weit von hier sehr nette Cafés, wo man auch ein paar gute Kleinigkeiten essen kann. Das ist natürlich im Service enthalten. Sind Sie damit einverstanden?«

»Nein. Auf gar keinen Fall!«

Erschrocken schaute Maurice die beiden Frauen an.

»Maurice. Das Programm klingt sehr vielversprechend und eine schöpferische Pause nach der Fahrt auch sehr verlockend, aber was wir essen und trinken, übernehmen wir schon selber.«

»Genauso sehe ich das auch«, bestätigte Carla.

»Na gut, gehen wir erst einmal los.«

Während sie entspannt durch die Straßen schlenderten, nannte Maurice ihnen schon einige wissenswerte geschichtliche Daten. Metz war aus einer keltischen Siedlung hervorgegangen, später von den Römern erobert und zu einer römischen Provinzhauptstadt ernannt worden. Im 3. Jahrhundert war Metz ein Bischofssitz und im 6. Jahrhundert eine Residenz der Merowingerkönige gewesen. Erst durch die Besetzung von König Heinrich II im Jahr 1552 wurde die Stadt französisch und hatte in dieser Zeit eine der stärksten Befestigungsanlagen Frankreichs erhalten. Metz war immer eine sehr reiche und freie Handelsstadt gewesen, geprägt von kirchlicher Obrigkeit, was auch heute noch im Stadtbild sichtbar war. Doch bereits im 9. Jahrhundert hatte man 39 Kirchen und Kapellen und zahlreiche Klöster und Stifte gezählt. Erst durch die Franzosen war die religiöse Stadt in ein militärisches Bollwerk verwandelt worden.

»Leute, das ist ja ein Traum. Mir scheint, Metz war ein Glückstreffer für uns. Schaut euch doch mal dieses Panorama an!« Carla wies auf die herrliche Uferlandschaft der Mosel. »Einfach phantastisch! Und mitten in der Stadt. Das nenne ich Lebensqualität.«

Mühelos fanden sie einen freien Tisch in einem kleinen Café mit Gartenterrasse. Alle strahlten. Johanna und Carla, weil es ihnen hier so gut gefiel, und Maurice, weil er sich über die Freude der Frauen freute. Lächelnd musste er sich eingestehen, dass er ihre Begleitung genoss, obwohl sie sich erst wenige Stunden kannten und er bei ihrem Zusammentreffen nicht gerade eine souveräne Figur gemacht hatte. Es war die erfrischende Offenheit der beiden, die ihn so berührte und an etwas erinnerte, das er zu seinem eigenen Schutz tief und sicher in sich vergraben glaubte. Nun war die alte Wunde wieder aufgebrochen. Nein, das war nicht die richtige Umschreibung dafür. Er war wieder auf die alte Wunde gestoßen, aber zum ersten Mal stellte er fest, dass sie gut verheilt war und nur noch feine Narben aufwies. Er folgte mit den Augen den Ruderbooten auf dem Wasser und fühlte eine große Erleichterung.

»Was meinen Sie dazu, Maurice?«

Er zuckte zusammen. »Bitte entschuldigen Sie. Ich war gerade ein wenig abwesend. Es tut mir leid.«

»Sie brauchen sich nicht zu entschuldigen. Auch der beste Reiseführer braucht Augenblicke für sich selber. Wir benötigen Ihren Rat, denn wir können uns einfach nicht entscheiden zwischen Eisbecher, Kuchen mit Sahne oder Quiche.«

»Das ist geradezu eine schwere Schicksalsentscheidung. Hm. Ich jedenfalls nehme Kaffee und einen Erdbeerbecher.«

Carla strahlte. »Das ist auch meine Wahl. Bei Eis werde ich immer schwach. Kann das genetisch bedingt sein?«

»Na gut, überredet. Aber ich nehme den Tiramisubecher. Und Kaffee klingt großartig.«

Maurice bestellte. Johanna wurde jetzt ernst und schaute ihn an.

»Wir sind Ihnen noch eine Erklärung schuldig für unseren Lachanfall im Hotel.«

»Aber nein.«

»Aber doch. Ich finde nur noch nicht die richtigen Worte, weil Verschiedenes zusammenkam. Wissen Sie, wir waren noch nie in einem solchen Luxushotel und fühlten uns total befangen an der Rezeption. Dazu die Sprachprobleme. Das alles hatte sich ein wenig in uns angestaut.«

»Ja«, nahm Carla den Faden auf, »und alles zusammen entlud sich halt im Aufzug, als wir endlich ungestört waren.«

»Und ich dachte schon, es hätte etwas mit mir zu tun gehabt.«

»Höchstens noch mit der Tatsache, dass die diskrete Hoteldame Ihnen das Zimmer neben uns gegeben hat. Sie hatte Mühe, ihre Gedanken zu verbergen. Das brachte sozusagen das Fass zum Überlaufen.«

Kaffee und die Eisbecher wurden gebracht, als sie alle noch lachten. Mit großer Begeisterung machten sie sich über die Köstlichkeiten her. Ein Hochgenuss!

»Ihre bisherigen Ausführungen über Metz waren sehr eindrucksvoll. Haben Sie das alles in der halben Stunde im Hotelzimmer auswendig gelernt.«

Johanna schob sich einen großen Löffel Sahne in den Mund und schaute Maurice an. Er strahlte ertappt.

»Jetzt wollen Sie mich auf den Arm nehmen, Johanna. Aber es geschieht mir recht. Da ist mal wieder meine Leidenschaft zum Dozieren mit mir durchgegangen. Ich habe Sie gelangweilt.«

»Nein, ganz sicher nicht. Außerdem sind wir im Urlaub solche Ausführungen gewöhnt. Sie müssen wissen, dass unsere Freundin Isabelle eine ähnliche Leidenschaft hat. Sie interessiert sich sehr für alte Städte und nicht selten sind wir ihre Opfer. Aber Ihr Wissen vorhin schien mir schon etwas fundierter zu sein. Sind Sie Lehrer?«

»Sie sind eine gute Beobachterin. Und haben richtig erkannt: Ich bin Lehrer für Geschichte. Äh, darf ich Ihnen noch einen Vorschlag machen?«

»Und Sie reden nicht gerne über sich«, unterbrach Johanna seinen Redefluss. »Aber das ist völlig in Ordnung.«

Maurice fühlte sich schon wieder erwischt. Er war es nicht mehr gewöhnt, direkt auf seine eigene Person angesprochen zu werden und in diesem Moment wurde ihm diese Tatsache schmerzlich bewusst. Wie war es möglich, dass zwei fremde Frauen ihn so schnell durchschauten?

»Ich habe Sie in Verlegenheit gebracht. Das wollte ich nicht.«

»Ja, das gebe ich zu. Aber Sie haben eine sehr charmante Art, das zu tun, Johanna.«

Plötzlich empfand Carla Mitleid mit ihrem Tramper, der ihrer lockeren Art offensichtlich nicht gewachsen war, und fühlte sich gedrängt, ihm beizustehen.

»Und eine sehr direkte Art. Wir wissen, dass es nicht immer ganz leicht ist, damit umzugehen. Wenn Sie also die Stadtführung lieber nicht machen möchten, sind wir nicht böse.«

»Das kommt überhaupt nicht in Frage. Versprochen ist versprochen! Außerdem gibt es hier niemanden, der mir sonst zuhören würde.« Ein schelmisches Grinsen huschte über sein Gesicht. »Das Programm sieht einen etwa 2stündigen Spaziergang durch die Stadt vor. Carla, trauen Sie sich das zu?«

»Was soll das denn jetzt heißen? Von wegen, direkte Art.«

Bevor Carla sich künstlich aufplustern konnte, schaute Maurice nur hinunter auf ihre Schuhe. Johanna begriff als Erste die Situation und beruhigte ihn.

»Da machen Sie sich mal keine Sorgen. Das sind Carlas Joggingschuhe.«

In der folgenden zwei Stunden versuchte Maurice, sein geschichtliches Temperament ein wenig zu zügeln. Es sollte ja schließlich keine Lehrstunde werden, sondern ein angenehmer Spaziergang mit dem Nebeneffekt, den Frauen einen Eindruck von den Besonderheiten der Stadt zu vermitteln.

Johanna wunderte sich darüber, dass Metz nur 125.000 Einwohner hatte, weniger als die Hälfte von Münster. So klein kam ihr die Stadt gar nicht vor, aber das lag wahrscheinlich an den weitläufigen Alleen und Plätzen und der großzügigen Bauweise.

Sie schritten durch ein altes römisches Stadttor, besuchten die Templer-Kapelle und die ehemalige Garnisonskirche und machten schließlich eine kurze Rast an der *Porte des Allemands*, am Deutschen Tor. Dieses mittelalterliche Stadttor war ein mächtiges Bollwerk, bestehend aus zwei Turmkomplexen, die das Flüsschen La Seille überspannten. Das Metzer Stadtbild war geprägt von der Mosel mit ihren Nebenarmen und dem Fluss La Seille, der im nördlichen Stadtgebiet in die Mosel floss. Mehrere Brücken überquerten die beiden Flüsse und verliehen der Stadt einen besonderen Charme.

»Das ist ja ein bisschen wie in Venedig«, schwärmte Carla.

»Ja, die vielen Brücken erinnern wirklich daran. Nur die Bauten nicht, ihnen fehlt das Spielerische, Leichte.«

»Ja, da mögen Sie Recht haben. Aber mir gefällt es hier ausgesprochen gut.«

Die Kirche Temple Neuf lag auf einer Moselinsel und wirkte vom Ufer aus wie ein mächtiges Schiff. Sie bummelten über die Brücke und hatten nun einen wunderschönen Blick auf die Kathedrale St. Etienne mitten in der Metzer Altstadt, ihrem letzten Ziel.

»So, meine Damen. St. Etienne war unser letzter Programmpunkt. Ich danke Ihnen für Ihre Aufmerksamkeit und bringe Sie jetzt noch zum Place St. Jacques. Dort finden Sie viele Cafés, Bistrots und auch diverse Einkaufsmöglichkeiten. Ganz nach Wunsch.«

»Es war eine wundervolle Stadtführung, Maurice. Herzlichen Dank.«

»Johanna hat Recht, es war eine perfekte Mischung aus Kultur, Bewegung und Atmosphäre aufnehmen.«

Maurice freute sich über das Lob der Frauen, denn er wusste, dass sie es ehrlich meinten. Sie waren offen und gerade heraus. Das schätzte er an ihnen. Die Stadtführung hatte auch ihm großen Spaß gemacht, weil er zwei Zuhörerinnen hatte, die aufmerksam und interessiert lauschten, was er als Lehrer natürlich sehr zu schätzen wusste. Dennoch hatten sie seine Beiträge nicht unreflektiert übernommen. So hatte er bemerkt, dass Carla recht naturverbunden war. Jede noch so kleine, ihr unbekannte Pflanze hatte sie fotografiert, um sie später zuzuordnen. Und er zweifelte nicht daran, dass sie das auch in die Tat umsetzten würde. Obwohl sie viele Fotos machte, hatte er nicht den Eindruck gewonnen, sie würde die Welt nur durch die Linse wahrnehmen. Alles war auf eine natürliche Art und Weise geschehen und hatte nie gestört. So hatte Carla Schnappschüsse von Johanna und manchmal auch von ihm gemacht, aber dann auch sehr gezielte Bilder von allem, was ihr unterwegs begegnet war. Er war überzeugt davon, dass sie ein gutes Auge und eine künstlerische Ader besaß. Und er musste zugeben, dass er viele ihrer Fragen nicht beantworten konnte.

Johanna dagegen war an Menschen interessiert, sowohl in der Vergangenheit als auch in der Gegenwart. Immer wieder fragte sie sich, wie die Menschen wohl mit bestimmten Gegebenheiten zurechtgekommen waren, wie es ihnen mit politischen Veränderungen ergangen war oder wie die Lebensumstände für den Einzelnen gewesen sein mögen. Auch nahm sie die Menschen um sich herum sehr genau wahr. Nicht nur einmal hatte sie die anderen beiden auf besonders glücklich oder auch unzufrieden aussehende Passanten aufmerksam gemacht. Und auch ihr bedeutete die Natur sehr viel. Sie nahm den Duft der Blüten wahr und erfreute sich an ihren Farben.

»Es freut mich sehr, dass es Ihnen gefallen hat und ich mich schon einmal ein wenig revanchieren konnte. So, da sind wir. Schauen Sie! Hier finden Sie alles, was Ihr Herz begehrt, und dort drüben …«, er wies ans östliche Ende des Platzes, »befindet sich ein großes Einkaufszentrum, das *Centre St. Jacques*, wo so ziemlich alles zu haben ist.«

»Sie wollen uns also verlassen?« Johanna schaute Maurice fragend an.

»Allerdings. Erstens benötigen Sie jetzt ein wenig Erholung von mir und zweitens brauche ich selber auch noch ein paar Sachen, schließlich war ich auf diesen Zwischenstopp nicht eingerichtet.«

Johanna und Carla konnten sich auch nicht vorstellen, dass sich in seiner Laptoptasche Toilettenartikel für die Nacht oder frische Wäsche befanden. So verabredeten sie sich um 19.30 Uhr wieder in der Hotelhalle.

»Einen kleinen Moment bitte noch.«

Maurice lief zu einem Stand mit Ansichtskarten, suchte schnell ein schönes Metzer Motiv heraus und verschwand im Laden. Wenige Augenblicke später stand er wieder vor ihnen. Er reichte Carla die Karte und drehte sie herum.

»Hier steht meine Handynummer drauf. Sollten Sie in Schwierigkeiten geraten, zum Beispiel wegen der Sprache, scheuen Sie sich bitte nicht, mich umgehend anzurufen.«

Dann wies er ihnen noch den Weg zum Hotel und verabschiedete sich.

Kapitel 10

»Ich bin ganz froh, dass Isabelle bei der Stadtführung nicht dabei war«, sagte Carla, während sie sich bei Johanna einhakte und sie zu den Schaufenstern auf der anderen Straßenseite führte.

»Wieso denn das?«

»Glaubst du etwa, dass wir dann noch diese zwei Stunden zu freien Verfügung hätten?«

»Da könntest du allerdings Recht haben. Isabelle hätte Maurice‘ unerschöpfliches Wissen bis zum bitteren Ende ausgeschöpft.«

Die Frauen lachten, während sie die Auslagen der Geschäfte begutachteten.

»Hör zu, Carla! Ich brauche unbedingt noch eine Bluse oder ein T-Shirt für heute Abend.«

»Wieso? Ist deine Bluse schon durchgeschwitzt?«

»Das nicht, aber wie ich Maurice einschätze, wird er uns nicht in eine Dönerbude einladen. Und vielleicht möchte ich ja auch mal meinen Blazer ausziehen.«

Johanna trug zu ihrer lilafarbenen Jeans auch einen gleichfarbigen Sommerblazer.

»Was hast du denn gegen die *Freiheit der Fifties*?« Carla grinste. Die Bluse mit diesem originellen Aufdruck war ein Geschenk der Kinder zu Johannas 50. Geburtstag gewesen.

»Ganz im Gegenteil. Aber meine Gesinnung muss ja nicht jeder kennen.«

»Gut, dann werde ich mal nach einem seriösen Oberteil Ausschau halten.«

Sie bummelten von einem Geschäft zum anderen, ließen

sich einfach treiben und von den überreichen Anreizen inspirieren. Es war herrlich. Sie begegneten mehreren Touristengruppen mit ihren Stadtführern, die überwiegend Englisch sprachen. Ohne es geplant zu haben, standen sie plötzlich vor dem Einkaufszentrum, das Maurice ihnen beschrieben hatte.

»Hier finden wir bestimmt etwas für dich. Ich könnte mir vorstellen, dass die eine große Kinderabteilung haben.«

Carlas Bemerkung war sehr ernst und auch nicht böse gemeint, denn Johanna mit ihrer Größe von 1,60 kaufte sehr häufig Kinderkleidung. Sie fuhren mit der Rolltreppe nach oben.

»Meine Güte, hier gibt's ja wirklich alles. Nicht nur Klamotten.« Ihr Blick streifte die einzelnen Abteilungen: Parfümerie, Perücken, Lederwaren, Bücher, Schreibwaren, Elektronik, Süßwaren. Und alles in ausgesprochen edler Aufmachung. »Der Laden gefällt mir«, sagte Carla abschließend.

Inzwischen waren sie auf der zweiten Etage angelangt. Im hinteren Bereich lag die Kinderabteilung. Die Frauen trennten sich und gingen eigene Wege. Carla wurde wie immer von den schwarzen Kleidungsstücken magisch angezogen, während Johanna sich den Kinder-T-Shirts näherte. Sie suchte ein schlichtes weißes Poloshirt mit Kragen, fand aber nur lustig bedruckte Shirts ohne Kragen. Dann entdeckte sie einige Blusen jenseits des Ganges. Sie fand zwei, die ihr gut gefielen und nahm diese mit zur Umkleidekabine. Unterwegs traf sie Carla, die sie dann begleitete.

Der Schnitt der ersten Bluse hatte den Hauch einer Corsage, war eng und kurz geschnitten, natürlich ohne Kragen.

»Wow! Die sieht super aus und steht dir ausgezeichnet. Dreh dich mal um.«

»Auch hinten. Sie sitzt perfekt. Zieh mal die andere an.«

Die zweite Bluse fiel etwas lockerer und länger aus, erhielt aber einen besonderen Pfiff durch einen winzigen Stehkragen und einen tiefen Ausschnitt.

»Die ist auch chic«, kommentierte Carla, »etwas klassischer, aber auch sie hat was. Vielleicht ist es der Ausschnitt. Was kosten sie denn? Lass mal sehen.«

Das Preisschild hing am Rücken der Bluse. Carla drehte es um und sagte: »Das gibt es doch nicht. Nur 25 €.«

Dann nahm sie die erste Bluse in die Hand. Sie war mit dem gleichen Preis ausgezeichnet.

»50 € für beide Blusen. Das ist kaum zu glauben. Da fällt die Wahl ja nicht sehr schwer.«

»Wie meinst du das?«

»Du nimmst natürlich beide. Wenn nicht, wirst du dich den ganzen Sommer über ärgern.«

Carla hatte Recht, das musste Johanna zugeben, und ließ sich schnell überzeugen. Sie ging mit den beiden Blusen zur Kasse, bezahlte und erhielt eine geschmackvolle Papiertragetasche mit der Aufschrift *Centre St. Jacques*.

»Nobel. Nobel.« Carla als Geschäftsfrau nahm solche Werbeartikel sofort bewundernd zur Kenntnis.

»Wie schön. Jetzt haben wir dich gut versorgt. Möchtest du noch weiter durch diese edlen Hallen schreiten oder sollen wir irgendwo einen kleinen Aperitif nehmen. Das macht man doch so in Frankreich, oder?«

Johanna grinste. »Allerdings. Ich finde auch, dass es sehr wichtig ist, sich den Landesgewohnheiten anzupassen.«

So schritten sie zur Rolltreppe und fuhren wieder abwärts. Mit geübtem Blick schauten sie noch einmal über die Auslagen der ersten Etage, Herrenbekleidung und Lederwaren. Das interessierte sie im Augenblick nicht. Also weiter Richtung Erdgeschoss. Plötzlich vernahmen sie einen lauten Disput. Die Frauen schauten sich fragend um.

»Was ist das denn?«

Nach wenigen Augenblicken, man könnte auch sagen, nach einem weiteren Meter Abfahrt, entdeckten sie den Ort der Unruhe. Vor einer Umkleidekabine in der Fensterecke rechts von ihnen sahen sie einen Mann in einem dunklen Anzug stehen, der in lautem und rasant schnellem Französisch auf jemanden einredete. Dieser Jemand war unsichtbar, er hielt sich wohl noch in der Kabine auf. Mit einem schnellen Handgriff entriss der Mann dem Unsichtbaren eine schöne sportliche, braune Ledertasche, an der ein langes Etikett und ein Preisschild baumelten.

»Et çà? Et çà?«

Die Frauen vermuteten, dass es sich um den Kaufhausdetektiv handelte, der gerade jemanden erwischt hatte.

»Ich wollte doch alles zusammen hier unten bezahlen. Bitte glauben Sie mir doch.«

Die klägliche Stimme des ertappten Diebes kam ihnen irgendwie bekannt vor. Die Rolltreppe war inzwischen auf halber Höhe angelangt, wodurch sie ihnen jetzt erbarmungslos die gute Sicht auf den Schauplatz nahm. Sie konnten gerade noch sehen, wie der Unsichtbare aus der Kabine trat. Johanna und Carla glaubten, ihren Augen nicht zu trauen. Maurice stand vor dem Detektiv und hob hilflos seine Arme. Dann entschwand er ihrem Blickfeld. Mit schnellen Schritten sprangen sie von der Rolltreppe und liefen zu den Umkleidekabinen. Ein zweiter Detektiv war seinem Kollegen inzwischen zur Hilfe gekommen. Mit gebrochenem Deutsch versuchte dieser zu vermitteln.

Warum spricht er denn nicht Französisch?, fragte sich Johanna.

Doch bevor sie weiter darüber nachdenken konnte, hatte Carla die Männer bereits erreicht und rief laut und fröhlich:

»Cherie! Cherie! Wunderbar. Da ist sie ja, meine Tasche. Vielen Dank.«

Sie warf sich Maurice an den Hals und gab ihm einen

Kuss auf die Wange. Dann schien sie die beiden Männer erst zu entdecken und fragte so unschuldig, wie es nur einer Frau möglich war: »Gibt es Schwierigkeiten, Cherie?«

Der etwas Deutsch sprechende Detektiv antwortete ihr.

»Äh, Madame. Ihr … ?«

»Das ist mein Freund.«

»Ihr Freund, Madame, war im Begriff, diese Tasche zu entwenden. Und vielleicht auch noch die Hemden, die er mit in die Kabine genommen hat.«

»Aber wie kommen Sie denn darauf? Ich habe Maurice gebeten, die Tasche mit nach unten zu nehmen, weil ich oben noch nicht fertig war. Er brauchte aber noch ein Hemd und wollte sich hier unten schon mal umschauen. Bei uns in Deutschland ist es ganz normal, die Sachen durch das Kaufhaus zu tragen, bis man alles gefunden hat. Und wenn man fertig ist, geht man zur Kasse.«

Mit großen geschockten Augen schaute sie die beiden Franzosen an und schlug dann erschrocken eine Hand vor den Mund. Johanna bewunderte ihre Freundin für diese schauspielerische Leistung.

»Ist das in Frankreich etwa nicht erlaubt? Wir sind zum ersten Mal hier.« Dann drehte sie sich zu Maurice um. »Oh, Cherie. Jetzt hast du wegen mir solche Schwierigkeiten bekommen.«

Johanna war sich nicht sicher, ob der deutschsprachige Franzose jede Einzelheit von Carlas Tirade verstanden hatte, aber das Wesentliche schien ihm nicht entgangen zu sein, denn seine Stimme wurde ein wenig weicher. Dennoch zuckte sie innerlich leicht zusammen, als er auf sie zukam und Johanna direkt ansprach:

»Und was sagen Sie dazu, Madame? Sie gehören doch zusammen, oder?«

Alle Augen waren nun auf Johanna gerichtet. Bis zu diesem Moment hatte sie sich in ihrer Zuschauerrolle ausgesprochen wohl gefühlt. Jetzt war ihre sichere Außenseiterposition zusammengebrochen und sie kam sich völlig überrumpelt vor, fing sich aber schnell wieder und begriff instinktiv, dass sie den seriösen Gegenpart zu Carla spielen musste.

»Ja, das stimmt. Wir gehören zusammen. Wir waren zuerst auf der dritten Etage, wo ich mir zwei Blusen gekauft habe.«

Stolz hielt sie ihre Tüte hoch und überlegte kurz, ob sie die beiden Blusen auch noch auspacken sollte, aber sie wollte es dann doch nicht übertreiben.

»Dann fuhren wir auf die zweite Etage hinunter und schauten nach den Taschen. Und natürlich auch nach den anderen schönen Dingen dort oben. Meine Freundin gab dann Maurice die Tasche mit, weil sie sich noch Schuhe ansehen wollte.«

Johanna zeigte auf Carlas Füße und sah, wie auch die beiden Detektive ihre Köpfe senkten.

»Dann fuhren wir nach unten, um Maurice noch zu beraten und zur Kasse zu gehen.«

»Und warum ist Ihre Ware dann schon bezahlt, Madame?«

»Weil ich nichts mehr kaufen wollte. Zwei Blusen sind doch auch genug, meine Herren? Heute ist unser erster Urlaubstag, ich kann doch nicht jetzt schon das ganze Geld ausgeben.«

Die beiden Detektive gaben auf. Ob sie die Geschichte der Frauen wirklich glaubten oder nicht, ließen sie offen. Womöglich waren sie Carlas Charme erlegen oder wollten einfach nur das schauspielerische Talent oder den Einfallsreichtum der Frauen belohnen. Beweisen konnten sie jedenfalls weder die Schuld noch die Unschuld des Kunden. Das war ihnen wohl klargeworden.

»Dann begleiten wir Sie jetzt noch zur Kasse«, sagte der deutschsprechende Kollege, mit einer ausladenden Armbewegung Richtung Ausgang weisend.

»Vielen, vielen Dank.« Carla war kurz davor, auch den Franzosen um den Hals zu fallen, setzte aber stattdessen ein demütiges Lächeln auf.

Johanna folgte wie immer einer plötzlichen Eingebung und sagte: »Merci beaucoup, Messieurs.« Dann gab sie beiden Männern die Hand.

Alle Achtung, dachte Carla, *Johanna macht mir noch Konkurrenz*.

Inzwischen standen sie alle an der Kasse. Maurice legte die Tasche und zwei Hemden auf die Ablage und gab der Kassiererin seine Kreditkarte. Als alles erledigt war, erhielt auch er eine wunderschöne Hochglanz-Tragetasche. Er nahm sie entgegen und drehte sich zu den Männern um.

»Auch ich danke Ihnen, meine Herren. Es tut mir sehr leid, dass Sie diese Unannehmlichkeiten hatten.«

Dann drehte er sich zu seinen Frauen um und grinste: »Na, dann kommt, meine Lieben. Lasst uns gehen.«

Schweigend verließen sie das Kaufhaus. Diese Geschichte würden sie nie vergessen, das war sicher. An der nächsten Ecke bogen sie nach links ab, um schnell aus der Sichtweite des Kaufhauses zu kommen, denn jeder von ihnen spürte immer noch die unsichtbaren Blicke der Detektive im Rücken. Keiner von ihnen sagte etwas. Sie gingen weiter bis zur nächsten Straßenecke, wo sie dieses Mal nach rechts abbogen. Das musste als Sicherheitsabstand genügen. Carla war nun nicht mehr zu halten. Sie prustete los, ging aber immer weiter. Die anderen beiden folgten ihr, allerdings noch etwas grüblerisch. Nach wenigen Schritten hatte Carla ihr Ziel erreicht, ein kleines Bistrot, das sie sofort entdeckt hatte, als sie um die Ecke gebogen waren. Die Tür stand offen. Carla stürzte hinein, grüßte und setzte sich an die Theke. Mit großer Anstrengung und Konzentration sagte sie:

»Trois pastis, s'il vous plait."

Dann gluckste sie nur noch. Ganz langsam wurde auch den beiden anderen bewusst, dass die Gefahr vorüber war und sie entspannten sich. Der junge französische Kellner servierte die Pastis in Gläsern mit der Aufschrift *Ricard* und einer Karaffe Leitungswasser.

»Santé, meine Lieben. Auf die Rettung!«, sagte Carla.

Johanna und Maurice nickten ihr zu und jeder nahm einen großen Schluck. Erleichterung breitete sich in ihnen aus, aber langsam, nur sehr langsam.

»Ich bin Ihnen eine Erklärung schuldig,« setzte Maurice an, »denn ich möchte auf keinen Fall, dass Sie glauben, ich sei ein Ladendieb.«

Es fiel ihm schwer, seine Gefühle und Gedanken in Worte zu kleiden. Die beiden Frauen spürten seinen inneren Kampf und ließen ihm Zeit, sich zu sammeln, während sie sich einen weiteren Schluck dieser gut schmeckenden trüben Flüssigkeit gönnten und mit ihren eigenen Emotionen kämpften.

»Es war natürlich blöd von mir, die Tasche im Kaufhaus mit nach unten zu nehmen, aber ich habe mir darüber überhaupt keine Gedanken gemacht. Ich stand ein wenig neben mir. Äh. Der Grund dafür war ein Anruf von Florence kurz vorher. Sie hatte nämlich einen Unfall auf der Autobahn.«

»Was?!«

»Ja, sie fuhr auf der Überholspur, als ein LKW, der rechts neben ihr auf gleicher Höhe fuhr, plötzlich nach links ausscherte und sie immer mehr bedrängte. Ihr schnelles Auto hat sie letztlich gerettet. Sie gab Gas, wurde aber noch am hinteren rechten Kotflügel erwischt und kam ins Trudeln. Aber es gelang ihr, den Wagen zu stabilisieren und vor dem LKW wieder rechts einzuscheren. Glücklicherweise war kaum Verkehr. Florence wollte dann auf den Seitenstreifen fahren, um den Unfall zu melden und sich zu beruhigen, aber der LKW-Fahrer machte keinerlei Anstalten zu halten. Also fuhr sie weiter vor ihm her und rief vom Handy aus die Polizei an. Als der Fahrer dieses registrierte, gab er nach und fuhr auf die Standspur. Und Florence auch.«

»Das ist ja schrecklich!«

»Ganz schön cool, Ihre Schwester.«

»Ja, sie ist so schnell nicht zu beeindrucken. Manchmal bewundere ich sie dafür.«

»Und dann?« Carla konnte ihre Neugier kaum zügeln.

»Die Autobahnpolizei war sehr schnell bei ihnen und hat alle Formalitäten aufgenommen. Der LKW-Fahrer gab auch alles zu. Sicherheitshalber ließ sich Florence von den Polizisten eine Werkstatt in der Nähe sagen. Der Wagen kann aber erst morgen früh gecheckt werden, so dass Florence jetzt auch in einem Hotel übernachten muss und erst morgen weiterfahren kann.«

Alle drei hatten ihre Gläser geleert, ohne den Pastis mit einem Tropfen Wasser zu verdünnen. Und das in einer nicht zu verachtenden kurzen Zeitspanne. Carla registrierte dieses amüsiert und suchte mit ihren Blicken den Kellner. Als sich ihre Blicke trafen, zeigte sie mit ihrem herzlichen Lächeln auf ihre Gläser und hob drei Finger in die Höhe. Die Antwort des sympathischen jungen Mannes war ein schmunzelndes Kopfnicken. Dann zeigte Carla auf die Wasserkaraffe und schüttelte den Kopf. Jetzt musste der Franzose herzhaft lachen und ging an die Arbeit.

»Ich kann sehr gut nachvollziehen, dass Sie nach diesem Anruf durcheinander waren.« Johanna legte mitfühlend ihre Hand auf Maurice‘ Arm. »Und Florence ist wirklich nichts passiert?«

»Nein, Gottseidank nicht. Sogar ihr Schreck hält sich in Grenzen. Ich glaube, ihre Wut ist größer.«

»Und der Fahrer? War der betrunken?« Carla war an weiteren Fakten interessiert.

»Nein, nur völlig übermüdet. Er war seit 15 Stunden ohne nennenswerte Pausen unterwegs gewesen. In dieser Branche stehen wohl alle unter einem extremen Zeitdruck.«

»Ja, das hört man immer wieder. Aber das ist weder eine Rechtfertigung noch eine Entschuldigung für dieses verantwortungslose Verhalten.«

Johanna war immer noch empört. Und die anderen beiden stimmten ihr nachdenklich zu.

»Trotzdem, Maurice, sollten Sie sich jetzt nur darauf konzentrieren, dass alles gut gegangen ist, und sich darüber freuen. Versuchen Sie, den Stress abzuhaken.«

»Tja, da bekommen Sie jetzt von Johanna noch eine Gratisportion Lebensweisheit zu unserem Rettungspaket hinzu. Was sagen Sie dazu?«

»Vielen Dank, Johanna. Ich werde es zu beherzigen versuchen.« Sorgenvoll schaute er aus dem Fenster. »Zwei Rettungseinsätze in wenigen Stunden. Ich komme mir vor wie ein wandelnder Notfall.«

Die nächste Runde Pastis wurde serviert, diesmal ohne Wasser, dafür mit einem Schälchen Oliven. Carla pickte sich sofort eine heraus und nickte dem Kellner dankend zu. Diesmal erhob Maurice sein Glas als Erster.

»Dann trinken wir jetzt auf die beiden Nachfolgerinnen von Mutter Theresa. Santé.«

Ihre Anspannung löste sich. Jeder genoss den beruhigenden Schluck im Bauch und hing seinen Gedanken nach. Der heutige Tag musste erst einmal verdaut werden. Johanna ließ die letzten Stunden Revue passieren, Carla dachte an das Geschehen im Kaufhaus und Maurice fragte sich, womit er so viel Glück verdient hatte. Eigentlich war es unfassbar, dass ausgerechnet er den Kaufhausdetektiven etwas vorgemacht hatte. Das passte doch so gar nicht zu ihm. War er überhaupt noch er selbst? Er, der zurückhaltende und stets besonnene und ausgeglichene Mensch setzte sich zum ersten Mal gegen Florence durch, blieb willentlich an der Raststätte allein ohne Auto zurück und fuhr dann per Anhalter weiter. Per Anhalter! Und als sei das alles nicht schon verrückt genug, geriet er auch noch in den Verdacht, einen Ladendiebstahl begangen zu haben. Das konnte doch nur ein schlechter Film sein. Oder ein Traum, aus dem man irgendwann erwachte.

Aber wenn er sich umschaute, saßen die beiden Frauen real vor ihm, aus Fleisch und Blut und sehr lebendig. Und er konnte sich in diesem Augenblick auch nichts Schöneres vorstellen, als ihre Gegenwart zu genießen. Er hatte sich trotz dieser Wirren schon lange nicht mehr so wohl gefühlt. Wie war das möglich?

Es war Carla, die ihn aus seinen Gedanken riss. Sie hatte eine Visitenkarte in der Hand, die sie ihm zuschob.

»Wir wissen es sehr zu schätzen, Maurice, dass Sie uns Ihre Handynummer gegeben haben, falls wir hier in Metz in irgendwelche Schwierigkeiten geraten sollten.« Ihr Schmunzeln wandelte sich langsam in ein breites Grinsen. »Aber ich halte es für sinnvoller, dass Sie *uns* erreichen können. Oder wie sehen Sie das?« Carla sah ihn herausfordernd an.

Maurice nahm die Visitenkarte in die Hand und las.

Auf der Rückseite standen die Telefonnummern.

»Ihre Visitenkarte hat ein sehr ansprechendes Design. Gehört Ihnen der Friseursalon?«

»Nur zur Hälfte. Meine frühere Chefin hat mich zu ihrer Teilhaberin gemacht, nachdem ich meine Meisterprüfung absolviert hatte.«

»Dann muss sie sehr zufrieden mit Ihnen gewesen sein.«

»Ja, das war sie auch«, erklärte Johanna, die wusste, dass Carla sich nicht selber loben würde.

«Carla ist eine ausgezeichnete Friseurin. Ihre Haarschnitte sind genial, aber sie hat auch ein großes Geschick im Umgang mit ihren Kunden. Sie hat fast nur Stammkunden, Männer und Frauen.«

»Dann beschämt es mich umso mehr, dass ich es vor dieser Reise nicht mehr geschafft habe, zum Friseur zu gehen. Vielleicht sollte ich mir einen Hut kaufen. Wäre es sehr vermessen von mir, wenn ich Sie bitten würde, mich dabei zu unterstützen? Ich kenne hier in Metz ein sehr schönes Kaufhaus, das bestimmt …«

Noch bevor Maurice seinen Satz beenden konnte, kicherten alle wieder los.

»Ja, das wäre ein Ding, wenn wir dort wieder auftauchten. Ich stelle mir gerade die Gesichter der beiden Detektive vor.«

Carla ahmte die Gestik des langen, dünnen Franzosen nach, der kein Deutsch verstehen konnte, und immer seine Stirn krauste, damit er streng genug wirkte.

»Aber um auf ihre Ausgangsfrage zurückzukommen, Carla, ich glaube, Sie haben Recht. Es ist nicht nur sinnvoller, wenn ich Ihre Handynummer habe, ich muss zugeben, dass ich mich jetzt auch sehr viel sicherer fühle.«

»Das ist doch wunderbar.« Carla stand auf. »Dann sollten wir jetzt aufbrechen, denn so langsam bekomme ich Hunger.«

Zehn Minuten später standen sie in der Hotelhalle. Sie begrüßten eine junge Frau an der Rezeption, die sie bisher noch nicht kennengelernt hatten, und schlenderten zum Fahrstuhl. Maurice schaute auf die Uhr.

»Ist es Ihnen Recht, wenn wir uns um halb sieben wieder unten treffen? Oder ist Ihnen das zu früh?«

»Mir passt das ausgezeichnet.«

Carla verließ als Erste den Fahrstuhl. Johanna nickte zustimmend. Dann verschwanden alle in ihren Zimmern.

»Ich glaube, ich gehe kurz unter der Dusche. An einem solchen Tag kommt man doch leicht ins Schwitzen.«

Johanna sah, wie ihre Freundin im Badezimmer verschwand. Lächelnd ging sie ans Fenster und schaute auf die Terrasse des Hotels. Viele Blumenkübel verwandelten sie in eine kleine grüne Oase. Johanna konzentrierte sich auf ihren Atem, er ging viel zu schnell. Lag es an diesem aufregenden Tag oder eher am Pastis? Egal. Ihre nächsten Atemzüge vollzog sie bewusst, tief und gleichmäßig, und langsam spürte sie eine Entlastung ihres gesamten Körpers. Das tat gut. Sie absolvierte täglich ein kleines Entspannungsprogramm, entweder eine Meditation, Yoga- oder QiGong-Übungen, manchmal auch eine Mischung aus allem. Sie genoss es, ihren täglichen Ruhepunkt zu finden und ihre ganze Energie auf ihren eigenen Körper zu lenken. Dabei fielen alle Probleme des Alltags von ihr ab und sie schöpfte neue Kraft. Für sie gehörte diese Art der Erholung zu der effektivsten und schnellsten.

Aber sie zählte nicht zu den Menschen, die andere bekehrten. Kaum jemand bemerkte, wenn sie sich zurückzog.

Nur ein selbstgefundener Weg führt zum Ziel, war eine ihrer Grundüberzeugungen, die sich mit ihren Erfahrungen und den Beobachtungen anderer Menschen deckte. Auch ihre Freundinnen und Benedikt gingen eigene Wege.

Eine Viertelstunde später wandte sie sich wieder vom Fenster ab. Sie nahm ihre Einkaufstüte vom Sessel und zog ihre neuen Blusen heraus. Nacheinander hielt sie beide in die Höhe und war sehr froh darüber, dass sie auf ihre Freundin gehört und alle beide gekauft hatte. Aus ihrer Handtasche zog sie ein kleines Schweizer Messer, mit dessen Hilfe sie die Preisschilder entfernte. Nun musste sie sich nur noch für eine der beiden entscheiden. Doch wenn sie ehrlich war, so hatte sie ihre Wahl bereits getroffen.

»Die ist für heute Abend genau richtig.«

Carla war aus dem Badezimmer gekommen und sah Johanna mit der Corsagenbluse in der Hand.

»Das finde ich auch.«

Sie sah, dass Carla jetzt ein schlichtes schwarzes Shirt mit einem tiefen, runden Ausschnitt trug. Eine besonders interessante Farbnuance war ihre wunderschöne Perlenkette aus grünen Türkisen. Es war das gleiche Grün wie das ihrer Schuhe.

»Du siehst toll aus, Carla. Für wen hast du dich eigentlich so in Schale geworfen?«

»Für dich natürlich, mein Herzblatt.«

Gutgelaunt warf sie ihrer Freundin eine Kusshand zu. Johanna verschwand jetzt ihrerseits im Bad, während Carla die Betten für die Nacht vorbereitete und es sich darauf gemütlich machte. Sie schnappte sich ihr Handy und kontrollierte die Posteingänge. Corinna hatte ihr eine sms geschrieben und ihnen eine schöne Reise gewünscht. Carla beantwortete ausführlich die Nachricht ihrer Tochter. Als sich die Badezimmertür öffnete, schoss Carla ein Foto, das Johanna ein wenig unglücklich erwischte.

»Treib es nicht zu weit!«

»Ich weiß überhaupt nicht, was du meinst? Ich handele nur im Sinne deiner Familie.«

Das war eine Anspielung auf ihre berüchtigten Fotoabende nach den Ladiestouren, für die manchmal tagelang nach einem geeigneten Termin gesucht wurde, weil jeder dabei sein wollte. Die Ausrichtung dieser Abende ging immer reihum, damit der Aufwand gerecht verteilt blieb. Schließlich waren sie immer zehn bis elf Personen, je nachdem, wie viele gerade Singles waren. Bei den Kids kamen natürlich die verunglückten Fotos, um sie mal so zu nennen, immer besonders gut an. Selbstverständlich durchliefen alle Bilder vorher einer Zensur von Johanna, Carla und Isabelle.

»Ja, ja.«

Johanna ging noch einmal ins Bad, um sich ihre Haare hochzustecken. Dazu brauchte sie mindestens zehn Haarklammern. Carla beobachtete sie dabei und war froh, dass sie nicht lilafarbene gewählt hatte.

»So, mehr geht nicht. Haare hoch und die neue Bluse. Das muss reichen für heute Abend. Alles andere ist ja auch im Auto.«

»Das reicht auch. Von deinen Schuhen mal abgesehen, siehst du umwerfend aus.«

Doch Johanna blieb unbeeindruckt. »Dann sollten wir jetzt runtergehen, damit wir nicht wieder zu spät kommen.«

Im Foyer entdeckten sie Maurice, der eines der neuen Hemden trug. Dass es nicht gebügelt war, sah man kaum. Aber den Frauen war es sowieso egal.

»Und sofort sind alle Illusionen dahin! Hallo Maurice.«

»Ich grüße Sie. Aber wie meinen Sie das, Carla?«

»Das ist doch ganz einfach. Jetzt sind wir schon fünf Minuten vor der verabredeten Zeit hier unten und bestätigen sogleich das Klischee, die Männer müssten immer auf die Frauen warten.«

Maurice lachte und wie bei ihrer ersten Begegnung fühlte sich Carla auch jetzt von diesem Lachen seltsam angezogen.

»Dann ist es vielleicht doch kein Klischee.«

Maurice wurde immer schlagfertiger. Auch das nahm sie wahr und es gefiel ihr.

»Darüber können wir gerne später noch ausgiebig diskutieren. Jetzt habe ich einfach nur großen Hunger. Ich hätte übrigens nicht gedacht, dass sich ein Ganovenleben so auswirkt, sondern eher vermutet, dass es mir auf den Magen schlägt«, grinste sie.

»Dann kommen Sie. Ich habe uns ein Restaurant ganz in der Nähe ausgesucht. Und das nicht nur aus praktischen Erwägungen, weil ich heute Abend Ihre Füße schonen möchte, sondern auch wegen seiner guten Küche.«

»Das klingt interessant. Da wir noch nie in Frankreich waren, haben wir auch noch nie französisch gegessen. Finden Sie das weltfremd, Maurice?«

Johanna hakte sich bei ihm unter und versuchte, Schritt zu halten. Carla kannte ihren Trick. Ihre Freundin ergriff immer dann den Arm eines anderen, wenn sie das Tempo ein wenig drosseln wollte.

»Nein, überhaupt nicht. Wie kommen Sie darauf?«

»Nun ja, die meisten Menschen in der heutigen Zeit meinen immer, ihr Glück nur in der Ferne zu finden und reisen ständig um die halbe Welt. Inzwischen muss man sich fast schämen, wenn man die fernen Länder noch nicht gesehen hat oder auch keine Sehnsucht nach ihnen verspürt.«

»So habe ich das noch nie betrachtet, aber Sie haben Recht, das Fernweh der Menschen hat sicherlich verschiedene Facetten.«

»Was meinen Sie dazu, Carla?« Maurice nahm Carlas Arm, so dass er nun beide Frauen dicht an seiner Seite hatte.

»Ah, wir sollten unseren anregenden Plausch um ein paar Augenblicke unterbrechen, denn wir sind schon am Ziel. Hier ist das *Le Toque*. Ich hoffe, es wird Ihnen gefallen?«

Maurice hielt den beiden Frauen die Tür auf und fragte den Kellner nach einem schönen Tisch. Dieser zeigte ihnen einen Fensterplatz mit Aussicht auf die Straße, die jedoch ausschließlich von Fußgängern benutzt wurde.

»Ein sehr schöner Platz. Vielen Dank.«

Maurice war mühelos in seine Muttersprache gefallen und die beiden Frauen genossen diesen Service. Sie waren überzeugt davon, so einen größeren Einblick in die französische Lebensart zu erhalten, als es ihnen als Touristen ohne französische Sprachkenntnisse jemals möglich wäre.

»Das ist aber gemütlich hier«, schwärmte Johanna und drehte sich einmal um ihre eigene Achse.

»Schön, dass es Ihnen gefällt. Es ist ein sehr kleines Restaurant, aber es liegt in der Altstadt und hat eine ausgesprochen gute Küche. Außerdem ist die Bedienung sehr freundlich und locker. Ich war ein paar Mal mit meinem Onkel hier. Darf ich Ihnen einen Aperitif anbieten?«

»Das ist sehr nett von Ihnen, aber nach den beiden Pastis steht mir der Sinn zuerst einmal nach einer doppelten Portion Wasser«, offenbarte Johanna und hatte den Eindruck, dass sie den anderen beiden aus der Seele sprach. Wenig später wurde eine große Flasche Wasser serviert, zusammen mit sechs kleinen Scheiben Baguettes, bestrichen mit einer schwarzen Paste, und den Speisekarten. Alle drei leerten ihr Glas Wasser, und Maurice schenkte ihnen nach.

»Das tat jetzt wirklich gut.« Johanna schaute auf die Häppchen vor ihnen und wartete auf Maurice‘ Erklärung.

»Ein Amuse-Gueule des Hauses, Brot mit einer Oliven-Tapenade. Bitte probieren Sie.«

Das ließen sich die beiden nicht zweimal sagen.

»Mmmmh. Ausgezeichnet. Ist das ein kompliziertes Rezept?« Carla schaute Maurice fragend an.

»Nein. Das sind pürierte Oliven mit etwas Olivenöl, Knoblauch und Kräutern.«

»Aber die Oliven wurden vorher entkernt.« Johanna schaute ihre Freundin herausfordernd an, was Maurice eine kurze Zeitlang irritierte, bis er begriff, dass Carla sich wohl seltener in der Küche aufhielt.

»Es ist ein ideales Rezept für Abende, an denen Gäste zum Wein kommen und man nicht viel Zeit zur Vorbereitung hat.« Er lächelte Carla an.

»Sie müssen mich nicht retten, Maurice. Ich bin ein hoffnungsloser Fall in der Küche, ganz im Gegensatz zu Johanna. Aber man muss Prioritäten setzen, oder?«

»Auf jeden Fall. Heute ist das Hobbykochen trendy, neudeutsch gesprochen. Ein Wohlstandshobby, würde ich sagen. Aber wo würde man hinkommen, wenn man jedem Trend folgen würde?«

»So ist es«, lächelte Carla.

Sie schauten in ihre Speisekarten. Oh je, nur auf Französisch. Irgendwie hatten die beiden Frauen damit nicht gerechnet. Warum eigentlich nicht? Sie waren schließlich in Frankreich. So schwiegen sie vor sich hin.

»Als Vorspeise hat mir der Ober die Variation der Schnecken empfohlen oder die hausgemachten Terrinen. Und als Hauptspeise eine gebratene Foie Gras. Aber ich lese Ihnen auch gerne die Speisekarte vor.«

Carla fing sich als Erste.

»Wissen Sie was? Johanna und ich sind weder Vegetarier noch Veganer. Wir lieben es zu schlemmen und sind voll auf Überraschungen geeicht, was Ihnen heute Nachmittag sicher nicht entgangen ist?«

Maurice nickte vergnügt.

»Darum schlage ich vor, dass Sie uns ein Menü zusammenstellen, auf das wir uns freuen dürfen wie auf eine Weihnachtsbescherung. Bist du damit einverstanden, Johanna?«

»Das ist eine hervorragende Idee. Ich liebe Überraschungen, sie sind die Würze des Lebens.«

Maurice winkte den Ober heran, schaute noch einmal kurz in die Speisekarte und gab die Bestellung auf. Johanna und Carla verstanden kein Wort, aber das war ihnen auch nicht wichtig. Sie waren froh, der Qual der Wahl entgangen zu sein. Carla sah sich um und bemerkte, dass noch viele Tische unbesetzt waren. Doch bevor sie etwas dazu sagen konnte, erriet Maurice ihre Gedanken.

»Die Franzosen gehen normalerweise erst später zum Abendessen, besonders im Süden. Das hängt mit dem heißen Wetter zusammen. Viele Lebensgewohnheiten haben sich daraus entwickelt und seit Jahrhunderten bewährt.«

»Und Sie persönlich? Lieben Sie die Hitze des Sommers und das Braten in der Sonne?«

Carla steckte sich das letzte Stück Baguette mit Oliven-Tapenade in den Mund und sah ihn direkt an. »Mmmh«, ergänzte sie noch, »wirklich gut.«

»Wie die meisten Franzosen vertrage ich die Hitze sehr gut. Aber ich habe die längste Zeit meines Lebens in Deutschland verbracht und die gemäßigten Temperaturen schätzen gelernt.«

Maurice schaute Carla amüsiert an. »Aber die wenigsten Franzosen braten in der Sonne. Zumindest nicht in der Mittagshitze. Das ist die Vorliebe der Touristen, die ausgehungert nach der Sonne sind. Das kann ich zwar irgendwie nachvollziehen, aber es ist unvernünftig und dumm. Die Franzosen, und das gilt für alle Südländer, haben gelernt, mit dem Wetter zu leben. Allerdings wird ihnen der Sommer auch nicht nur 4 Wochen lang geschenkt.«

»Das ist allerdings ein entscheidender Unterschied. Ab und zu die Wärme der Sonne zu genießen und die Seele baumeln zu lassen, ist einfach herrlich.« Carla schloss die Augen und versetzte sich gedanklich an einen Strand.

»Das stimmt. Die Sonne ist unsere wichtigste Energiequelle Ich wollte auch nur sagen, dass man sie sinnvoll nutzen sollte, damit sie uns nicht schadet. Aber das ist ja mit allen Dingen im Leben so.«

»Allerdings.«

Johanna, die lange Zeit die vorbeischlendernden Menschen auf der Straße beobachtet hatte, mischte sich nun in das Gespräch ein.

»Sagen Sie, Maurice, vorhin im Centre St. Jacques, warum haben Sie da nicht Französisch gesprochen? Das hätte doch vieles erleichtert.«

Maurice grinste. »Da haben Sie schon Recht, aber glauben Sie, dass mir der Detektiv dann meine Dummheit abgekauft hätte? Diese kleine Notlüge, wenn es denn eine war, habe ich als einzige Chance für mich gesehen. Vielleicht war es aber auch ein Fehler?«

»Nein, das glaube ich nicht, doch um ein Haar hätte ich es vermasselt, weil ich versucht war, es klarzustellen, um Ihnen zu helfen. Wenn ich mich nicht gebremst hätte, wäre alles zunichte gewesen.«

»Und wir säßen jetzt hier nicht so gemütlich zusammen, sondern wir beide«, Carla zeigte auf Johanna, »in einer Touristenfalle irgendwo in der Stadt und Sie, Maurice, erhielten Trockenbrot und Wasser bei der Gendarmerie.«

Der Kellner brachte die Vorspeise, als die beiden Carla lachend zustimmten. Maurice hatte sich für die *Variation von Schnecken* entschieden. Die Weinbergschnecken waren in Kräuterbutter gedünstet und auf einem Salatarrangement angerichtet. Dazu wurde Brot gereicht.

»Das sieht ja hervorragend aus«, schwärmte Johanna.

»Da kann ich dir nur beipflichten. Und ich bin so gespannt, weil ich noch nie Schnecken gegessen habe.«

»Ich auch nicht. Weißt du, Carla, das wird uns niemand glauben.«

Das war für Carla das Stichwort. Die Dokumentation der Reise war völlig in den Hintergrund getreten. Nun griff sie schnell ihren Fotoapparat, sprang auf und nahm die beiden anderen ins Visier. Johanna spießte eine Schnecke auf ihre Gabel und hielt sie sich vor den Mund. Carla drückte ab.

»Ich hoffe, man kann die Schnecke nachher auch gut erkennen.«

»Okay, dann mache ich noch ein Foto und hole sie näher heran.«

Das war schnell gemacht. Carla änderte anschließend den Einstellmodus, um sich die Bilder anzusehen.

»Gelungen!«

Zufrieden wandte sie sich jetzt ihrer Vorspeise zu.

»Sie schmecken ausgezeichnet, das muss ich schon sagen. Ich dachte immer, Schnecken sind so wabbelig, aber diese hier haben eine schöne feste Konsistenz. Ein Genuss.« Sie strahlte Maurice an. »Eine gute Wahl. Mein Kompliment.«

Ein heftiges Kopfnicken drückte auch Johannas Zustimmung aus. Aber mit ihrem vollen Mund wagte sie aus Sicherheitsgründen nur ein »Mmmmh«.

»Das freut mich wirklich. Denn etwas verunsichert war ich schon hinsichtlich der Frage, wie mutig ich bei der Menüwahl sein durfte. Sie wissen ja, dass wir Franzosen beim Essen nur wenige Hemmungen kennen.«

Er beobachtete die beiden vergnügt. Und zum ersten Mal an diesem Tag fand er die Muße, die Frauen genauer zu betrachten. Johanna hatte ihre blonde Lockenpracht hochgesteckt und sie dadurch ein wenig zu bändigen versucht.

Das brachte ihr schmales Gesicht gut zum Ausdruck. Es wurde überstrahlt von ihren blauen Augen und aufgelockert von einigen Sommersprossen. Eine ganze Weile wusste Maurice nicht, was ihn an diesem Gesicht so faszinierte. Er hatte schon heute Nachmittag darüber nachgedacht, war aber zu keinem Ergebnis gekommen. Jetzt erkannte er es. Es war die Zartheit in Johannas Gesicht, die ihm sofort aufgefallen war, und die scheinbar nicht zu ihrer persönlichen Stärke passen wollte. Einer Stärke, die nicht aufgesetzt oder antrainiert war. Es war eine innere Kraft und Klarheit, die sie ausstrahlte. Besser konnte er es noch nicht ausdrücken.

Der Kellner brachte eine Flasche Weißwein und schenkte Maurice einen Schluck zum Probieren ein. Johanna und Carla stellten sich innerlich schon einmal auf ein lautes Schlürfen ein, aber Maurice kostete ausgiebig, aber lautlos. Seinem zufriedenen Nicken entnahmen sie, dass der Ober den richtigen Tropfen erwischt hatte, und ließen sich die Gläser füllen.

»Ah oui. Merci beaucoup, Monsieur."

Sie waren wieder unter sich.

»Dieses ist der Hauswein des *Le Toque*, ein Weißwein aus der Region natürlich. Ein Riesling, trocken und rassig-elegant.«

Maurice schmunzelte. »Ich möchte mich nicht mit fremden Federn schmücken. Das waren die Worte des Kellners. Ich bin leider kein Weinkenner, aber in Frankreich sind die Hausweine meistens eine gute Wahl. Santé.«

»Santé.«

Die Damen erhoben ebenfalls ihre Gläser und kosteten.

»Phantastisch! Also ich bin mit dieser Wahl sehr einverstanden.« Zur Bekräftigung trank Carla gleich noch einen Schluck, einen ziemlich großen sogar.

»Mmh. Ich wusste gar nicht, dass es hier so gute Weine gibt.«

»Doch, doch. Die Elsässer Weine sind recht bekannt. Es

sind vorwiegend Weißweine, hergestellt in kleinen Winzereien, die eine sehr strenge Qualitätspolitik betreiben. Die Geschichte der Elsässer Weine begann schon, wie kann es auch anders sein, mit den Römern und erlebte im Laufe der Jahrhunderte immer wieder Höhen und Tiefen, wobei die Tiefen nicht selten durch Kriege ausgelöst wurden. Kennen Sie die *Route des Vins d'Alsace*?«

Die Frauen schüttelten den Kopf.

»Das ist die Elsässische Weinstraße. Hier hat man die Möglichkeit, im Urlaub bei einer Degustation elsässische Weinspezialitäten kennenzulernen. Doch ich möchte Sie nicht langweilen. Bitte entschuldigen Sie meinen Vortrag.«

»Aber Sie langweilen uns doch gar nicht. Es ist interessant, etwas aus dieser Region zu erfahren. Gehört das heute alles zum Geschichtsunterricht?«

»Natürlich nicht. Mein Onkel ist Winzer aus Leidenschaft und betreibt hier im Elsass ein kleines Weingut. Seine Frau und er sind kinderlos geblieben und ich habe ein sehr enges Verhältnis zu ihnen. Sie hätten es gerne gesehen, wenn ich beruflich in ihre Fußstapfen getreten wäre. Aber das ist leider nichts für mich. Bis auf die Tatsache, dass …«

Maurice ließ eine Pause entstehen und nahm lächelnd sein Glas in die Hand.

»… dass ich leidenschaftlich gerne seine Weine trinke.«

»Aber ein Alt im Hochsommer ist auch nicht zu verachten. So zum Abschluss eines arbeitsreichen Tages.«

»Ich muss gestehen, ich habe noch nie Altbier getrunken. Nun ja, Kölsch, das schon. Ich wohne schließlich in Köln, aber ich komme immer wieder auf Wein zurück.« Entschuldigend zuckte er mit den Schultern.

»Dass sie kein Biertrinker sind, ist ja keine Schande. Aber dass sie kein Alt kennen …« Carla hob skeptisch ihre Augenbrauen.

Es war ihre direkte Art, mit der es ihr gelang, ihn immer wieder aus der sicheren Reserve zu locken. Eine Prise Ironie lag häufig in ihren Worten verborgen, was er manchmal zu spät erkannte. Er war halt aus der Übung. Diese Erkenntnis schmerzte ihn, doch als er in ihre hellbraunen Augen blickte, spürte er eine Sicherheit und Geborgenheit, die er sich nicht erklären konnte. Doch dieses Gefühl war vorhanden, es trog ihn nicht. Auf eine unerklärliche Art freute er sich darüber. Und das genügte ihm im Augenblick. Plötzlich schoss ihm ein Gedanke durch den Kopf: *Hatte er sie zu lange angestarrt? Hatte er sich schon wieder peinlich verhalten?* Doch verrückterweise war ihm das egal. Er genoss jeden Augenblick dieses Abends und es wurde ihm immer bewusster, was er so lange vermisst hat.

»Sie haben eine wunderschöne Perlenkette, Carla«, unterbrach er seinen Gedankengang. »Und sie passt perfekt zu Ihren Schuhen. Kauft man eigentlich die Kette zu den Schuhen oder umgekehrt?«

Johanna begann, herzhaft zu lachen. »Das ist eine sehr gute Frage. Wenn du nichts dagegen hast, Carla, würde ich gerne darauf antworten?«

»Tu dir keinen Zwang an.«

Einen Augenblick lang war Maurice verwirrt und schaute fragend in die Runde.

»Also Maurice, es ist so, dass Sie heute einen Ausnahmetag erleben dürfen.«

»Nun, das ist mir schon seit heute Morgen klar«, witzelte er voller Erwartung auf Johannas weitere Erklärung.

»Einen Ausnahmetag bezüglich Carlas bunter Kleidung, genauer gesagt, bezüglich der leuchtenden Farben heute.«

»Äh, bunte Kleidung? Es sind doch nur ihre Schuhe und die Kette grün.«

»Sie haben das gestreifte Shirt vergessen, das sie tagsüber trug.«

»Ach ja.«

»Sie müssen wissen, dass das schon die höchste Stufe dessen ist, was Carla farblich zulässt.«

»Jetzt verstehe ich. Sie tragen am liebsten schwarz.«

Carla nickte nur, denn Johanna redete sich gerade in Rage.

»Als ich Carla heute Morgen abholte, hätte ich sie kaum erkannt.« Johanna grinste.

»Sie meinen, weil sie das gestreifte T-Shirt und die grünen Schuhe anhatte?«

»Ganz genau. Ich war natürlich auf schwarz eingestellt. Schwarz oben, Schwarz in der Mitte und schwarz unten. Und dann sehe ich diese Streifen. Da wusste ich, es wird ein guter Tag.« Liebevoll nahm Johanna ihre Freundin in den Arm und prostete ihr zu.

Maurice gefiel die schwarze Kleidung von Carla. Er fand, sie passte ausgezeichnet zu ihren kastanienbraunen glatten Haaren, die sie schulterlang trug, die Spitzen ein wenig nach außen geföhnt. Der volle Ponny gab ihrem Gesicht eine besondere Weichheit. Es war eine sehr klassische Frisur.

»Im Salon tragen wir alle immer schwarz, das gibt ein einheitliches Bild. Und zwei Kleidersorten zu haben, ist mir zu aufwendig. So bin ich auch in meiner Freizeit bei schwarz geblieben. Das erspart mir viel Zeit und Mühe. Ich bin ein eher pragmatischer Mensch.«

»Das kann ich gut nachvollziehen. Davon einmal abgesehen, bewundere ich Sie für die Ausdauer, die Sie in diesen Schuhen bewiesen haben.«

Wieder konnte Johanna es nicht lassen, sich einzumischen.

»Ich habe Ihnen doch gesagt, dass es ihre Joggingschuhe sind. Aber ganz unter uns: Ich bewundere sie auch dafür.«

Als das Hauptgericht serviert wurde, waren alle ausgelassen und gespannt auf den nächsten Gang. Zuerst brachte der Ober die Teller, leer. Dann stellte er einen großen Topf in die Mitte des Tisches, der mit einem Deckel verschlossen war. Maurice bedankte sich bei ihm.

»Also. Die Elsässer lieben die Geselligkeit und reichhaltige Portionen. Daher gibt es viele Ein-Topf-Gerichte, die bitte nicht zu verwechseln sind mit dem deutschen Eintopf. Das hier ist keine Suppe, obwohl diese Spezialität in einem Topf angerichtet ist. Es heißt *Choucroute*.«

»Das versuche ich erst gar nicht auszusprechen«, murmelte Johanna.

Maurice nahm eine speziell für diesen Zweck bereitgelegte Serviette und lüftete den Deckel.

»Die ungeschriebene Regel besagt nun, dass sich jeder von uns zuerst zwei Kartoffeln nimmt, danach das geräucherte Fleisch und anschließend vom Sauerkraut. Dann wird der Topf wieder verschlossen. Johanna, möchten Sie beginnen?«

»Mit dem größten Vergnügen. Also, zuerst die mir zustehenden zwei Kartoffeln, dann … Ist das Fleisch auch abgezählt?«

Alle lachten. Die Frauen entdeckten erst jetzt die Vielfalt der Fleischsorten, die auf einem Berg von Sauerkraut angerichtet war: Kasseler, Würstchen, Schinken, geräucherter Speck, Bratwurst. Johanna suchte sich eine Scheibe Kasseler und Schinken heraus, dann nahm sie noch vom Sauerkraut und gab das Besteck an Carla weiter. Als alle Teller gefüllt waren, stießen sie noch einmal miteinander an. B*on appétit.*

Alle probierten.

»Ein ungewöhnliches Gericht in einem solchen Lokal. Aber es schmeckt vorzüglich. Vielen Dank, Maurice. Sie haben auch beim Hauptgericht einen Volltreffer gelandet.«

Carla stand auf, um auch von diesem Gang ein Foto zu machen. Aber der Kellner kam sofort auf sie zu und bot sich an, alle drei zu fotografieren. Eine hervorragende Idee. Carla zeigte ihm Zoom und Auslöser. Dann strahlten alle in die

Kamera. Der nette Kellner machte zwei Fotos aus verschiedenen Perspektiven und freute sich, als er Carlas zufriedenes Gesicht sah.

»*Choucroute* bedeutet übrigens Sauerkraut.«

»Ach so.«

Sie aßen langsam und viel. Der aufregende Tag hatte sie hungrig gemacht. Maurice stellte mit Wohlwollen fest, dass die beiden Frauen nicht zu den Salatnagern gehörten. Als Franzose liebte er nun mal das Essen in all seiner Reichhaltigkeit und Vielfalt und war neuen Experimenten gegenüber stets aufgeschlossen. Er selber kochte auch leidenschaftlich gerne, eine Vorliebe, die er seiner Mutter zu verdanken hatte. Bei Familienfesten war es bis heute Tradition, dass die beiden sich alleine in die Küche verzogen und das Essen für die ganze Familie zubereiteten. Dabei mochten sie keine Störungen, denn sie waren ein eingespieltes Team. Außerdem, und das war das Besondere und Wertvolle, führten sie dabei die intensivsten und intimsten Gespräche. Seine Mutter war schon immer seine wichtigste Vertraute gewesen. Sie hatten ein ganz besonderes Verhältnis zueinander, obwohl sie selten einer Meinung waren. Beide liebten die Diskussion, das Suchen nach den Beweggründen der anderen, sich so oder so zu verhalten, die Ehrlichkeit im Umgang miteinander und die Achtung vor dem Gegenüber. Oberflächlichkeiten versuchten sie aus dem Weg zu gehen. Ja, sie waren sich sehr ähnlich. Maurice hätte seine Mutter jetzt gerne hier in dieser Runde gesehen. Er konnte sich ihr lachendes Gesicht gut vorstellen, wie sie ungläubig den Kopf über seine Erlebnisse schüttelte.

»Was amüsiert Sie denn so, Maurice?« Johanna hatte ihn beobachtet.

»Oh. Ich musste gerade an meine Mutter denken. Sie ist eine hervorragende Köchin, ihre Leidenschaft jedoch gilt dem Dessert. Ich habe mich gefragt, was sie uns als Nachtisch empfehlen würde.«

»Dann ist Ihre Mutter wohl eine sehr lustige Frau?«

»Sie hat für das Dessert immer die witzigsten Einfälle.«

Doch bevor Maurice ein paar ihrer Variationen zum Besten geben konnte, meldete sich Johannas Handy. Sie schaute auf das Display. Es war Franz. Hoffentlich war nichts passiert.

»Entschuldigt bitte. Hallo Franziska, Liebes. Ist alles in Ordnung bei euch?« Johanna zog ihre Stirn kraus, entspannte sich aber sofort wieder.

»Nein, hier ist auch alles klar. Hat Papa dir ausgerichtet, wie toll das Hotel ist, das du ausgesucht hast?«

»Es ist einfach phänomenal. Ich glaube, Carla schläft heute Nacht in der Badewanne; sie hält die Betten für Ausstellungsstücke.«

Inzwischen räumte der Kellner den Tisch ab.

»Du brauchst gar nicht so scheinheilig nachzufragen, Franziska. Ich bin zwar kleiner als du, aber immer noch deine Mutter und nicht dein Kind.«

Carla horchte auf. Sie konnte sich schon denken, worum es ging.

»Was!? Ich bin ein technisches Embryo! Das ist doch wohl die Höhe. Nein, Carla rührt Charly nicht an und das ist mein letztes Wort.«

Aber Johannas Entrüstung war nur gespielt. Mit einem süffisanten Gesichtsausdruck hörte sie sich nun die Entschuldigungen ihrer Tochter an.

»Dann wünsche ich dir morgen viel Spaß mit den Jungs. Grüß alle von mir. Natürlich weiß ich, dass du dir nur Sorgen machst, aber das brauchst du nicht. Nein, dazu besteht wirklich überhaupt kein Anlass. Tschüß, mein Schatz.«

Ein paar Augenblicke herrschte gespanntes Schweigen am Tisch, bis Carla einen vorsichtigen Vorstoß wagte.

»Aber ich könnte doch wenigstens eine angenehmere Stimme suchen?«

»Das Thema ist durch, Carlotta. Ich habe mich jetzt auf diese Stimme eingestellt und komme gut mit ihr zurecht.«

Maurice schmunzelte, denn er hatte begriffen, welches Zauberwort bei den Frauen das Ende einer Diskussion einleitete: Carlotta. Er hatte es heute zweimal vernommen und in beiden Situationen eine leichte Spannung gespürt. Aber welche Situation war es heute Mittag gewesen? Er konnte sich beim besten Willen nicht mehr daran erinnern. Heute Abend jedoch konnte er Carla sehr gut verstehen, denn auch er empfand die Stimme des Navigationsgerätes als unerträglich, doch war er kaum in der Situation, sich beschweren zu dürfen. Bei den beiden Frauen spielten offenbar noch andere Aspekte eine Rolle, in die er nicht eingeweiht war. Es wurde Zeit, das Thema zu wechseln.

»Also, das Elsass ist auch für seine Nachspeisen bekannt. Für heute Abend habe ich *Crêpe Suzette* ausgewählt. Diese Crêpes sind mit dem Saft frischer Orangen getränkt und werden zu *quarts de plaisir*, also zu kleinen *Vierteln der Freude* zusammengelegt. Anschließend werden sie mit Grand Manier flambiert. Lassen Sie sich überraschen. Ah, es geht schon los.«

Der Kellner kam mit einem rollenden Herd an ihren Tisch gefahren. Die gebackenen Crêpes-Viertel lagen in einer großen Pfanne und wurden nun mit dem Orangenlikör großzügig übergossen und angezündet. Eine hohe Flamme stieg auf. Das Flambieren war immer wieder ein faszinierendes Erlebnis. Ob es damit zu tun hat, dass Feuer eine besondere Faszination auf den Menschen ausübt? So ließen sich alle drei ein wenig verzaubern. Dann wurden die Crêpes auf die mit Orangenscheiben und Sahne verzierten Teller gelegt und serviert.

»Fast zu schade zum Verputzen. Aber was sein muss, muss sein.«

»Und dieses Aroma.«

»Bon appétit!«

»Ja. Bon appétit.«

Diese *Crêpes Suzette* waren nicht nur ein Augenschmaus, sondern auch ein Fest für ihre Gaumen. Alle drei ließen sich viel Zeit und genossen jeden Bissen. Danach überfiel sie eine wohlige Schwere. Es war nicht verwunderlich, dass sie langsam müde wurden. Zumindest für die Frauen waren die letzten Wochen beruflich sehr anstrengend gewesen. Nun musste sich ihr Körper erst noch auf eine ruhige Zeit einstellen.

»Ich hoffe, meine Damen, dass ich mich mit dem Abendessen ein wenig für Ihren großzügigen Einsatz revanchieren konnte. Mir ist bewusst, dass dieses immer ein unzulänglicher Ansatz bleiben wird, aber …«

»Nun hören Sie aber auf, Maurice!« Carla winkte ab. »Ich möchte nichts mehr davon hören. Es war ein herrlicher erster Urlaubstag für uns. Wir haben viel gelacht, auch gelernt und ein wenig gewagt. Aber alles hat sich gelohnt, oder Johanna?«

»Allerdings. Und wir haben geschlemmt und genossen. Gibt es Schöneres?«

»Ich freue mich sehr, dass Sie es so empfinden. Und um das zu beenden, was Sie begonnen haben, möchte ich folgendes hinzufügen. Auch ich habe gewagt, viel gelernt und gelacht, aber noch mehr Glück empfunden. Glück, dass ich Sie beide kennenlernen durfte. Und das nicht nur als meine rettenden Engel, sondern auch als besondere Menschen. Darauf möchte ich gerne mit Ihnen anstoßen.«

Maurice verteilte den restlichen Wein gleichmäßig auf ihre Gläser.

»Vielen Dank für Ihre lieben Worte. Aber Sie sollten vorsichtig sein mit zu viel Lob, denn Carla verträgt das nicht so gut.«

Wieder kicherten sie unbeschwert und leerten ihre Gläser.

»Was halten Sie von einem Digestif. Die Elsässer haben in den vergangenen Jahrhunderten eine große Brennleidenschaft entwickelt.«

Die Frauen überdachten seinen Vorschlag.

»Oder lieber Kaffee?«

Johanna war die erste, die sich äußerte.

»Also, ich habe folgende Idee. Wir brechen hier unsere Zelte ab und nehmen noch einen Absacker oder Kaffee an der Hotelbar. Dann können wir wenigstens noch ein wenig das Ambiente dieser edlen Hallen genießen. Die Bar sah sehr gemütlich aus. Sogar ein Klavier stand dort. Vielleicht haben wir ja Glück und es gibt auch einen Klavierspieler.«

»Au ja, das ist eine super Idee. Was meinen Sie, Maurice?«

»Ich halte das auch für einen wunderbaren Vorschlag.«

Kapitel 12

Die Bar war in schummriges Licht gehüllt. Warme rostrote Töne im Teppich und in der Tapete verstärkten die gemütliche Atmosphäre. Die halbrunde Theke bestand aus edlem dunklen Holz mit einer hochglänzenden Marmorplatte. Davor standen einige schwarze Ledersessel. Johanna und Carla betraten staunend den Raum, während Maurice an ihnen vorbeischritt und drei Sessel an einem runden Tisch vor der Theke für sie bereithielt. Sie nahmen Platz und schauten auf die verspiegelte Rückwand der Theke, vor der ein reichhaltiges Spirituosenangebot drapiert war. Alles wirkte geschmackvoll, geradezu erlesen. Der Klavierhocker war zwar leer, aber die aufgeschlagenen Noten stimmten sie hoffnungsvoll. Der junge Mann hinter der Theke wandte sich ihnen freundlich lächelnd zu.

»Bonsoir, Mesdames et Monsieur. Ich begrüße Sie in unserer Bar. Mein Name ist Pierre. Was darf ich für Sie tun?«

Da hat man noch kein einziges Wort gesprochen und wird schon als Deutsche geoutet, dachte Carla anerkennend und auch ein wenig nachdenklich.

»Einen *Café au lait* für mich, bitte.«

Carla warf ihrer Freundin einen respektvollen Blick zu. Ihre Bestellung hatte sich zwar ein wenig wie *Café olé* angehört, wurde aber von Pierre auf Anhieb verstanden.

»Für mich bitte einen Espresso«, entschied Carla.

»Dasselbe auch für mich bitte.«

»Merci beaucoup. Einen Milchkaffee und zwei Espressi,« wiederholte Pierre sicherheitshalber auf Deutsch und ging zurück hinter die Theke.

»Darf ich Ihnen zum Kaffee noch einen *Eau de Vie* empfehlen, meine Damen? Man könnte es übersetzen mit Lebenswasser.«

»Handelt sich es dabei um das Getränk, das die Indianer mit Feuerwasser umschreiben?«

Maurice und Johanna mussten herzlich lachen.

»Sehr richtig, Carla. Wir Franzosen benutzen wie die Indianer gerne elementare Beschreibungen.«

»Was hältst du davon, Johanna? Nach unserem opulenten Abendschmaus kann das doch nicht schaden, oder? Danach können wir bestimmt auch besser schlafen.«

»Nun, wenn das so ist, kann ich kaum Nein sagen, schließlich soll man ja eine weite Reise ausgeschlafen antreten.«

Pierre brachte den Kaffee und ein kleines Tellerchen mit drei Pralinen. Bei dieser Gelegenheit bestellte Maurice ihre Lebenswässer.

»Ich kann mir vorstellen, dass es nicht so leicht ist, einen Friseursalon zu führen. Gerade in der heutigen Zeit, wo die Ansprüche ständig steigen und die Konkurrenz immer größer wird.« Maurice wandte sich Carla zu.

»Darüber habe ich mir eigentlich nie Gedanken gemacht. Ich hatte damals das Glück, dass ich keinen eigenen Salon aufbauen musste. Der Laden von Catharina, meiner damaligen Chefin, lief blendend, und von ihr habe ich alles Notwendige gelernt. Aber selbstständig gemacht hätte ich mich auf jeden Fall, das war immer mein Traum. Wenn sie mir nicht die Teilhaberschaft angeboten hätte, wäre ich eigene Wege gegangen.«

»Und das hätte auch geklappt, davon bin ich überzeugt«, schaltete sich Johanna ein. »Carla hat sich schon als Kind leidenschaftlich für die Haare ihrer Nächsten interessiert.«

»Das stimmt. Aber leider nur mit mäßigem Erfolg. Meine beste Freundin ließ mich nur höchstselten an ihre dicke

Matte heran, obwohl ich damals schon erkannte, wie gut sich diese für Übungszwecke eignet.« Carla schaute Johanna gespielt ernst an. »Meistens musste ich mir ihre Bereitwilligkeit erkaufen.«

»Du meinst wohl meine Opferbereitschaft. Aber das stimmt. Einmal hat sie dafür meine Hausaufgaben gemacht. Wir mussten ein Ferienbild malen, und Carla hat mir ein herrliches Bild von Hugo und Theo gezeichnet. Sie müssen wissen, Maurice, dass ich auf einem Bauernhof groß geworden bin. In jenem Jahr durfte Carla fast während der ganzen Schulferien bei uns bleiben, das war herrlich. Und am ersten Schultag bekamen wir dann diese Malaufgabe, die mich völlig überfordert hat.«

»Ich glaube eher, dass du keine Lust dazu hattest.«

»Das kann auch sein. Auf jeden Fall ging der Schuss für mich nach hinten los, ich war sogar doppelt gestraft: Zum einen sah ich am nächsten Tag aus wie ein gerupftes Huhn und jeder sprach mich darauf an und zum anderen hatte unser Kunstlehrer Carla als Zeichnerin sofort identifiziert.«

»Richtig. Herr Krämer kannte deine künstlerischen Grenzen sehr genau. Nur der Zusammenhang zwischen dem Bild und Johannas neuer Frisur blieb ihm verborgen«, grinste Carla. »Leider musste ich danach erleben, wie nachtragend Johanna sein konnte. Obwohl meine Angebote immer üppiger und ausgefallener wurden, ließ sie mich kaum noch an ihre Haarpracht heran. Und zu allem Überfluss hat Johanna drei Brüder, die naturgemäß in dem Alter auch nicht gewillt waren, Modell zu sitzen. Und ich selber bin Einzelkind. Was ich damit sagen will, Maurice, ist, dass es mir sehr schwer gemacht wurde, meine Fähigkeiten zu entfalten.«

»Und Hugo und Theo sind wahrscheinlich zwei von Johannas Brüdern?«

Carla verschluckte sich fast an ihrer Praline.

»Nein, nein«, brachte sie dann ernst heraus. »Hugo und Theo waren die Hausschweine der Familie Schulte-Loh. Ich hatte ein sehr enges Verhältnis zu ihnen und es war mir ein Bedürfnis, sie zu verewigen.«

»Oh, damit habe ich nun gar nicht gerechnet. Sie hatten also ein inniges Verhältnis zu Hausschweinen. Das finde ich sehr charmant. Ich habe meine Kindheit in Berlin verbracht. In einer Großstadt verläuft das Leben der Kinder allerdings völlig anders. Wir wurden auf die Gefahren des Stadtlebens vorbereitet und weniger auf die Interaktion mit Schweinen.« Maurice lachte.

»Aber ich möchte noch einmal auf Ihren Beruf zurückkommen. In Ihrem Salon müssen Sie sich doch sehr schnell auf viele verschiedene Menschen einstellen. Ich vermute, Ihre ersten Erfahrungen diesbezüglich haben Sie dann mit Hugo und Theo gesammelt?«

Carla freute sich über Maurice‘ zunehmende Lockerheit, ließ sich aber nicht aus der Fassung bringen. Gemütlich lehnte sie sich in ihrem Sessel zurück.

»In der Rückschau betrachtet erkenne ich es jetzt auch. Hugo und Theo waren ausgezeichnete Zuhörer, ich habe viel von den beiden gelernt.«

»Das kann ich mir gut vorstellen«, brachte Johanna noch hervor, als Pierre ihr *Eau de Vie* servierte.

»Dies ist ein Tresterschnaps aus dem Elsass,« erklärte Maurice, »der hier gerne gekühlt und in großen Weinbrandschwenkern gereicht wird. Ich hoffe, er wird Ihnen schmecken. Und damit bitte ich gleichzeitig um Verzeihung für meine vorlaute Zunge von eben, Carla.«

»Kein Thema. Ich habe heute meinen nachsichtigen Tag. Santé.«

Alle kosteten und nickten zufrieden. Pierre, der sie aus seiner Position hinter der Theke beobachtete, nahm ihre wohlwollende Reaktion erleichtert zur Kenntnis.

»Aber es ist tatsächlich so, dass es sehr schwierige Kunden gibt. Manche sind einfach nur anspruchsvoll, andere egozentrisch oder launisch oder einfach nur unrealistisch, was ihre Haare angeht. Im Übrigen halte ich Friseure für Sozialarbeiter.«

»Wie meinen Sie das?«

»Ganz einfach. Nehmen wir mal an, Sie kommen als Neukunde zu mir in den Salon. Ich schaue mir Ihre Haare an und sehe, dass die Haaransätze glatt sind und Ihre Locken erst nach etwa vier Zentimetern beginnen. Nebenbei erzählen Sie mir, dass Sie eigentlich lieber glatte Haare hätten. Und sofort habe ich eine Vorstellung von einer neuen Frisur für Sie, um Ihre heimlichen Sehnsüchte zu erfüllen, und überrede Sie, sich von mir überraschen zu lassen. Und da Sie ein schüchterner Typ und in dieser fremden Umgebung mit so vielen Frauen sind, lassen Sie sich darauf ein. Und ruckzuck habe ich Ihre Haare auf vier Zentimeter gekürzt und mit Gel glatt nach hinten gekämmt. Ich bin so begeistert, dass ich meine Kolleginnen frage und alle stimmen in den Chor mit ein. Und Sie? Was machen Sie?«

Maurice war es schon bei der Erzählung kalt über den Rücken gelaufen.

»Ich glaube, ich fühlte mich ziemlich überrumpelt, würde bezahlen und nie wiederkommen.«

»Ja, genauso. Aber davon kann ich natürlich keinen Salon unterhalten und es würde mich auch nicht zufrieden stellen. Ich möchte glückliche und fröhliche Kunden haben, die immer wieder gerne zu uns kommen und viel gute Laune mitbringen.«

»Das ist eine sehr schöne Vorstellung. Aber wie schafft man das? Ich bin noch nie gerne zum Friseur gegangen.«

»Dann müssen Sie unbedingt einmal zu uns kommen. Es ist im Grunde genommen gar nicht so schwer, aber leider lernt man das nicht in der Ausbildung. Man muss sich nur mal klarmachen, dass es nicht nur verschiedene Haarstrukturen, Frisuren und Techniken gibt, sondern auch unterschiedliche Menschen mit – und jetzt kommt das Entscheidende – einem unterschiedlichen Bewusstsein.«

»Das habe ich jetzt noch nicht ganz verstanden.«

»Also. Es gibt die vielfältigsten Frisuren, Schneide- und Farbtechniken. Als nächstes ist jedes Haar anders und schränkt auf die eine oder andere Weise unser Gestaltungspotential ein.«

Als Maurice nickte, fuhr Carla fort, während Johanna zur Toilette schlenderte.

»Des Weiteren haben wir alle unterschiedliche Kopfformen und Gesichter, wodurch auch wieder einige mögliche Variationen durchs Raster fallen, da kaum einer ernsthaft von sich behaupten kann, ihm stehe alles.«

Maurice nickte wieder.

»Lassen wir es einfach bei diesen Punkten bewenden. Aber der wichtigste Aspekt ist doch folgende Frage: Wann fühlt sich der Kunde wohl? Und die Antwort hängt damit zusammen, was er für ein Mensch ist. Eine Sportlehrerin, die dreimal am Tag duschen muss, wird kaum mit einer Hochsteckfrisur glücklich werden. Eine introvertierte Frau wird mit Sicherheit keine grelle Farbe oder irgendetwas Verrücktes wählen, das sie sofort in den Mittelpunkt stellt. Auf der anderen Seite gibt es Frauen, aber auch immer mehr Männer, die ständig auf der Suche nach ausgefallenen, neuen Ideen sind. Sie präsentieren sich gerne und lieben es, wenn sie auf ihre Frisur angesprochen werden. Und sie genießen es, sich verwöhnen zu lassen, je länger, je lieber.«

»Uff. Solche Leute gibt es?«

Carla schmunzelte. »Die Palette ist noch viel größer und verrückter. Von den persönlichen Problemen der Kunden, mit denen wir konfrontiert werden, möchte ich gar nicht erst anfangen. Und jetzt komme ich wieder auf Hugo und Theo zurück und ihre Fähigkeit zuzuhören. Wenn ich den Leuten meine volle Aufmerksamkeit schenke, erfahre ich alles, was ich für die richtige Frisur wissen muss. Der Rest ist Erfahrung und Technik.«

Maurice dachte lange nach. Unter diesen Aspekten hatte er den Friseurberuf noch nie gesehen. Vielleicht hing das auch damit zusammen, dass er bisher noch nicht den richtigen Salon für sich entdeckt hatte?

»Und was würden Sie mir vorschlagen?«

Der Tresterschnaps hatte ihn wohl zu dieser mutigen Frage verführt.

»Ich glaube, dass Sie die richtige Frisur für sich gefunden haben, in Anbetracht Ihrer Naturlocken. Allerdings muss ich einräumen, ein bisschen Nachschneiden würde nicht schaden.«

Die beiden sahen, wie Johanna wieder die Bar betrat, an ihrer Seite einen älteren Herrn in einem dunkelgrauen Anzug und einer roten Krawatte mit lustigen schwarzen aufgestickten Noten. Es sah so aus, als hätten sie sich bereits im Foyer getroffen, denn sie wechselten noch einige Worte miteinander und verabschiedeten sich lächelnd.

»Ich habe den Pianisten mitgebracht; jetzt wird es noch gemütlicher.«

Kaum hatte sie ihren Satz beendet, hörten sie schon die ersten Klänge von *Über den Wolken*.

»Das ist ja dein Reise-Lieblingslied, Johanna. Welch ein Zufall.«

»Für mich gibt es keine Zufälle, Carla, das weißt du doch.«

Sie schloss ihre Augen und gab sich völlig der Musik hin. Am Ende des Liedes schaute Carla ihre Freundin amüsiert an.

»Alles klar. Du hast das Stück in Auftrag gegeben.«

Johanna schmunzelte vielsagend. »Man muss seine Chancen im Leben erkennen und dann zugreifen. Mehr habe ich nicht getan. Außerdem bin ich fest davon überzeugt, dass Reinhard Mey das Lied für mich komponiert hat.«

»Obwohl er dich nicht kannte?«

»Vielleicht gerade deswegen.«

»Wie bitte?«

Maurice mischte sich nun ein. »Johanna könnte meinen, dass Reinhard Mey das Lied für all diejenigen geschrieben hat, die sowohl anspruchsvolle Texte als auch schöne Melodien lieben und gerne fliegen.«

»Das ist gut, Maurice, wirklich gut.«

Carla ließ noch einen Schluck Lebenswasser durch ihre Kehle fließen, bevor sie erklärte: »Johanna ist in ihrem ganzen Leben noch nie geflogen, müssen Sie wissen.«

»Aber in meinen Träumen schon. Und in meiner Phantasie auch. Ich weiß überhaupt nicht, was du hast? Das Lied passt einfach gut zum Urlaub, wo man alle Sorgen und jeden Stress vergessen möchte, und sich dadurch grenzenlos frei fühlt.«

Alle schauten mit verklärtem Blick zum Klavierspieler hinüber, der bereits das nächste Lied anstimmte. Nicht nur die drei, sondern auch die anderen Gäste genossen die stimmungsvolle Gemütlichkeit, unterhielten sich entsprechend leise oder hörten versonnen zu. Carla fühlte sich leicht, vielleicht sogar ein klein wenig schwebend und abwesend. Hatte sie etwa einen klitzekleinen Schwips? Doch sie verwarf diesen Gedanken sofort wieder. Sie fühlte sich einfach nur träumerisch wohl und wollte diesen Augenblick so lange wie möglich festhalten. Sie schloss die Augen und atmete tief durch. Dass ihr Urlaub in dieser Weise begonnen hat, konnte nur ein gutes Omen sein für eine ereignisreiche und tolle Reise.

»Sie machen sich Sorgen um Ihre Schwester, nicht wahr?«

Auch Maurice hatte eine Weile in sich versunken dagesessen und sein Glas geschwenkt. Bei Johannas Worten war er leicht hochgeschreckt.

»Ja, ich habe tatsächlich gerade an sie gedacht. Können Sie etwa Gedanken lesen?«

»Nein, aber das war auch nicht schwer zu erraten. Sie sollten sich keine Vorwürfe machen. Auch wenn Sie an der Raststätte nicht ausgestiegen wären, hätte das Schicksal seinen Lauf genommen.«

Maurice schaute Johanna mit großen Augen an, sagte aber nichts.

»Wenn ich an Ihrer Stelle wäre, würden mir sicher solche Gedanken durch den Kopf schwirren. Immer wieder: Was wäre, wenn ich anders reagiert hätte?«

»Sie verfügen über ein großes Einfühlungsvermögen. In der Tat waren das meine Überlegungen.«

»Sie sind völlig verständlich und normal, aber sie führen zu nichts. Genießen Sie einfach den Abend, das ist wesentlich besser für Sie.«

»Wissen Sie, Johanna, ich genieße schon den ganzen Tag mit Ihnen. Und meine Worte von heute Nachmittag, dass ich viel gelernt und gelacht habe, sprachen mir aus dem Herzen. Ich war schon lange nicht mehr so fröhlich und unbeschwert. Das hat mir sehr gut getan. Und ich muss mir selber eingestehen, dass es mir gefehlt hat.«

»Dann wissen Sie ja jetzt auch, welchen Sinn der kleine Streit mit Ihrer Schwester hatte.«

»Ist das Ihre Sicht der Dinge?«

»Absolut. Haben Sie denn ein stichhaltiges Gegenargument? Ich lasse mich gerne überzeugen.«

»Nein, da fällt mir beim besten Willen nichts ein.«

Johanna legte ihre Hand auf Maurice‘ Arm. »Manche Dinge geschehen, weil sie geschehen sollen. Wenn wir aufmerksam sind, leuchten uns manchmal im Nachhinein die Gründe für bestimmte Geschehnisse sein. Aber Vieles bleibt einfach im Dunkeln, weil wir die Zusammenhänge nicht oder noch nicht verstehen würden. Doch alles hat einen Sinn, Maurice. Wenn wir bereit wären, das zu akzeptieren, hätten wir es vielfach leichter im Leben.«

»Ich werde über Ihre Worte nachdenken.«

»Ich unterbreche zwar nur ungern an dieser Stelle, möchte aber den heutigen Abend nicht mit allzu ernsten Gedanken beschließen. Daher erzähle ich euch noch eine kleine Anekdote aus unserem Salon, wenn ihr damit einverstanden seid?«

»Super! Carla bringt immer herrliche Geschichten mit nach Hause. Erzähl! Wann hast du das denn erlebt?«

Sofort erhielt Carla die volle Aufmerksamkeit der beiden anderen und legte los.

»Das war gestern Morgen, noch relativ früh, so gegen halb zehn. Ich wusch gerade einer Kundin die Haare und bekam daher nur am Rande mit, dass ein Pärchen in unserem Alter den Laden betreten hatte. So wie die beiden sich gaben, war mir sofort klar, dass sie nicht verheiratet waren.«

»Ach nee. Woran willst du das denn so schnell erkannt haben?«

»Nun warte mal ab, das wirst du schon noch merken. Ich hatte die beiden noch nie gesehen und sie hatten auch keinen Termin. Sophia war gerade frei und ging auf sie zu. Sie standen jetzt direkt in meinem Blickfeld.«

Carla bildete mit beiden gestreckten Armen eine virtuelle Straße. »Die Frau begann sofort, ihre Wünsche zu äußern, sie hatte es wohl ziemlich eilig und verkündete mit lauter und selbstbewusster Stimme«, die Carla jetzt gekonnte nachahmte. »*Insgesamt muss mehr Schnitt rein, und das Ganze etwas kürzer, hier oben nicht so sehr, aber hier und hier schon, damit es besser fällt. Und vor allem soll es jünger machen.* Und bei diesem Stichwort schaute ich hoch. Fast hätte ich dabei den Kopf meiner Kundin unter Wasser gesetzt, denn ich merkte, dass es sich bei der neuen Frisur nicht um ihren eigenen Kopf handelte, sondern um den ihres Begleiters.«

»Was?«

»Ja. Und ebenso fachkundig, wie sie ihre Anweisungen gab, zupfte sie an den entsprechenden Haarstellen ihres Begleiters herum. Ihr müsst euch das mal bildlich vorstellen. Er war der einzige Mann im gesamten Salon und es ging um seinen Kopf, aber er sagte nichts. Ungefähr so!«

Carla beugte sich jetzt ein wenig vor, um an Maurice' Locken zu zupfen.

»Also hier soll es schön fallen und dort etwas kürzer werden, aber doch nicht zu kurz, so in der Art. Aber nicht vergessen«, Carla wurde sehr ernst, »es soll jünger machen.«

»Das tut ja richtig weh. Und er?« Johanna konnte sich das Geschehen gut vorstellen.

»Ja, genau. Er. Er sah gar nicht schlecht aus. Ungefähr eins-achtzig groß und schlank, normal gekleidet. Aber jetzt kommt's. Seine Haare waren glatt, durchgestuft und kurz geschnitten und ungefähr drei Zentimeter lang.«

»Optimale Voraussetzungen für eine neue Frisur, wenn ich Ihre Ausführungen von vorhin richtig verstanden habe«, warf Maurice ein.

»Ja, genau. Aber es geht noch weiter. Auf einmal hob auch meine Kollegin Sophia ihre Hand und streifte ebenfalls mit ihren Fingern durch die Haare des Kunden. *Aber hier kann doch etwas nachgeschnitten werden, oder?* Und schwupp fummelten beide an seinem Kopf herum und fachsimpelten.«

»Und der hat sich alles gefallen lassen?«

»Ja. Und kein einziges Wort gesprochen. Mit herabhängenden Armen, starrem Kopf und stoischer Miene ließ er ließ er die Frauen agieren. Er stand da wie angetackert. Die ganze Situation war so skurril, dass ich nicht merkte, wie das Wachwasser immer kälter wurde, bis meine Kundin aufschrie.« Carla schlug sich vor Vergnügen auf die Schenkel. »So was habe ich in meiner ganzen Berufszeit noch nicht erlebt. Ich habe mich die ganze Zeit gefragt, ob er eine Marionette war oder gedopt oder ob er am frühen Morgen einen Hexenschuss hatte und dadurch bewegungsunfähig war? Für den Bruchteil einer Sekunde schien die Zeit bei uns stehenzubleiben und niemand rührte sich. Ich konnte nur Sandra, unsere Auszubildende sehen, die sich angestrengt auf ihren Besen konzentrierte.«

»Dieser arme Mensch«, mutmaßte Johanna.

»Das kann man wohl sagen. Auf jeden Fall war irgendwann alles besprochen und bezupft und die Frau verabschiedete sich mit den eindringlichen Worten: *Aber bitte vergessen Sie nicht, es soll jünger machen. Ich komme dann in einer Stunde wieder. Tschüüß.* Und weg war sie.«

»Wie ein Paket hat sie ihn bei euch abgestellt.«

»Ja, genauso. Wir haben den ganzen Tag darüber gelacht.«

»Das kann ich mir gut vorstellen. War das Paar denn am Ende zufrieden mit seiner Frisur?«

»Ich glaube schon. Sophia hat jedenfalls alles gegeben.«

Carla hatte das Bild wieder vor Augen. Und schüttelte ihren Kopf. »Das Leben schreibt doch die schönsten Geschichten. Ist es nicht so?«

»Das ist allerdings so. Wie man ja auch an unserem heutigen Tag sehen kann«, lachte Maurice. »Ich bewundere Sie für Ihre Selbstbeherrschung.«

»Ehrlich gesagt bin ich selber stolz auf mich. Aber viel länger hätte das Ganze nicht dauern dürfen, dann wäre ich geplatzt. Und Johanna, bevor du dir Sorgen machst, als der Mann endlich alleine war, konnte er auch sprechen.«

»Da bin ich aber erleichtert. Im Übrigen verstehe ich jetzt auch deine Aussage, die beiden seien nicht verheiratet gewesen.«

»Ja, ich auch«, pflichtete Maurice ihnen bei, der sich überhaupt nicht vorstellen konnte, seinen Ehepartner wie ein Neutrum zu behandeln.

An der Wand gegenüber der Fensterfront hingen zwei Bilder, auf die Johanna ihre Freundin aufmerksam machte, als Maurice sich kurz verabschiedete, um ein paar Worte mit Pierre zu wechseln, bevor er zur Toilette ging. Als er an ihren Tisch zurückkam, servierte Pierre ihnen drei orange-grün-farbige Cocktails, dekoriert mit halben Kiwi- und Orangenstreifen, die geschickt auf einem gelben Kunststoffstäbchen aufgespießt waren. Daneben steckte in jedem Glas ein grüner Strohhalm.

»Santé! Auf Ihr Wohl, Mesdames et Monsieur.«

Die Frauen waren sprachlos.

»Ich habe mir erlaubt, Ihnen noch einen Drink zu spendieren, ohne Alkohol allerdings, und hoffe, das war nicht zu aufdringlich von mir?«

»Ääh, nein, eigentlich nicht.« Carlas Gesicht hellte sich auf. »Die sehen toll aus. Vielen Dank.«

Auch Johanna nahm ihr Glas in die Hand. Die Cocktails schmeckten ausnehmend frisch und fruchtig.

»Das gibt es doch nicht!«

Maurice schaute Carla fragend an, während Johanna in sich hinein lächelte.

»Das ist mein Lieblingslied. *That's my life* von Frank Sinatra. Jetzt müsst ihr aber still sein."

Mit geschlossenen Augen kostete sie jeden einzelnen Ton aus, den der Musiker auf dem Klavier zauberte, und schwelgte in Erinnerungen. Sie hatte dieses Stück schon immer gerne gehört, aber seit dem Jahr 1994 verknüpfte sie ein besonders emotionales und schwieriges, aber letzten Endes befreiendes Ereignis damit. Es war die Scheidung von ihrem Ehemann Manfred nach vierzehn schweren Jahren. Am Abend nach dem Gerichtstermin waren die Freundinnen unverhofft bei ihr zu Hause aufgekreuzt. Sie hatte eigentlich niemanden sehen wollen, denn sie war völlig verheult gewesen mit verquollenen Augen und einem fleckigen roten Gesicht. Ein Bild des Jammers. Heute, in der Rückschau betrachtet, konnte sie sich ihre Reaktion kaum noch erklären, denn nach der Trennung hatte ein neues und freies Leben begonnen, doch an diesem Tag hatten die Emotionen in ihrem Inneren Karussell gespielt. Sie wusste noch genau, wie sie von den Beiden sofort ins Bad geschoben worden war. Isabelle hatte ihr kalte Kompressen aufs Gesicht gelegt, während Johanna ihren Kleiderschrank durchforstet und Bluse, Blazer und ihre höchsten Stöckelschuhe gegriffen hatte. Schon nach kurzer Zeit war sie umgezogen und neu geschminkt worden, obwohl sie immer wieder gegen diese Übermacht aufzubegehren versucht hatte. Doch alle Versuche waren vergebens und die Freundinnen unerbittlich geblieben.

Eine halbe Stunde später hatten alle drei im Auto gesessen auf dem Weg in eine gemütliche Kneipe nach Havixbeck. Es hatte unbedingt ein Ort weiter weg von Münster sein müssen, um die Chance, jemanden aus der Familie oder gar Manfred selber anzutreffen, auf ein Minimum zu reduzieren. Johanna und Isabelle hatten wirklich an alles gedacht. Carla erinnerte sich an jede Einzelheit, als sei es gestern gewesen. Ihr Tisch war reserviert gewesen und kaum hatten sie ihre Plätze eingenommen, war der Kellner mit drei Gläsern Champagner aufgekreuzt. Zeitgleich war das Lied *That's my life* erklungen.

Carla drehte sich nachdenklich zu Johanna um, die ein Grinsen nun nicht mehr verbergen konnte, und nahm sie in den Arm.

»Danke, dass du auch an mich gedacht hast.«

Maurice schaute immer noch fragend in die Runde, bis Carla ihn aufklärte.

»Es ist ganz einfach, Maurice. Johanna hat nicht nur ihr Lieblingslied bestellt, sondern auch meins.«

Kurz danach verabschiedete sich der Klavierspieler höflich für den Abend. Johanna, Carla und Maurice schauten auf ihre fast geleerten Cocktailgläser vor ihnen. Die meisten Gäste waren bereits aufgebrochen.

»Auch für uns wird es allmählich Zeit, Carla. Was meinst du, ist acht Uhr eine gute Zeit fürs Frühstück?«

»Auf jeden Fall, dann haben wir genug Spielraum. Ich habe Isabelle gesagt, dass wir morgen so gegen neun Uhr losfahren. Das passt doch ausgezeichnet.«

»Und Sie, Maurice?«

Sie hatten eine gemeinsame Weiterfahrt bislang nicht weiter diskutiert und Johanna wollte ihm die Möglichkeit geben, sich dazu zu äußern.

»Ich möchte Ihre Gastfreundschaft auf Rädern nicht überstrapazieren. Soviel ich weiß, hält auch der TGV hier in Metz, aber ich hatte noch keine Gelegenheit, das genau zu prüfen.«

»Das brauchen Sie auch nicht.«

Johanna wunderte sich über Carlas Entschiedenheit, freute sich aber sehr darüber.

»Es ist zwar in Johannas Mini nicht so geräumig, aber dafür bestimmt viel lustiger als im Zug. Überlegen Sie es sich! Sie sind herzlich eingeladen, an unserer Weiterreise teilzunehmen. Tja, und sollte es wider Erwarten Meinungsverschiedenheiten zwischen uns geben, so können wir Sie ja einfach an einer Raststätte aussetzen. Was halten Sie von diesem Vorschlag?«

»Ich danke Ihnen für die Einladung und besonders für die Aussicht, unter Umständen weitere wertvolle Rastplatzerfahrungen sammeln zu dürfen. Das könnte das ausschlaggebende Argument für eine Mitreise werden.«

Bei diesem Gedanken mussten alle lachen.

»Aber darf ich dennoch eine Nacht darüber schlafen und mich morgen früh endgültig entscheiden? Ich hoffe, Sie verstehen das jetzt nicht als Undankbarkeit meinerseits?«

»Absolut nicht, Maurice. Das ist völlig in Ordnung. Jede schicksalhafte Entscheidung sollte gut überschlafen sein.« Johanna schmunzelte.

Kapitel 13

Zwanzig Minuten später lagen die Frauen in ihren Betten. Sie kamen sich vor wie, ja, wie eigentlich? Ihnen fehlten die Worte für das Gefühl, das sie jetzt empfanden, eingehüllt in so viel Luxus und ausgefüllt von den Geschehnissen des Tages. Sie genossen alles in vollen Zügen.

»Hoffentlich kann ich schlafen.«

Carla drehte sich zu Johannas Bett hinüber. Sie konnte die Silhouette ihrer Freundin nur erahnen, die Strähnen ihrer dicken Haarmähne, die ohne Klemmen die Hälfte des Kopfkissens ausfüllten.

»Ja, es war ein sehr ereignisreicher Tag«, antwortete Johanna leise. »Da heißt es, langsam runterkommen. Ist es nicht herrlich, in diesen Federn zu liegen? Das tut so gut. Ich merke jetzt erst, dass es auch ein anstrengender Tag war.«

»Stimmt. Ich bin auch geschafft.«

»Ich habe den Tag so genossen. Und ich bin heilfroh, dass ich meiner Eingebung gefolgt bin und Maurice aufgelesen habe. Und dass du mir nicht mehr böse bist. Stell dir doch mal vor, was uns alles entgangen wäre!« Johanna kicherte in ihr Kopfkissen.

»Die Exklusiv-Stadtführung zum Beispiel. So viel hätten wir über Metz nie erfahren. Und erst das First-Class-Abendessen. Ohne Maurice wären wir bestimmt in irgendeiner Touristenfalle gelandet. So haben wir die regionale Küche kennengelernt und ich muss zugeben, sie hat mir gut gemundet. Benedikt wird mir bestimmt nicht glauben, dass wir Schnecken gegessen haben.«

»*Variationen von Schnecken*, so viel Zeit muss sein.«

»Da hast du absolut Recht.« Johanna atmete tief und befreiend durch. »Wenn das so weitergeht, werden wir für unsere Fotosession zwei Abende ansetzen müssen, einen alleine für Metz.«

»Hm, ein schöner Gedanke.«

Und mitten in diese wohlige Schläfrigkeit hinein, fragte Johanna in ihrer unschuldigen diplomatischen Art: »Gefällt dir Maurice eigentlich?«

»Was soll das denn jetzt heißen?«

»Wie, was soll das denn jetzt heißen? Ich frage dich doch nur, wie du ihn findest? Ob du ihn sympathisch findest oder langweilig oder …?«

»Oder kriminell, vielleicht? Schließlich wurde er beim Klauen erwischt.«

Die Frauen krochen unter ihre Bettdecken und brüllten laut los. Es dauerte einige Minuten, bis sie sich wieder unter Kontrolle hatten und auftauchten. Carla war die Erste, der es gelang, einen normalen Satz herauszubringen.

»Du meine Güte, war das eine Nummer! Diese Hilflosigkeit! Ich sehe die traurige Gestalt noch vor mir. Da konnte ich wirklich nicht anders als einzugreifen.«

»Das war aber auch eine super Leistung von euch beiden. So viel schauspielerisches Talent hätte ich Maurice gar nicht zugetraut. Und ich hätte alles um ein Haar vermasselt, wenn ich ihn aufgefordert hätte, französisch zu sprechen. Ich darf gar nicht daran denken.«

»Ich glaube, die beiden Detektive haben ihn nur laufenlassen, weil ihnen unser Auftritt so imponiert hat.«

»Das ist schon möglich«, überlegte Johanna, »aber wie findest du Maurice denn jetzt? Darauf hast du mir immer noch keine Antwort gegeben.«

»Was willst du denn hören, Johanna? Hast du nicht seinen Ehering gesehen?«

»Doch klar. Aber vielleicht hat er ja keine Bedeutung?«

Carla verdrehte die Augen, was ihre Freundin natürlich nicht sehen konnte. »Ich kenne zwar viele Männer, die verheiratet sind, aber nie ihren Ehering tragen. Doch ich habe bisher noch keinen Mann kennengelernt, der unverheiratet einen Ehering trägt. Und es ist ein Ehering, Johanna, und kein Siegelring oder so was.«

»Na ja. Alles kein Problem, Carla. Morgen frag ich ihn einfach mal«, antwortete Johanna, plötzlich sehr schläfrig geworden.

»Untersteh dich!«

Kapitel 14

Die Morgensonne durchflutete den Frühstücksraum und schenkte den Gästen schon zu dieser frühen Stunde großzügig ihr Licht und ihre Wärme, die durch eine große Fensterfront auf der Terrassenseite eindringen konnte. Die Hotelgäste ließen sich von dieser Atmosphäre einfangen und lächelten sich zu. Es schien, als wollten auch sie ihren Teil dazu beitragen, den Tag mit Freude und Entspanntheit zu beginnen. Alle Tische waren elegant eingedeckt. Gegenüber der Fensterseite lockte ein langes Frühstücksbuffet, das keine Wünsche offenließ. Nur die Getränke gehörten nicht zum Selbstbedienungsprogamm und wurden am Tisch serviert. Damit war der Kontakt zum freundlichen Personal gewährleistet und die Gäste fühlten sich betreut.

Es war kurz nach acht Uhr. Johanna und Carla hatten den letzten Fensterplatz ergattert. Natürlich hätten sie auch gerne auf der Terrasse gefrühstückt, wie es einige Hartgesottene sogar taten, aber das war ihnen doch noch ein wenig zu frisch. Gestern war es tagsüber mit 25 Grad zwar sehr warm gewesen, doch hatten sie erst Ende April, so dass die Sonne nach den kalten Nächten einige Stunden benötigte, um die Luft angenehm aufzuwärmen. Carla trank Kaffee und Johanna wie immer morgens zuerst einen Kräutertee.

»Kaffee, Sonne und deine Gesellschaft. Was für ein Morgen.«

»In dieser Reihenfolge?«, fragte Johanna und brachte ihre Freundin dazu, ihre Worte zu überdenken.

»Ja, ich denke, die Reihenfolge stimmt.«

Sie lächelten. Jede von ihnen hatte sich bereits am Büffet

bedient und ließ es sich jetzt schmecken. Ihre Wahl war auf Rührei mit Kräutern gefallen, das für jeden frisch zubereitet worden war. Diesen Luxus hatten sie sich nicht entgehen lassen können. Zu Hause reichte die Zeit selten für einen solchen Leckerbissen in der Früh. Dazu etwas Brot oder ein Brötchen, einige Scheiben Tomate und Gurke. Sie fühlten sich wie im Paradies.

»Das könnte mir jeden Tag gefallen.«

»Oh ja, mir auch.«

»Da fällt mir ein, dass ich gestern Abend gar kein Bild in der Bar gemacht habe. Dann sollte ich wenigstens das Licht hier beim Frühstück einfangen.«

Ihr Fotoapparat war wie immer griffbereit gepackt, meistens in einem Außenfach ihrer Handtasche. Sie zog ihn heraus und wollte gerade aufstehen, als Maurice an ihren Tisch trat.

»Ah, Bonjour, Mesdames. Wie ich sehe, gibt es schon etwas für mich zu tun. Darf ich ein Foto von Ihnen beiden in diesem einzigartigen Morgenlicht machen?«

»Guten Morgen, Maurice. Ja, das dürfen Sie. Gerne.«

Die beiden Frauen rückten sich zurecht und lächelten fröhlich in die Kamera. Maurice drückte zweimal ab und setzte sich anschließend zu ihnen an den Tisch.

»Ich hoffe, Sie haben gut geschlafen?«

»Allerdings. Wie könnte das in diesem Ambiente auch anders sein, oder Carla?«

Diese schüttelte zustimmend den Kopf, nachdem sie sich den letzten Happen Rührei gegönnte hatte. Sie gehörte zu den Schnellessern, zumindest am Morgen, und hatte ihren Teller damit geleert. Johanna dagegen brauchte noch etwas Zeit. Daher schlug Carla vor: »Ich werde Sie gleich zum Büffet begleiten, damit Johanna in Ruhe essen kann.«

Aber zuerst wurde frischer Kaffee gebracht. Nach dem ersten Schluck schlenderten die beiden los. Johanna schaute ihnen nach. Auf sie machte Maurice heute einen ziemlich gelösten Eindruck. Unabhängig davon, ob er mit ihnen weiterfahren würde oder nicht, spürte sie deutlich, dass ihr gemeinsamer Weg hier nicht beendet war. Sie schmunzelte und hoffte, dass es dann weniger turbulent zugehen möge.

»Was belustigt dich denn so?«, fragte Carla, als sie und Maurice sich wieder an ihren Tisch setzten.

»Wie ich sehe, fällst du in alte Gewohnheiten zurück«, antwortete Johanna mit einem Blick auf Carlas gut gefüllten Teller.

»Ach hör auf! Man gönnt sich doch sonst nichts.«

Und damit schnitt sie erwartungsvoll ihr Brötchen auf und bestrich beide Hälften dick mit Nutella. Und mit einem Blick, der besagte, dass nichts und niemand sie von diesem Genuss abbringen konnte, biss sie herzhaft hinein.

»Mmmmh. Ein Frühstück im Hotel ohne Nutella ist für mich ein Unding. Wissen Sie, Maurice, seit meine Tochter Corinna aus dem Haus ist, gönne ich mir diese Freude nur bei diesen Gelegenheiten. Finden Sie das übertrieben?«

»Nein, ganz sicher nicht.«

Er schnitt sein Croissant durch und strich etwas Erdbeermarmelade auf die Schnittfläche einer Hälfte. In diesem Moment wurde Johanna bewusst, dass Maurice offensichtlich nur dieses eine Croissant zu essen gedachte.

»Andere Länder, andere Sitten. Da werden wir in diesem Urlaub noch viel lernen müssen, Carla. Gottseidank habe ich gestern Abend erlebt, dass Sie sonst einen ganz normalen Appetit entwickeln. Und bevor mir Ihre erbarmungswürdige Portion auf den Magen schlägt, mache ich mich auch noch einmal auf den Weg.«

»Wir lieben üppige und ausgedehnte Frühstücke. Alle drei. Auf unseren Ladiestouren gehören sie zu den wichtigen Programmpunkten des Tages«, erklärte Carla gerade, als Johanna zurückkam.

Sie hatte sich ebenfalls für ein Croissant mit Konfitüre entschieden und etwas Obstsalat zum Abschluss.

»Ich dachte mir, ich übe mich mal in den französischen Gewohnheiten und wenn wir den ersten Gang mit dem Rührei vergessen, liege ich doch schon ganz gut, oder?« Johanna grinste schief.

»Meine Damen, Sie zwingen mich ja förmlich dazu, mich zu verteidigen, obwohl gar kein Grund dazu besteht. Ich habe zwar die meiste Zeit meines Lebens in Deutschland verbracht, aber beim Essen bin ich Franzose geblieben. Und das fängt schon beim Frühstück an. Dieses herrliche Büffet hier ist sozusagen ein Zugeständnis an die Touristen. Der Franzose frühstückt wie ein Bettler mit einem Croissant, dazu etwas Butter oder Konfitüre oder …« jetzt schaute er Carla verschmitzt an. »er isst ein *pain au chocolat*.«

»Sie meinen, der Franzose gönnt sich zum Frühstück ein Schoko-Croissant?« Carla war verzückt. »Dann brauche ich mir ja keine Sorgen zu machen.«

»Ich sag ja immer, dass die Menschen sich nur besser kennenlernen müssen, damit die Grenzen fallen«, freute sich Johanna.

»Aber finden Sie nicht, Maurice, dass das Croissant etwas zu fett für Sie war?«

Ehrlich erschrocken zuckte Maurice zusammen.

»Finden Sie, ich bin zu dick?«

»Das nicht,« antwortete Johanna, »aber ich hatte schon erwartet, dass Sie sich heute Morgen eine Scheibe Trockenbrot gönnen.«

Sowohl Carla als auch Maurice brauchten einen kurzen Augenblick, bis sie Johannas Worte verinnerlicht hatten.

Dann prusteten alle los und Johanna machte sich genüsslich über ihren Obstsalat her. So verging die Zeit wie im Flug und ein Hauch von Wehmut breitete sich aus, als sie auf die Uhr schaute.

»Ich könnte hier noch stundenlang am gedeckten Tisch sitzenbleiben, aber so langsam wird es Zeit für uns. Ich schlage vor, dass wir noch kurz ins Zimmer gehen und unsere Taschen holen, dann auschecken und starten. Okay?«

»Aye, aye, Captain. Ein guter Plan.«

»Endlich hast du deinen hierarchischen Platz gefunden. Das wird unterwegs einiges erleichtern.«

Ein schelmisches Lächeln huschte über Johannas Gesicht. »Was ist nun mit Ihnen, Maurice? Haben Sie sich entschieden? Sitzkomfort versus Geselligkeit.«

»Ich nehme gerne die Geselligkeit.«

Kapitel 15

Mit wenigen Handgriffen war das Gepäck im übervollen Kofferraum verstaut und Maurice‘ Laptop wieder auf dem Rücksitz unter das Paket geschoben. Eine optimale Stelle, wie alle fanden. Als Maurice auf seinen angestammten Platz krabbeln wollte, hielt ihn Johanna zurück.

»Warten Sie, Maurice. Hier Carlotta, du fährst«, bestimmte sie und warf ihr den Autoschlüssel zu.

Dann schob sie Maurice zur Seite und schlüpfte gewandt auf den Rücksitz.

»Ich möchte jetzt keine Einwände hören. Dies ist der ideale Platz für jemanden meiner Größenordnung. Von mir aus kann's losgehen.«

Carla machte große Augen, setzte sich aber widerspruchslos hinter das Steuer und stellte Sitz und Spiegel entsprechend ein. Dann aktivierte sie Charly, sorgsam darauf achtend, keine Einstellung zu verändern, denn sie fühlte sich von Argusaugen beobachtet. Zur Bestätigung schaute sie in den Rückspiegel und fing Johannas zufriedenen Blick auf. Wer hätte gedacht, dass sich alles so entwickeln würde? Gestern noch hätte sie Maurice am liebsten in den Kofferraum verfrachtet, bestenfalls, und heute saß er neben ihr und sie musste zugeben, dass sie sich darüber freute und ihr seine Gesellschaft sehr angenehm war.

ABBIEGUNG LINKS VOR IHNEN! ABBIEGUNG LINKS VOR IHNEN!

Charlies plärrende Stimme holte sie aus ihren Gedanken.

»Wenn Sie möchten, zeige ich Ihnen eine Abkürzung zur Autobahn, Carla. Die Stadtverwaltung von Metz versucht natürlich, die Touristenströme nicht durch die Innenstadt zu lenken, aber heute am Karfreitag ist ja sehr wenig Verkehr.«

»Ja, sehr gerne.«

»Dann fahren Sie einfach geradeaus weiter, immer der Straße nach.«

Natürlich war Maurice froh, seine langen Beine jetzt ausstrecken zu können. Die Enge auf dem Rücksitz war ein starkes Argument gewesen, sich gegen die Einladung der Frauen zu entscheiden. Gestern Abend war er viel zu müde gewesen, die Vor- und Nachteile gegeneinander abzuwägen, was er dann heute Morgen in aller Ausgiebigkeit nachgeholt hatte. Ein völlig überflüssiger Vorgang, denn tief in seinem Inneren hatte er sich bereits entschieden, das Angebot der Frauen anzunehmen. Als ihm jetzt klar wurde, dass er diese Tatsache nur vor sich selber nicht hatte zugeben wollen, musste er innerlich schmunzeln. Wie oft stand sich der Mensch doch selbst im Wege?

»An der nächsten Ampel biegen Sie links ab, dann ist die Autobahn schon ausgeschildert. Es sind nur noch wenige Meter.«

Maurice nahm Carla als angenehme und routinierte Fahrerin wahr. Schon jetzt fühlte er sich neben ihr sehr wohl und sicher, was allerdings auch bei Johanna gestern der Fall gewesen war, obwohl die beiden einen recht unterschiedlichen Fahrstil pflegten. Beide fuhren ruhig und überlegt, aber Johanna wesentlich gemütlicher und langsamer. Carlas Fahrstil entbehrte nicht einer gewissen Spritzigkeit, die ihn an die Fahrweise seiner Frau erinnerte.

»Jetzt sehe ich es auch. Da vorne ist die Autobahnauffahrt. Das ging wirklich schnell.«

Carla setzte den Blinker und ordnete sich ein. Dann fuhr sie auf die Autobahn und gab Gas. Es waren noch nicht viele Autos unterwegs und sie war froh über die Entscheidung, den längsten Teil ihrer Strecke an diesem Feiertag zurückzulegen. Die Aussichten auf eine entspannte Fahrt waren gut. Sie beschleunigte auf die von ihrer Freundin genehmigten 120 Stundenkilometer und stellte den Tempomaten ein.

Auch Johanna entspannte sich auf der Rückbank hinter Maurice. Es machte ihr überhaupt nichts aus, nicht vorne zu sitzen oder gar selber zu fahren. Sie war gerne Beifahrerin bei Carla. Auch hatte sie hinten ausreichend Platz für ihre kurzen Beine. In manchen Situationen war es eben doch ein Vorteil, etwas kleiner geraten zu sein. Sie würden jetzt auf der A 31 Richtung Nancy und dann weiter nach Dijon fahren. Alle wichtigen Eckdaten ihrer Reise hatte sie Schwarz auf Weiß in ihrer Handtasche. Frau Hoppe, eine neue Patientin, die jedes Jahr an die Cote d'Azur in den Urlaub fuhr und immer an denselben Ort, hat ihr alles Notwendige nicht nur aufgeschrieben, sondern in ihrer letzten Beratungsstunde auch pedantisch genau erklärt. Die Gute schien etwas unflexibel zu sein, was vielleicht für ihre augenblicklich schwierige Lebenslage mitverantwortlich war, aber das konnte Johanna noch nicht beurteilen. So hatte sie alle Beschreibungen mehr oder weniger über sich ergehen lassen, obwohl sie diese Zeit benötigte hätte, um die Problemlage ihrer Patientin kennenzulernen. Jetzt genoss sie allerdings den kleinen Nebeneffekt dieser Lehrstunde, indem sie Carla mit ihrem scheinbaren Wissen beeindrucken konnte. Als technisches Embryo hatte sie ein diebisches Vergnügen daran. Frau Hoppe war auch diejenige gewesen, die Charly programmiert hatte, um sicherzugehen, dass Johanna keine Umwege fuhr. Doch das sollte vorerst noch Johannas Geheimnis bleiben. Sie schaute aus dem Fenster und war erstaunt über die vielen grünen Felder und Wiesen, an denen sie gerade vorüberfuhren. Bisher hatte sie noch keine Zeit gehabt, sich über die Landschaft Frankreichs Gedanken zu machen. Jetzt versuchte sie, möglichst viele Einzelheiten zu realisieren, als ihr Handy piepte. Johanna schaute auf das Display und fand eine sms von Isabelle. Das hatte sie nicht erwartet, eher einen Anruf von Benedikt. Sie las und begann, laut und herzhaft zu lachen.

»Typisch Isabelle. Sie ist wieder voll in ihrem Element.«

»Lies doch mal vor!«

»Oh, äh, hm, ich weiß nicht so recht.« Johanna zierte sich, ließ jedoch ihre Freundin über die Gründe ihres Zögerns im Unklaren, so dass diese sofort nachhakte.

»Was soll das heißen, du weißt nicht? So geheimnisvoll wird es schon nicht sein. Oder ist es nicht für meine Ohren bestimmt?«

»Das ist es nicht. Mit dir hat es nichts zu tun. Äh, es ist eine von Isabelles Schöpfungen, die vielleicht nicht so …«

»Ein Gedicht von Isabelle? Klasse!«

»Ja, aber es geht um Tramper.«

»Ja und?«

Maurice schaltete sich jetzt ein.

»Johanna, wenn es etwas Privates ist, dann lesen Sie es doch beim nächsten Halt vor, ansonsten kann ich durchaus einiges vertragen. Und ich verspreche, ich werde nicht beleidigt sein.«

Er grinste und hoffte, Johanna zum Vorlesen motiviert zu haben, denn erstens mochte er Gedichte und zweitens war er jetzt auch neugierig geworden.

»Na gut. Wie ihr wünscht. Also, Isabelle schreibt:

Trau niemals einem Tramper
und sei er noch so brav.
Er quasselt wie ein Camper
und klammert wie ein Schaf.

Carla schlug mit den Händen aufs Lenkrad vor Lachen. »Einfach herrlich! Das ist typisch Isabelle. Sie hat wirklich Talent.«

Maurice verzog nur leicht seinen Mund, nicht, weil er pikiert war, sondern eher, weil er den Sinn des Gedichtes nicht so richtig verstanden hatte.

»Ich nehme an, das ist mal wieder ein Insider. Darf ich um Aufklärung bitten, meine Damen, damit ich auch mitlachen kann? Aber ich möchte nicht aufdringlich sein.«

Nachdem sich die Frauen wieder beruhigt hatten, begann Carla, die Geschichte zu erzählen.

»Es war auf einer unserer ersten Touren, ist also schon einige Jährchen her. Das Geld war knapp, aber unseren Urlaub wollten wir uns dennoch gönnen. Also fuhren wir auf einen Zeltplatz an die Nordsee. Wir hatten noch nie gezeltet und uns die Ausrüstung von Johannas Brüdern geliehen, die uns eigentlich auch noch eine Einweisung geben wollten, aber dafür hatte die Zeit aus irgendwelchen Gründen nicht mehr gereicht. Also drei Frauen in einem Zelt, Maurice, da können Sie sich sicherlich vorstellen, dass es uns an Hilfsangeboten nicht gemangelt hat. Und einer von ihnen war besonders engagiert.«

»Man könnte auch sagen, dass wir ihn ganz schön ausgenutzt haben.«

»Aber wieso denn? Wir haben doch keinen von diesen aufmerksamen jungen Männern gezwungen, uns zu helfen«, wehrte Carla ab. »Wir haben allerdings auch niemanden abgewiesen. Auf jeden Fall war einer dabei, der sich rührend um uns bemühte. Das kam uns anfangs natürlich sehr gelegen, aber dann …«

»… als alles fertig war, meint Carla.«

»… wurde er etwas zu anhänglich, wollte ständig mit uns essen, uns überall hinbegleiten, uns alles Mögliche zeigen und so weiter.«

Johanna beugte sich nach vorne und ergänzte erinnerungsschwanger: »Aber das Schlimmste war eigentlich, dass er quasselte wie ein Buch, unaufhörlich. Anfangs versuchten wir immer noch, sehr höflich zu reagieren, bis wir merkten, dass er überhaupt kein Gefühl für Distanz hatte und sofort vergaß, was er uns schon erzählt hatte. Es wurde unerträglich.«

»Ja, genau. Aber am dritten Tag löste Isabelle das Problem auf sehr elegante Art und Weise. Sie ließ sehr deutlich anklingen, dass ich verheiratet war und sie und Johanna eine lesbische Beziehung pflegten.«

»Und das vor 25 Jahren! Es war eine geniale Idee. Er kam dann auch nicht mehr.«

Johanna nahm ihr Handy und las das Gedicht noch einmal vor, jetzt, wo auch Maurice den Hintergrund verstand.

»Ihre Freundin hat wirklich eine lyrische Ader.«

Nachdenklich schaute er aus dem Fenster. Ihm war ein irritierender Gedanke durch den Kopf geschossen. Sollte er sich über ihn freuen oder lieber nicht? Doch je mehr er darüber sinnierte, umso deutlicher wurde ihm, dass es im Grunde genommen schon zu spät war. Seit den Geschehnissen gestern war die Sache gelaufen.

»Meine Damen«, sagte er schmunzelnd, »ich habe soeben begriffen, dass auch ich gestern zu einem Insider geworden bin.«

Johanna und Carla schwiegen. Sie wussten, dass Maurice Recht hatte und auch keine Chance, das zu verhindern.

»So funktioniert nun einmal das menschliche Miteinander«, grinste Johanna.

Die vergnügliche Stimmung im Wagen hielt trotz dieser ehrlichen Erkenntnis an. Die Zeit verflog und es wurde nicht langweilig. Manchmal wurde ein wenig herumgealbert, was meistens im Zusammenhang mit dem gestrigen Tag stand, der noch frisch in ihren Köpfen und Herzen herumturnte. Dann wieder fielen sie in ein entspanntes Schweigen, wo jeder seinen Gedanken nachhing oder sich von der Schönheit der Natur, die an ihnen vorbeiglitt, verzaubern ließ. Jeder so, wie er es gerne wollte.

Maurice musste immer wieder auf den Schutzengel schauen, der souverän am Innenspiegel der Windschutzscheibe baumelte. Schon gestern hatte er ihn bemerkt, sich aber nicht getraut, Johanna darauf anzusprechen. Jetzt fasste er sich ein Herz.

»Johanna, darf ich Sie etwas fragen?«

»Aber natürlich. Was beschäftigt Sie?«

Vorsichtig berührte er Raphael und schaute nach hinten.

»Glauben Sie an Schutzengel?«

Die Ernsthaftigkeit, mit der Maurice gesprochen hatte, berührte sie.

»Ich glaube nicht nur daran, sondern ich weiß, dass jeder Mensch von seinem Schutzengel begleitet wird. Meiner heißt Raphael, ich nenne ihn auch liebevoll Raffi, er ist immer an meiner Seite.« Sie lächelte.

»Und woher kennen Sie seinen Namen?«

»Sagen wir mal so. Wer spirituell aufmerksam durch sein Leben geht, wird ihn irgendwann erfahren, wenn er danach sucht oder wenn die Zeit dafür gekommen ist.«

Maurice schwieg lange. Johanna ließ ihm diese Zeit, denn sie wusste aus eigener Erfahrung, dass neues Gedankengut erst langsam verarbeitet werden musste, damit man es verstand.

»Ich nehme an, dass es in Ihrem Leben ein prägendes Ereignis gab, das Sie veranlasste, über diese Dinge nachzudenken.«

»Sie haben Recht, bei den meisten Menschen ist das der Fall. Bei mir war es allerdings nicht so. Ich wusste mich schon als Kind behütet und begleitet. Vielleicht wurde mir diese Gewissheit mit in die Wiege gelegt.«

Maurice schaute sie fragend und etwas ratlos an.

»Wie ist das möglich?«

Ein warmes Lächeln umspielte Johannas Mund. Ihr gefiel seine Neugier und Bereitschaft, ernsthaft über etwas Außergewöhnliches nachzudenken.

»Wir leben in einer Zeit, in der hauptsächlich das zählt, was logisch erklärbar oder wissenschaftlich bewiesen ist. Doch wenn wir uns nur darauf besinnen, entgeht uns die unerschöpfliche Vielfalt des Universums. Außerdem fokussieren wir uns dann viel zu sehr auf unseren Verstand. Für mich ist aber das Innere des Menschen entscheidend, das, was wir fühlen. Und das kann nicht gemessen oder in ein mathematisches Schema gepresst werden. Ich brauche in meinem Leben nicht alles zu verstehen, weil ich weiß, dass uns Menschen das sowieso nicht gelingen wird.«

»Hm.«

»Ich möchte Ihnen ein Beispiel geben. Warum sitzen Sie heute hier bei uns im Auto? Bestimmt nicht, weil es eine rationale Entscheidung von mir war, anzuhalten. Sie stimmen mir bestimmt zu, wenn ich sage, dass alle guten Gründe dagegensprachen, oder?«

»Das ist richtig.«

»Carla sah das übrigens auch so. Und trotzdem habe ich angehalten. Es geschah so schnell, dass ich alle möglichen Argumente gar nicht hätte gegeneinander abwägen können. Es war eine spontane Entscheidung aus dem Bauch heraus. Ich folgte einer Eingebung, für die es keine rationale Erklärung gab.«

»Über die ich heute ausgesprochen glücklich bin«, ergänzte Maurice.

»Und wir auch«, antworteten die Frauen im Chor.

»Aber Fakt ist, dass dieser Entschluss gestern unklug und leichtsinnig war«, fasste Johanna noch einmal zusammen und ein paar kleine Falten bildeten sich auf Johannas Stirn. »Und ich werde es irgendwie noch meinem Mann beibringen müssen.«

»Dann habe ich Sie doch in größere Schwierigkeiten gebracht. Das tut mir sehr leid. Gibt es eine Möglichkeit, wie ich Ihnen in dieser Situation helfen kann?«

Es war Carla, die ihm lachend antwortete.

»Ich glaube nicht, Maurice. Machen Sie sich keine Gedanken! Benedikt kennt seine Frau schon viele Jahre und ist inzwischen an ihre Überraschungen gewöhnt. Ich persönlich glaube, das ist das Geheimnis ihrer Ehe.«

Schmunzelnd schaute sie in den Rückspiegel und suchte Blickkontakt mit ihrer Freundin, was ihr jedoch nicht gelang, denn diese hatte sich wieder in ihren Sitz zurückgelehnt und schaute versonnen aus dem Fenster.

»Bei so viel, ich nenne es mal Urvertrauen, haben Sie doch sicherlich in Ihrem Leben immer die richtigen Entscheidungen getroffen, nehme ich an?«

Johanna lehnte sich wieder nach vorne, damit sie nicht so laut sprechen musste.

»Das Wort Urvertrauen ist ein sehr treffender Ausdruck. Aber wir sind alle Menschen und geprägt von der Hektik und den Härten des Lebens, die es uns schwer und oft unmöglich machen, Entschlüsse zu treffen, die aus unseren Herzen kommen. Ich nehme mir vielleicht häufiger die Zeit dazu, weil ich empfänglicher dafür bin, aber auch mir gelingt dies längst nicht immer.«

Maurice spürte das Vibrieren seines Handys und ärgerte sich ein wenig über die Störung. Er zog es aus der Innentasche seiner Lederjacke. Florence.

»Bonjour, Florence.«

Der Name genügte, um bei den beiden Frauen die Ohren auf Empfang zu stellen. Maurice hörte lange schweigend zu, bis sie seine Erleichterung hörten: »Dann ist ja alles noch einmal glimpflich abgelaufen. Darüber bin ich sehr froh.«

»Das würde ich auch in Ruhe zu Hause machen lassen.«

»Ich bin bald in Dijon.«

»Das erzähle ich dir heute Abend.«

»Ich wünsche Dir auch eine gute Fahrt. Ciao Florence.«

Carla kam es so vor, als würde Maurice betont langsam sein Handy wegstecken. Als er endlich mit der Fummelei fertig war, erzählte er.

»Das Auto von Florence kam heute Morgen als erstes an die Reihe und wurde gründlich durchgecheckt. Glücklicherweise wurden keine weiteren Schäden entdeckt. So bleibt es nur bei dem Blechschaden, den sie aber erst in Deutschland reparieren lassen will.«

»Das ist sicher eine gute Entscheidung.«

»Ich habe ihr auch dazu geraten.«

Wie immer war es Johanna, die sich mehr um die Menschen als um Blech sorgte. »Und Florence selber? Wie geht es ihr heute?«

»Es geht ihr rundherum gut. Sie will jetzt noch einen Stopp in Mâcon machen, vielleicht auch einen kleinen Stadtbummel, aber auf jeden Fall noch Wein kaufen.«

Johanna erinnerte sich an die Ausführungen von Frau Hoppe.

»Wenn ich richtig informiert bin, gehört Mâcon zu Burgund, oder?«

»Das stimmt. Es ist ein hervorragendes Weinbaugebiet. Florence hat dort vor Jahren in einem Urlaub ein kleines Weingut entdeckt und will versuchen, es wiederzufinden. Hoffentlich gelingt es ihr. Der Wein damals war wirklich gut. Und da sie immer noch ein sehr schlechtes Gewissen hat, fällt für mich bestimmt ein Karton ab.«

Alle lachten.

»Dann drücken wir mal Florence' Spürsinn die Daumen.«

Carla setzte den Blinker und überholte gemütlich einen LKW mit Lebensmitteln. Kurz darauf erreichten sie eine Mautstelle.

»Jetzt hatten wir ja eine ganze Weile Ruhe«, sagte sie und ordnete sich dort ein, wo sie mit ihrer Kreditkarte zahlen konnte.

»Und natürlich wollte Florence auch wissen, wie und mit wem ich weiterfahre, aber ich habe sie da ein wenig zappeln lassen. War das sehr ungezogen von mir?«

»Ein bisschen schon«, grinste Johanna, »aber ich kann Sie gut verstehen.«

AUSFAHRT VOR IHNEN! IN ZWEI KILOMETERN AUSFAHRT VOR IHNEN!

Wieder zuckten alle zusammen, doch niemand machte eine Bemerkung. Johanna schmunzelte innerlich und entschied, noch etwas Imagepflege zu betreiben.

»Das kannst du getrost vergessen, Carla. Wir müssen zwar auf die A 6 wechseln, aber die 31 geht automatisch in die 6 über. Wir bleiben also auf dieser Autobahn. Die A 6 kommt übrigens direkt aus Freiburg oder der Schweiz.«

Carla rang um eine Antwort. Sollte sie Johanna stärker bedrängen, ihr Geheimnis preiszugeben, oder die Sache großmütig zu ignorieren? Nach einer Weile hatte sie sich entschieden.

»Danke, Johanna. Du hast Recht. Jetzt zeigt Charly es auch an.«

Schade, dachte Johanna. Das kleine Spielchen begann, ihr Spaß zu machen. Sie hatten Dijon bald hinter sich gelassen. Johanna schaute auf ihre Uhr, es war kurz vor zwölf. In einer guten Stunde würden sie eine Mittagspause einlegen, sie freute sich schon darauf. Maurice unterbrach ihre Gedanken. Er lehnte sich zu ihr nach hinten und fragte:

»Darf ich noch einmal auf unser Gespräch von vorhin zurückkommen? Oder ist es Ihnen zu persönlich?«

Johanna hatte schon damit gerechnet. Ihr war nicht entgangen, wie sehr ihn das Thema Glaube beschäftigt hatte.

»Aber nein. Was möchten Sie noch wissen?«

»Sie sagten, dass Sie schon als Kind dieses tiefe Urvertrauen hatten. Hat Sie Ihr beruflicher Werdegang in diese Richtung geführt?«

Johanna lächelte. »Tja, ich weiß nicht so recht. Anfangs sicherlich nicht. Oder nur am Rande. Ich habe nach der Schule eine ganz normale Ausbildung zur Krankenschwester gemacht. Philosophische Fragen spielten da überhaupt keine Rolle«, erinnerte sie sich, »aber geholfen hat mir dieses Fundament eigentlich immer in meinem Leben. Bei allen großen und kleinen Entscheidungen, die ich zu treffen hatte. Beruflich bin ich dann irgendwie bei der Augenheilkunde gelandet und habe viele Jahre im Münsteraner Klinikum gearbeitet, und zwar im AugenOP. Bis die Kinder kamen.«

»Und dann habt ihr die Praxis aufgebaut«, schaltete Carla sich ein.

»Ja, genau. Benedikt hatte sich inzwischen als Internist selbstständig gemacht und ich arbeitete von Anfang an sehr viel in seiner Praxis mit. Das war auch nur möglich mit Hilfe von Au-pair-Mädchen und meinen Eltern. Aber im Großen und Ganzen klappte es wunderbar. Glücklicherweise hatten wir ein großes Wohnhaus gefunden, in dem wir auch die Praxis unterbringen konnten. So war alles nah beieinander und die kurzen Wege erleichterten die gesamte Organisation erheblich.«

Johanna schaute für einen Augenblick aus dem Fenster. »Früher hatte ich oft ein schlechtes Gewissen, nicht genug Zeit für die Kinder zu haben, aber im Nachhinein stelle ich fest, dass sie dadurch überaus eigenständig geworden sind. Ich bin sehr stolz auf sie.«

»Dazu hast du auch allen Grund. Deine Kids sind großartig.«

»Franziska, die Älteste, ist jetzt 16, Max 14 und Timo 12«, erzählte Johanna weiter. »Und jetzt schließt sich vielleicht der Kreis zu Ihrer Ausgangsfrage, Maurice. Die Arbeit in der Praxis hat mir unglaublich viel Freude gemacht, dennoch reifte in mir der Gedanke, mir etwas Eigenes aufzubauen. Damals habe ich sehr intensiv darüber nachgedacht. Eigentlich muss ich sagen, dass wir alle sehr viel darüber diskutiert haben, nicht wahr Carla?«

»Allerdings. Nächtelang.«

»Mir war aufgefallen, dass immer mehr Menschen die Praxis aufsuchten, weil sie unter psychosomatischen Störungen litten. Obwohl wir zur Stadt Münster gehören, führen wir doch so eine Art Landpraxis und kennen viele Patienten und ihre Probleme seit Jahren. Und mir tat es immer leid, nie genug Zeit für sie zu haben.«

»Unsere hektische Zeit verführt uns zu ständigem Aktionismus.«

»Ja, das haben Sie gut beobachtet, Maurice. Auf jeden Fall habe ich kurzerhand eine Ausbildung zur Lebensberaterin gemacht und mir eine kleine Praxis eingerichtet. Ich wollte es einfach ausprobieren. Und seitdem beschäftige ich mich auch beruflich mit den grundlegenden Fragen des Lebens.«

»Ist das ein neuer Berufszweig? Ich habe noch nie etwas davon gehört.«

»Das könnte man so sagen. Es ist keine geschützte Berufsbezeichnung und muss auch unterschieden werden von einem therapeutischen Ansatz. Es geht um eine ganzheitliche Sicht auf den Menschen und die Frage, warum er in bestimmte Lebenssituationen hineingeraten ist oder sich in diesen nicht zurechtfinden kann. Es geht um Selbsterkennung und Selbstwahrnehmung als Grundvoraussetzungen dafür, dass ein anderer Weg möglich ist. Alles wird gemeinsam erarbeitet. Meine Aufgabe besteht darin, Muster zu erkennen und Wege aufzuzeigen. Die Hauptleistung bleibt jedoch immer beim Patienten selber. Probleme können nie von einem anderen gelöst werden.«

»Das klingt sehr interessant und abwechslungsreich. Welche Themen werden denn überwiegend behandelt?«

»Da gibt es Vieles, angefangen von Beziehungsproblemen, Konflikten am Arbeitsplatz, Umgang mit Krankheiten, schwierige Entscheidungsfindungen, Selbstorganisation, Trauerarbeit und natürlich die Sinnsuche, die sich allerdings auch hinter vielen der aufgezählten Probleme verbirgt. Ja, und natürlich immer mehr Stressbewältigung.«

»Ups. Diesen Umfang hätte ich jetzt nicht vermutet.«

Johanna lachte. »So schlimm ist es nun auch wieder nicht. Wenn man genau hinschaut, sind das doch alles Bereiche, die uns im täglichen Leben begegnen.«

»Und Ihre Patienten, vermute ich, kommen aus der Praxis Ihres Mannes.«

»Das war anfangs der Fall und sehr hilfreich.«

»Johanna hat viel Erfolg«, erklärte Carla, »inzwischen wird sie überwiegend weiterempfohlen und kann sich ihre Patienten aussuchen.«

Bevor Johanna sich gegen so viel Lob wehren konnte, legte Maurice noch nach.

»Davon bin ich überzeugt. Ich würde Sie auch sofort empfehlen oder im Bedarfsfall sogar selber aufsuchen, obwohl ich Sie erst seit gestern kenne.«

»Das freut mich natürlich zu hören, aber genug der Streicheleinheiten. Es ist Mittagszeit, wir sind seit vier Stunden unterwegs. Mein Vorschlag ist eine ausgedehnte Mittagspause. Wie sieht's aus?«

»Das ist eine ausgezeichnete Idee.«

»Dann halten wir mal Ausschau nach der nächsten Raststätte. Johanna, du kannst uns doch bestimmt sagen, wie weit die nächste entfernt ist, oder?«

Johanna lachte über die Retourkutsche ihrer Freundin und suchte nach einer geschickten Antwort, als ihr Blick zum Fenster hinaus wanderte und ein großes Verkehrsschild an ihnen vorbeirauschte, von dessen Beschriftung sie nur zwei

Zeichen aufschnappen konnte: Messer und Gabel gekreuzt und die Zahl 5 km.

»Ich glaube, in fünf Kilometern müsste eine sein.«

Sie gab sich Mühe, gelangweilt zu klingen, aber kaum hatte sie es ausgesprochen, prusteten die anderen beiden schon los.

»Ja, ja, lesen können wir auch!«

Johanna räkelte sich auf ihrem Rücksitz und stieß dabei versehentlich gegen das große, rote Paket. »Ach du Schreck! Hoffentlich ist jetzt nichts kaputtgegangen.«

Sorgfältig kontrollierte sie die Papierblumen an ihrer Seite, aber alle waren noch fest verklebt.

»Da haben Sie sich mit der Verpackung wirklich viel Mühe gegeben«, stellte Maurice fest. »Das ist mir gestern schon aufgefallen, als ich hinten die Gelegenheit hatte, das Paket ausgiebig zu studieren.«

»Das waren Johanna und Timo«, stellte Carla klar. »Ich finde auch, dass es toll aussieht. Was glauben Sie, ist es ein Geschenk für eine Frau oder einen Mann?«

»Für eine Frau, natürlich«, war Maurice' spontane Antwort, die Carla mit einem breiten Grinsen quittierte.

Johanna reagierte nicht und Carla spürte die Unsicherheit, die langsam in Maurice aufstieg. Und genoss es.

»Glauben Sie, dass es in dieser Beurteilung einen Unterschied zwischen deutschen und französischen Männern gibt?«, setzte sie nach.

»Ich glaube, ich verstehe Ihre Frage nicht so ganz.« Maurice war leicht misstrauisch geworden.

»Ganz einfach: Haben französische Männer einen anderen Geschmack bezüglich Geschenkverpackungen als deutsche?«

»Äh, nein, das glaube ich nicht.«

»Und was würden Sie persönlich sagen, wenn Sie dieses Geschenk bekämen?«

Jetzt fiel bei ihm der Groschen. Maurice drehte sich breit grinsend nach hinten zu Johanna um, damit er ihr Gesicht sehen konnte. Aber auch sie amüsierte sich prächtig, wie er feststellen konnte.

»Also«, sagte er, »ich würde mich riesig freuen, weil ich sofort erkennen würde, wie wichtig ich diesem Menschen bin, der so viel Zeit und Liebe in diese großartige Verpackung investiert hat. Wie wertvoll muss dann das Geschenk erst sein?«

Die Frauen, nein, besonders Maurice selber, freute sich über das gefundene Schlupfloch.

»Chapeau!« Johanna legte ihre Hand auf seine Schulter. »Mehr muss ich jetzt wohl nicht sagen.«

»Vielen Dank. Ich fühle mich sehr geehrt, besonders, weil ich mir das Kompliment so hart erarbeiten musste.« Zufrieden schmunzelte er vor sich hin. »Aber nachdem ich mich jetzt so elegant aus der Affäre gezogen habe, darf ich mir vielleicht als Belohnung die Frage erlauben, welcher Mann sich denn über dieses riesige Geschenk freuen darf?«

»Das Geschenk ist für Isabelles neuen Freund«, sagte Carla, stockte dann aber mitten im Satz, weil hinter ihnen plötzlich Blaulicht auftauchte und ein Polizeiwagen mit großer Geschwindigkeit aufholte. Die Sirene war ohrenbetäubend laut. Es waren zwei Fahrzeuge, wie sie jetzt bemerkte. Das erste überholte sie und fuhr direkt vor ihnen wieder auf die rechte Spur. Eine Polizeikelle mit der Aufschrift *Stopp* winkte aus dem Beifahrerfenster und wies in hektischen Bewegungen Richtung Standspur. Der andere Wagen blieb dicht hinter ihnen.

Allen dreien blieb die Luft weg. Keiner sagte etwas. Carla sah als Erste die Ausfahrt auf einen kleinen Parkplatz und setzte den Blinker. Die Kelle beruhigte sich etwas. An den Parkplatz grenzte ein Waldgelände, was die drei nicht gerade beruhigte.

»Eigentlich sollte man sich doch sicher fühlen, wenn man eskortiert wird, oder?« Es war Carla, die sich mal wieder als Erste gefasst hatte. Sie steuerte den Mini auf den nächsten freien Platz. Erst jetzt erkannte sie, dass es sich bei ihren Begleitern um ein französisches Polizeiauto und einen Audi mit einem deutschen Kennzeichen handelte. Merkwürdig.

»Dann wollen wir doch mal sehen, was die Guten von uns wollen.«

Carla stieg aus, ebenso Maurice, der anschließend Johanna aus dem Wagen half. Eine angenehme Wärme schlug ihnen entgegen. Die Sonne stand hoch am Himmel, ein herrlicher Tag. In Windeseile sahen sie sich umzingelt von vier Männern, zwei von ihnen trugen französische Uniformen, die anderen beiden vermutlich Zivil.

»Bonjour Mesdames, Monsieur.«

»Bonjour Messieurs.« Maurice hatte sich entschieden, seine Landeswurzeln diesmal nicht zu verheimlichen.

»Bonjour«, antworteten Johanna und Carla freundlich.

Was dann folgte, war ein Schwall französischer Sätze, die sich den beiden Frauen nicht erschlossen. Das einzige Wort, das sie verstanden hatten, war *Passport.* Doch als Johanna sich umdrehen wollte, um ihre Handtasche aus dem Auto zu holen, hielt Carla sie zurück.

»Maurice, ist es in Frankreich nicht üblich, bei einer Kontrolle seine Polizeimarke zu zeigen? Da kann doch jeder kommen.«

Das war mal wieder typisch Carla. Sie ließ sich so schnell nicht beeindrucken und hatte schließlich auch Recht damit. Von Überfällen in originalen Polizeiautos konnte man ja oft genug in der Zeitung lesen. Dennoch schaute auch Maurice sie leicht verwirrt an, doch er begann mit der Übersetzung, während Carla dem Polizisten direkt in die Augen sah und ihm ihr charmantestes Lächeln schenkte. Er war einen halben Kopf größer als sie und gut gebaut. Die blaue Uniform verlieh ihm eine gewisse Autorität. Und die hatte er auch bitter nötig, denn Carla schätzte ihn auf höchstens Mitte dreißig. Einen winzigen Augenblick lang schien er etwas verdutzt zu sein, da er wohl mit keinem Widerspruch der Frauen gerechnet hatte, zumindest in diesem Stadium noch nicht. Aber er war auch ein Mann, nun ja, und daher auch empfänglich für weiblichen Charme, was ihn erst jetzt dazu bewegte, den beiden Frauen vor ihm seine volle Aufmerksamkeit zu schenken und anschließend zurückzulächeln.

»Oh, pardon, Mesdames. Commissaire Mireaux.«

Mit einer angedeuteten Verbeugung – Carla entwickelte in diesen Dingen eine sehr wohlwollende Phantasie – griff er in seine Jackentasche und holte seine Identitätskarte heraus. Carla studierte sie genau und schien zufrieden zu sein, denn sie nickte mit ihrem Kopf.

»Dann wollen wir mal das Unsrige zur Klärung der Situation beitragen«, sagte sie zu Johanna, die schon unterwegs war, ihre Handtasche zu holen. Carla selber kramte in der ihren herum.

In der Zwischenzeit wurde Maurice' Ausweis von Commissaire Mireaux begutachtet. Die Männer unterhielten sich auf Französisch und nach einigem Hin und Her gab Maurice ihm einen weiteren Ausweis.

Interessant, dachte Carla und konnte sich des Eindrucks nicht erwehren, dass diese Tatsache die Dinge nicht zwangsläufig erleichtern würde. Der Kommissar ließ sich jedoch nichts anmerken und gab die beiden Ausweise seinem Kollegen, der mit ihnen in ihrem Wagen verschwand. *Hoffentlich geht das gut.* Nach allem, was sie mit Maurice erlebt hatten, machte Carla sich berechtigte Sorgen. Jetzt waren sie selber an der Reihe.

»Madame Schulte äh Loh et Madame Ansen.«

»Hansen«, korrigierte Johanna reflexartig.

»Pardon?«

Johanna hielt die drei Mittelfinger ihrer rechten Hand an ihren Kehlkopf und hauchte ein lautes deutsches »H - Hansen.«

Carla glaubte, ihren Augen und Ohren nicht zu trauen. Natürlich wusste sie, dass Johanna sich absolut nichts Böses bei dieser Korrektur dachte. Nichts lag ihrer Freundin ferner, als den Kommissar bloßzustellen. Sie meinte es tatsächlich nur gut, aber manchmal übertrieb sie es mit ihrem Helfersyndrom. Doch es war geschehen. Jetzt einzugreifen machte keinen Sinn mehr. Warum sprang Maurice nicht für sie in die Bresche?

In ihrer unschuldigen Art schaute Johanna nach oben. Und Commissaire Mireaux blickte auf den Zwerg hinunter, wobei ihm wohl dämmerte, dass man es nicht immer leicht hatte mit der Globalisierung.

»Madame A … Hansen«, korrigierte er sich.

»Oui, Commissaire. Perfekt.«

Johanna strahlte über das ganze Gesicht. So ähnlich stellte Carla sich das europäische Volkstheater vor, wenn da nicht dieses flaue Gefühl in ihrem Magen wäre.

»Oui«, brachte Mireaux nach eingehendem Studium von Johannas Pass einsilbig hervor, um sich sogleich Carla zuzuwenden. Diese sandte ein Stoßgebet zum Universum, der Kommissar möge ihren Namen nicht noch einmal wiederholen, denn sie glaubte nicht mehr an ihre eigene Selbstbeherrschung. Ihre Bitte wurde erhört.

»Madame.«

Erleichtert nickte Carla. Auch die Ausweise der Frauen landeten schließlich im Polizeiwagen, wo der französische Kollege mit großem Eifer telefonierte, während die beiden deutschen

Beamten unauffällig den Mini umrundeten. Carla zerbrach sich den Kopf darüber, was die Polizisten von ihnen wollten. Sie konnte sich nicht erinnern, zu schnell gefahren zu sein oder irgendeine Verkehrsregel nicht beachtet zu haben. Zumindest war sie sich keiner Schuld bewusst. Und selbst wenn, so würde das nicht den Aufmarsch von vier Beamten rechtfertigen. Irgendetwas musste geschehen sein und genau das bereitete ihr Kopfzerbrechen. Inständig hoffte sie auf eine Verwechslung. Die beiden Deutschen waren deutlich älter als die französischen Kollegen. Den kleineren schätzte sie auf ihr Alter und den größeren so 10 Jahre jünger ein, also um die 40. Der Ältere kam auf sie zu.

»Ich bin Inspektor Wolf vom Deutschen Zoll. Ist das Ihr Auto?«

»Das Auto gehört mir«, schaltete sich Johanna sofort ein.

»Darf ich bitte auch Ihre Fahrzeugpapiere sehen?«

Johanna gab sie ihm und wartete brav auf eine Reaktion seinerseits. In diesem Augenblick kam Mireaux' Kollege zurück und händigte alle Ausweise Inspektor Wolf aus, der sie nach einem kurzen prüfenden Blick dieses Mal seinem Kollegen weiterreichte. So wanderten die Dokumente jetzt in das deutsche Auto. Noch immer war die Atmosphäre recht angespannt.

»Würden Sie bitte den Kofferraum öffnen?«

Inspektor Wolf hatte Johanna als Fahrzeughalterin direkt angesprochen. Johanna nickte, spürte aber im selben Moment, wie Carla sich zum Angriff versteifte. Sie ergriff die Hand ihrer Freundin, in der sich der Autoschlüssel befand, und drückte diese so stark, dass Carla einlenkte und schwieg. Dennoch war sie nicht bereit, den Schlüssel abzugeben. Mit bewusst langsamen Schritten ging sie auf den Kofferraum zu. Sie öffnete ihn vorsichtig. So vorsichtig, dass die Beamten sich reflexartig in Angriffsstellung brachten, die Hände an ihren Hüften. Carla ließ sich nicht beirren und tat so, als habe sie nichts bemerkt. Als die Männer den Grund für Carlas Behutsamkeit sahen, konnten sie ein Schmunzeln nicht verbergen.

»Voilà.«

Carla trat einen Schritt zurück und genoss die Situation. Johanna hatte den für ihre Urlaubsbedürfnisse kleinen Kofferraum äußerst effizient gepackt. Da war kaum noch Platz für eine Briefmarke. Nun befürchtete sie, dass Johannas Geschick ein zweites Mal gefragt war. Aber ein »Okay« war alles, was Inspektor Wolf nachdenklich von sich gab.

»Was ist Ihr Reiseziel?«, fragte er stattdessen und schaute Maurice eindringlich an.

»Ich besuche meine Familie in Südfrankreich.«

»Und Sie, meine Damen?« Sein strenger Blick war undurchdringlich und weder Johanna noch Carla trauten sich, die Situation etwas aufzulockern.

»Wir fahren zu einer Geburtstagsfeier in die Provence und dann noch ein paar Tage ans Meer.«

Johanna hoffte, den Inspektor nun zufrieden gestellt zu haben, was jedoch nicht der Fall war.

»Bitte öffnen Sie das Paket auf dem Rücksitz!« Das, was als Bitte formuliert war, hatte den Klang eines Befehls.

»Nein!«

Auch Johanna konnte sehr energisch sein. Offenbar war keiner der Herren darauf vorbereitet gewesen, dass Ihnen diese halbe Portion eine solche entschlossene Abfuhr erteilen könnte, denn alle schauten verwundert auf. Allein Commissaire Mireaux schien sich verhalten zu amüsieren.

»Hören Sie, Frau Schulte-Loh«, setzte Inspektor Wolf noch einmal gütlich an.

»Nein! Geben Sie sich keine Mühe! Was glauben Sie, wer Sie sind? Sie haben es nicht einmal nötig, uns zu erklären, was das Ganze hier soll.«

Wenn man Johanna aufgebracht hatte, und das war keine leichte Übung, konnte sie extrem stur sein. Carla kannte das und hätte ihre Freundin auch an diesem Ausbruch gehindert, wenn sie ihn nur ansatzweise hätte kommen sehen. Doch auch sie war völlig überrascht worden. So beobachtete sie amüsiert, wie sich Johanna schützend vor das Seitenfenster des Minis stellte, hinter dem sich das Geschenk verbarg. Wie eine Mutter vor ihr Kind.

Wirklich rührend, dachte Carla und verstand auch den Beweggrund ihrer Freundin, die just in diesem Moment einen Schritt vom Auto zurücktrat, mit ihrem Arm auf das Paket wies und sehr streng und ernsthaft erklärte:

»Inspektor Wolf. Schauen Sie sich das Paket doch bitte einmal genauer an! Wie Sie sicherlich unschwer erkennen können, handelt es sich dabei um ein Geschenk. Ich habe geschlagene zwei Stunden gebraucht, um es zu verpacken. Haben Sie schon einmal ein Geschenk verpackt?«

Sie schaute ihn fragend an.

»Nein. Ich sehe es Ihnen an. Das macht wahrscheinlich immer Ihre Frau, Sie Glücklicher. Jede Blume habe ich eigenhändig ausgeschnitten und aufgeklebt, und zwar so, dass die Nähte überdeckt sind. Kommen Sie, ich zeig es Ihnen gerne.«

Inspektor Wolf trat tatsächlich einen Schritt näher an den Mini heran und warf einen Blick ins Innere.

»Sehen Sie, dort, die zweite und die drittletzte Margerite zum Beispiel. Wenn wir das jetzt aufbrechen, ist alles dahin.«

Inspektor Wolfs Gefühle schwankten zwischen Komik und Mitgefühl.

»Frau Schulte-Loh, ich wertschätze Ihre Arbeit aufs Äußerste und Ihr Werk gefällt mir persönlich auch ausgesprochen gut, aber leider spricht so einiges gegen Sie.«

»Da bin ich aber mal gespannt.«

»Würden Sie mir bitte verraten, was sich in Ihrem Geschenkpaket befindet?«

»Nein.«

Carla spürte einen flehenden Blick von Maurice in ihrem Rücken, drehte sich aber nicht zu ihm um.

»Ich finde, dass Sie jetzt an der Reihe sind, Herr Inspektor.«

Johannas Stimme klang nun etwas ruhiger, doch noch immer schwang eine Spur Trotz mit.

»Also gut.«

Inspektor Wolf war offensichtlich zu dem Schluss gekommen, dass die Frauen für ihren Einsatz eine Aufklärung der Sachlage verdienten.

»In Münster wurde vorgestern Abend eine sehr wertvolle Skulptur gestohlen, und zwar vor dem Landesmuseum. Aus einem Transporter heraus. Die Diebe wussten sehr genau, was sie suchten und brauchten nicht einmal eine Minute dazu.«

Den Frauen schossen viele Gedanken durch den Kopf, aber sie sagten nichts und schauten Inspektor Wolf mit großen unschuldigen Augen an. Carlas Blick schweifte allerdings häufiger zu Commissaire Mireaux ab.

»Unsere Recherchen haben ergeben, dass ein violettfarbener Mini am Tatort gesehen wurde. Und davon gibt es ja nicht so viele.«

Jetzt musste auch Inspektor Wolf lächeln.

»So haben wir erfahren, dass Sie nach Südfrankreich unterwegs sind.«

»Von wem? Weiß mein Mann …?«

»Keine Sorge, Frau Schulte-Loh. So plump arbeiten selbst wir nicht. Niemand in Ihrer Familie ahnt etwas von unserem Verdacht. Aber das angebliche Geschenk auf Ihrem Rücksitz erscheint uns doch im höchsten Maße verdächtig. Die gestohlene Skulptur würde hervorragend in Ihr Paket passen, es hat nämlich eine Größe von etwa 30 Zentimetern im

Quadrat. Sie müssen zugeben, dass die Verdachtsmomente erdrückend sind.«

Carla nahm ihre Freundin grinsend in den Arm.

»Ich habe dir immer gesagt, die Farbe ist zu auffällig. Aber mach dir nichts draus, irgendwie kriegen wir das schon wieder hin mit der Verpackung.«

Behutsam zog sie Johanna ein paar Schritte weg von ihrem Mini und zwinkerte Maurice verschmitzt zu.

»Bitte seien Sie sehr vorsichtig, meine Herren, der Inhalt ist zerbrechlich«, rief Johanna den Beamten noch zu, bevor sie sich unter die schattenspendenden Bäume führen ließ.

»Du rührst dich jetzt nicht von der Stelle«, raunte Carla ihr zu und stolzierte zurück zum Auto. Elegant setzte sie sich hinter das Steuer und rutschte mit dem Fahrersitz soweit wie möglich nach vorne. Mit grazilen, leicht verführerischen Bewegungen stieg sie geschmeidig wieder aus und klappte die Rücklehne des Sitzes nach vorne.

»Bitte sehr, meine Herren.«

Und mit einer einladenden Handbewegung gab sie den Wagen frei, ihren Kopf gen Himmel richtend, um den Standort der Sonne auszumachen. Scheinbar gelangweilt schlenderte sie zu Johanna zurück. Alle beobachteten jetzt, wie die Kollegen von Wolf und Mireaux versuchten, das Paket aus dem Wagen zu schieben, ohne es zu beschädigen. Der Deutsche war an der Beifahrerseite in den Mini gekrochen und drückte leicht, während der Franzose von der Fahrerseite zog. Es war ein denkbar mühseliges Unterfangen und sah dazu noch urkomisch aus.

Carla holte ihr Handy aus der Tasche, um einen Blick auf das Display zu werfen. Inspektor Wolf drehte sich sofort zu ihr um, befand die Situation aber für bedeutungslos und wandte sich wieder dem vermeintlichen Diebesgut zu. Mit ruhigen gleichmäßigen Bewegungen tauschte Carla nun das Handy gegen ihren Fotoapparat aus und schoss ein paar herrliche Aufnahmen. Dann schaute sie zu Johanna, die anerkennend ihren rechten Daumen hob, und Maurice zog würdigend eine Augenbraue nach oben.

Zentimeter für Zentimeter quetschten die beiden das Paket aus dem Auto. Immer wieder blieb es irgendwo hängen und das rote Geschenkpapier drohte einzureißen. Anfangs gaben sich die beiden Beamten noch Mühe und ließen sich viel Zeit. Doch mit jeder Minute schwand ihre Geduld. Und als sich die ersten Risse durch das Geschenkpapier zogen, sank auch der letzte Rest ihrer Nachsicht. Schließlich war es dann geschafft und der Franzose hielt das Paket wie eine Trophäe in den Händen. Er trug es um das Auto herum und legte es leicht genervt, aber dennoch behutsam ins Gras.

Inspektor Wolf zog sein Taschenmesser aus der Hosentasche und schob es vorsichtig unter die gefährdeten Margeriten, um sie eigenhändig so schonend wie möglich vom Papier zu lösen. Er zeigte dabei eine recht große Geschicklichkeit und schien auch sehr stolz auf sein Werk zu sein. Carla war sich inzwischen sicher, dass er selber nicht mehr daran glaubte, hier das vermisste Kunstwerk zu finden, aber er ließ sich nichts anmerken. Zwei Minuten später war auch die weiße Schleife abgestreift, und das Geschenkpapier ließ sich mühelos lösen. Langsam wurde nun ein großer, bunt bedruckter und mit dicken Lettern beschrifteter Karton sichtbar. Carla beobachtete mit wachsendem Vergnügen die fünf Männer und sah, wie sich Maurice abrupt vom Geschehen wegdrehte und von einem ruckartigen Zucken geschüttelt wurde. Die Beamten jedoch besaßen mehr Körperbeherrschung und starrten, zumindest äußerlich sehr ernsthaft und professionell, auf die Kartonage einer deutschen Küchenmaschine.

Carla hielt drauf.

Nachdem nun alle diesen Anblick verdaut hatten, gab Inspektor Wolf seinem Kollegen ein Zeichen, woraufhin dieser den Kartondeckel öffnete und ganz vorsichtig und langsam, so als handelte es sich um eine explosive Bombe, das Geburtstagsgeschenk aus dem Paket zog und für alle sichtbar hochhielt. Es glitzerte wundervoll in der Sonne. Johanna und Carla waren immer noch ganz hingerissen von ihm, und ihr Gesichtsausdruck verwandelte sich stolz zu einer verklärten Miene. Einfach himmlisch, dieser Kronleuchter.

Das ist das Beste, dachte Carla. Sie hatte eine laufende Bilderreihe geschossen, beginnend von dem Moment an, als der Kronleuchter dem Karton entstieg bis zu dem Augenblick, als alle vier Beamte um ihn herum versammelt waren und mit großen Augen das vermeintliche Diebesgut begutachteten. Als Wolf zu ihr herüberschaute, glaubte sie sich ertappt. Auf keinen Fall durfte sie riskieren, dass ihre Kamera beziehungsweise der Speicherchip beschlagnahmt wurde. Da half nur Ablenkung, und zwar schnell. Scheinbar aufgebracht stürzte sie auf die Beamten zu.

»Sind Sie jetzt zufrieden, meine Herren? Sie gestatten!«

Und schon nahm sie dem Beamten den Kronleuchter aus der Hand und setzte ihn sehr behutsam wieder in den Karton zurück. Sorgfältig prüfte sie seine richtige Lage, damit er bei der Fahrt nicht zu viel Spielraum hatte, und steckte die kleinen Schaumstoffpolster, die sich bei dieser Prozedur gelöst hatten, wieder an die richtigen Stellen. Anschließend verschloss sie den Karton sorgfältig.

Johanna, die sich zu ihr gesellt hatte, nahm das Geschenkpapier mit den Margeriten und faltete es vorsichtig zusammen. Dann gab sie es Maurice mit der Bitte, es kurz festzuhalten. Sie spürte fast körperlich, wie ihr Aktionismus die Männer in den Bann zog. Alle schauten ihnen gespannt zu. Vielleicht brauchten sie auch einen Augenblick, um sich von ihrem Misserfolg zu erholen? Oder waren sie erleichtert über die Unschuld der Frauen? Plötzlich schienen es die Beamten jedenfalls nicht mehr eilig zu haben, die richtigen Täter zu suchen. Es sah vielmehr so aus, als hofften sie auf eine kleine Zusatzvorstellung beim Wiedereinladen des Paketes. Die konnten sie haben.

Johanna setzte sich auffallend unbekümmert auf den Beifahrersitz, zog diesen nach vorne, stieg wieder aus und klappte in aller Seelenruhe die Rücklehne nach vorne. Anschließend nahm sie Carla das Paket aus der Hand und schob es mühelos und ohne irgendwo anzuecken auf den Rücksitz, während ihre Freundin zur Fahrerseite schlenderte und den Kronleuchter weiter zu sich zog, bis er auf seinem angestammten Platz auf dem Laptop stand.

Das gibt es doch nicht, Maurice war völlig perplex. *Wie ist es möglich, dass es auf der anderen Seite funktioniert?*

Die Frauen genossen jede Sekunde dieser Aktion und gönnten sich deshalb ausreichend Zeit für ihre kleine Demonstration. Sie wussten natürlich, dass sich der Beifahrersitz ein wenig weiter nach vorne schieben ließ als der Fahrersitz, da sie beim Einladen eine halbe Stunde lang alle Möglichkeiten durchprobiert und nur durch Zufall diesen Unterschied entdeckt hatten. Jetzt, im Nachhinein betrachtet, hatte sich jede Minute ihrer Anstrengung gelohnt.

Johanna nahm Maurice das Geschenkpapier wieder aus der Hand und legte es auf den Boden vor die Rückbank. Dann setzte sich Carla auf den Fahrersitz, während Johanna auf dem Beifahrersitz Platz nahm. Fast zeitgleich schoben sie die Sitze wieder zurück und stiegen aus. Dann Ganze hatte nur wenige Augenblicke gedauert. Die Gesichter der Männer waren wie versteinert. Ihre pikierten Blicke taten den Frauen ausgesprochen gut. Eine kleine Entschädigung für ihren Aufwand.

»Es tut mir leid, meine Herren«, brach Johanna das angespannte Schweigen, »aber diese kleine Vorstellung konnten wir uns einfach nicht nehmen lassen. Das verstehen Sie doch sicher, oder? Maurice, würden Sie das bitte für Ihre Landsmänner übersetzen?«

Und mit einem spitzbübischen Strahlen schaute Johanna von einem Beamten zum nächsten, bis sich ihre Heiterkeit auch auf die Männer übertrug und alle zu grinsen begannen.

»Commissaire Mireaux ist sehr glücklich darüber, dass die Skulptur bei uns nicht gefunden wurde, und er hofft, dass wir alle eine schöne Zeit in Frankreich verleben werden«, gab Maurice schließlich an die Frauen weiter.

»Das werden wir sicherlich«, antwortete ihm Carla mit ihrem herzlichsten Lächeln. Dann kramte sie in ihrer Handtasche herum und holte ihre Kamera heraus.

»Darf ich noch ein Gruppenfoto machen? Das Geschenk bekommen wir nie wieder so schön eingepackt, wie es vorher war. Und diese Geschichte glaubt uns doch kein Mensch ohne entsprechendes Beweismaterial?«

Maurice übersetzte lachend ihre Bitte. Für die Beamten war dieser Grund durchaus einleuchtend und sie stellten sich, anfangs etwas zögerlich, aber doch bereitwillig neben dem Mini auf. Maurice nahm Carla den Fotoapparat aus der Hand und bat sie, sich zu den anderen zu stellen. Dann machte er mehrere Aufnahmen.

Zum Abschluss erhielten sie ihre Papiere zurück. Aber Inspektor Wolf lag noch eine Frage auf dem Herzen.

»Waren Sie denn vorgestern Abend in der Nähe des Landesmuseums, Frau Schulte-Loh?«

Johanna hatte natürlich schon vorher darüber nachgedacht und konnte ihm sogleich antworten.

»Ja, allerdings. Ich war im Dom. Das mache ich immer am Abend, bevor ich zu einer so abenteuerlichen Fahrt aufbreche.«

Kapitel 17

Schweigend schauten sie den abfahrenden Autos nach.

»Jetzt fehlt nur noch, dass wir ihnen nachwinken«, grinste Carla, ihre linke Augenbraue leicht nach oben ziehend.

»Ich finde, wir haben uns zu einem perfekten Ganoventeam entwickelt«, sinnierte Maurice gespielt ernst, »nur bin ich mir noch nicht sicher, ob diese Richtung hilfreich für meine Biografie ist.«

»Also, wenn ich das im Geschäft erzähle, werde ich mich vor Kunden nicht mehr retten können.« Carla fischte sich eine Flasche Wasser aus dem Auto und trank einen großen Schluck. »Eigentlich müssten wir darauf Schampus trinken und kein labberiges Wasser.«

Während sie die Flasche noch einmal ansetzte und dieses Mal vollständig leerte, nahm Johanna Maurice liebevoll in den Arm.

»Vielen Dank für Ihre Hilfe. Sie haben Recht. Nach dieser Aktion kann man uns jetzt wohl als verschworene Diebesbande bezeichnen.«

»Könnte es die Farbe des Autos sein, die das Kriminelle ein wenig anzieht?«, fragte Maurice nachdenklich.

»Das ist völlig ausgeschlossen,« entrüstete sich Johanna. »Violett ist die Farbe der Einkehr und …«

»Das passt hervorragend«, griff Carla den Gedanken auf, »einkehren und mitnehmen. Oder auch mitnehmen und einkehren, ach nein, heißt es in diesem Jargon nicht einfahren?« Sie lachte und reichte eine neue Wasserflasche an die anderen weiter. »Ich hätte nicht gedacht, dass Stehlen so durstig macht.«

Doch Johanna ließ nicht locker.

»Violett steht als Symbol für die Suche nach Ausgeglichenheit.«

»Also ich persönlich fand Carla sehr ausgeglichen, als sie den Fahrersitz nach vorne schob und den Beamten großzügig gestattete, an dieser Seite das Paket herauszunehmen. Eine äußerst besonnene Aktion, die mir sehr imponiert hat.«

Carla freute sich über Maurice' Kompliment.

»Und ein wenig gemein,« ergänzte Johanna, »wie bist du eigentlich auf diese Idee gekommen?«

»Das fragst ausgerechnet du mich? Es war eine Art Eingebung, so möchte ich es mal formulieren.« Ihr Grinsen zog sich über das ganze Gesicht und drückte einen gewissen Stolz aus.

»Warum hast du denn nicht eingegriffen, wenn meine Tat so gemein war?«

»Ganz einfach: Ich wollte meiner besten Freundin nicht in den Rücken fallen.«

»Wie nobel von dir, wirklich äußerst nobel.«

Johanna lachte. »Es gab tatsächlich einen kurzen Augenblick, wo ich eingreifen wollte, bis ich deinen niederträchtigen Plan durchschaut hatte.«

»Ach nee und dann? Dann hast du dich nur noch amüsiert, wenn ich mich recht erinnere.«

»Genauso war es.«

»Damit drängt sich allerdings die Frage auf, wessen Niedertracht schwergewichtiger ist?«

»Nun, eines ist sicher, meine Damen, diese Geschichte wird noch lange in vieler Leute Mund sein. Ich bin überzeugt davon, dass sie in die Annalen der Zollgeschichte eingehen wird.«

»Als Dauerbrenner bei der französischen Polizei, das haben wir uns aber auch verdient.«

»Und mit uns als Hauptdarstellern.«

»Wow!«

Endlich brachen sie auf.

»Tja,« setzte Carla mit ernstem Gesicht an, nachdem sie sich wieder in den fließenden Verkehr eingefädelt hatte, »kriminelle Energie fordert ihren Preis. Unsere Mittagspause ist nun dahin.«

»Was? Solche Worte ausgerechnet von dir. Dein Magen ist doch immer derjenige, der am lautesten nach Futter schreit.«

Carla schaute kurz zu Maurice hinüber.

»Sehen Sie, es hat durchaus Nachteile, wenn man sich so gut kennt. Wie sieht es denn mit Ihrem Hunger aus? Essen die Franzosen mittags überhaupt etwas?«

»In der Regel nur eine Kleinigkeit. Aber als Besitzer eines französischen und deutschen Passes genieße ich alle Wahlmöglichkeiten. Heute zum Beispiel bin ich mittags Deutscher und abends Franzose.«

»Das könnte mir auch gefallen«, gab Carla lächelnd zurück und setzte den Blinker. Sie hatten die Raststätte erreicht und freuten sich auf eine gemütliche Auszeit.

»Zuerst das Geschäftliche, dann das Vergnügen«, witzelte Carla und fuhr an eine der Tanksäulen. Auch hier war die Ruhe des Feiertages zu spüren. Als sie ausstieg, hantierte Maurice mit seinem Handy und Johanna schaute gedankenverloren aus dem Fenster, wahrscheinlich die Geschehnisse vom Parkplatz verdauend.

»Da vorne ist Florence«, stieß Carla plötzlich hervor und hätte sich am liebsten auf die Zunge gebissen. Warum sie das Gesagte bereute, wusste sie allerdings selber nicht. Schließlich konnte sie eine gewisse Neugier auf diese exzentrische Frau nicht verhehlen. Hatte sie etwa Angst, Maurice könnte sie verlassen und den Rest der Strecke wieder mit seiner Schwester fahren?

»Was? Wo!« Maurice war hochgeschreckt.

»Das ist doch ihr roter BMW da drüben, direkt vor der Eingangstür, oder?«

Maurice‘ Blick streifte suchend alle Zapfsäulen ab und blieb schließlich an Florence‘ BMW hängen.

»Ja, das ist ihr Wagen.«

Er rührte sich nicht. Warum stieg er nicht aus? Was hielt ihn zurück? Es schien ihm, als trüge er Bleischuhe, die ihn bewegungsunfähig machten. Wie eine Art höhere Gewalt, die ihm auf diese Art und Weise zu verstehen geben wollte, sich einer Auseinandersetzung mit seiner Schwester jetzt nicht zu stellen. Wo kamen bloß diese verrückten Gedanken her? Was redete er sich nur ein? Wie auch immer, es gelang ihm einfach nicht, sich zu bewegen. In diesem Gefühlskampf hörte er Johannas ruhige Stimme.

»Sie sollten aussteigen, Maurice. Da kommt sie gerade.«

Jetzt erst erwachte er aus seiner Erstarrung, atmete tief durch und öffnete langsam die Beifahrertür. Als er Florence‘ Namen rief, fühlte er sich von Carlas und Johannas Blicken begleitet. Doch das störte ihn nicht, ganz im Gegenteil. Es war eher so, dass ihre Gegenwart ihm Klarheit schenkte. Eine Klarheit, die sein Gefühlsleben betraf und ihn beruhigte. Langsam ging er auf Florence zu.

Johanna und Carla beobachteten, wie sich die Geschwister herzlich auf französische Art begrüßten, ein Küsschen links, ein Küsschen rechts, und sogleich ein temperamentvolles Gespräch begannen. Das hieß, Florence redete wie erwartet und Maurice hörte überwiegend zu. Irgendwann zeigte er auf ihren Mini und grinste, während Florence entgeistert zu ihnen hinüberschaute und erstarrte. War es die Dimension des Autos, die sie für drei Erwachsene schlechthin undenkbar fand? Oder dessen Farbe? Oder war es etwa die Tatsache, dass ihr Bruder die Begleitung zweier attraktiver Frauen ihrer Gesellschaft vorzog? Aus den unterschiedlichsten Motiven heraus kosteten sowohl Maurice als auch die Freundinnen diesen köstlichen Augenblick mit Hingabe aus. Dann hängte Carla den Zapfhahn geräuschvoll in die Säule, verschloss den Tankdeckel wieder und stöckelte in Richtung Kasse direkt auf die beiden zu.

Florence hatte Carlas Größe. Ihre enggeschnittene beige Hose und die gleichfarbige kurzärmelige Bluse entsprachen dem modernen Business-Look, der durch eine schlichte goldene Halskette und passende Ohrringe abgerundet wurde. Im Gegensatz zu ihrem Bruder waren ihre schwarzen Haare nicht so lockig, nur leicht gewellt. Carla vermutete eine natürliche Wellung. Bei diesen sommerlichen Temperaturen hätte sie Florence geraten, ihre herrliche dicke Haarpracht hochzustecken, doch vielleicht war sie nicht geschickt genug darin. Auf jeden Fall trug sie ihre langen Haare offen, was ihr hervorragend stand, wie Carla einräumen musste. Nur das Schuhwerk passte ihrer Meinung nach nicht so gut zu ihrem perfekten geschäftsmäßigen Outfit. Carla vermutete jedoch, dass Florence die flachen braunen Schnürschuhe vorwiegend zum Autofahren anzog. Auf jeden Fall war sie recht beeindruckt von Florence‘ äußerer Erscheinung. Freundlich streckte sie ihr die Hand entgegen:

»Sie sind also Florence, Maurice‘ Schwester. Guten Tag. Ich bin Carla. Maurice hat uns von Ihrem Unfall erzählt. Welch ein Zufall, dass wir uns hier treffen.«

»Guten Tag. Ja, welch ein Zufall. Ich wollte um diese Zeit schon viel weiter sein, bin aber aufgehalten worden. Wie das Leben manchmal so spielt.« Sie lächelte.

»Ja, das kennen wir«, lächelte Carla zurück. »Na, dann gehe ich erst einmal bezahlen.« Und weg war sie.

In diesem Augenblick reihten sich zwei weitere Autos hinter dem BMW ein, so dass Florence ihren Platz freimachen musste. Sie wechselte mit ihrem Bruder noch einige letzte Worte, dann fuhr sie los. Als Carla zum Mini zurückkam, saß Maurice bereits auf seinem Platz.

»Ich bin beeindruckt von Ihrer Schwester, Maurice, sie sieht phantastisch aus.«

»Ja, das tut sie«, pflichtete ihr Maurice leise bei und wendete seinen Blick zum Fenster hinaus. Sein weiteres Schweigen verwandelte die Stimmung sogleich in eine zögerliche, von leichter Unsicherheit geschwängerte Stille, die auch Carla bewog, dieses Thema nicht weiter zu vertiefen. Langsam fuhr sie zum Restaurant der Raststätte weiter.

»Haben Sie etwas dagegen, wenn Florence noch einen Kaffee mit uns trinkt?« Maurice hatte einige Minuten gebraucht, um seine Bitte zu formulieren. Er hatte Florence bereits dazu eingeladen, rechnete aber mit einer Absage oder wenigstens mit Vorbehalten vonseiten der Frauen. Warum, konnte er sich im Grunde genommen auch nicht erklären?

Diesmal antwortete Johanna.

»Aber natürlich nicht. Wir freuen uns, Ihre Schwester kennenzulernen.«

Dankbar und spürbar erleichtert lächelte Maurice Johanna an.

Sie fanden einen gemütlichen Ecktisch mit Blick auf den Parkplatz und bestellten Kaffee, der auch sehr schnell serviert wurde.

»Mmmh, darauf freue ich mich seit unserem Autobahnabenteuer«, erklärte Carla und machte sich gleich über den mitkredenzten Keks her. Dann erschien Florence. Auch sie entschied sich für einen Kaffee und begann auf ausdrücklichen Wunsch von Johanna kurz von ihrem Unfall zu berichten. Dabei erboßte sie sich zu Recht über die Dreistigkeit des LKW-Fahrers, der am liebsten weitergefahren wäre.

»Aber letztlich ist alles noch einmal glimpflich abgelaufen. Ich darf gar nicht darüber nachdenken, wie es hätte ausgehen können,« schloss sie ihren Bericht.

»Das sollten Sie auch nicht, Florence«, Johanna war mal wieder nicht zu bremsen. »Freuen Sie sich einfach über das Geschenk, dass Sie hier sitzen dürfen und es Ihnen gut geht.«

»Ja, da haben Sie Recht. Außerdem hat diese Geschichte auch eine positive Seite.« Sie schaute Maurice direkt an. »Denn wenn dieser Unfall nicht gewesen wäre, hätte ich keinen Aufenthalt in Mâcon eingelegt und das kleine Weingut nicht wiedergefunden.«

»Dort bist du also noch aufgehalten worden?« fragte Maurice nach.

»Ja, genau. Und es hat sich gelohnt. Die Besitzer haben mich tatsächlich wiedererkannt. Wir haben in Erinnerungen geschwelgt und köstlich gegessen. Ja, und Wein habe ich auch gekauft. Für dich gleich mit.«

»Das freut mich sehr. Vielen Dank.«

Maurice bemühte sich angestrengt, nicht in die Richtung von Johanna und Carla zu schauen. Die Situation war ohnehin für ihn schon unsicher genug, obwohl er im Zuge der Unterhaltung den Eindruck gewann, dass er der einzige am Tisch war, der die Situation nicht genoss.

»Ihr Mini hat eine ziemlich - äh - ungewöhnliche Farbe.«

Florence schaute Carla als Fahrerin direkt an und schmunzelte herausfordernd. Ihre Worte, aber vor allem ihr Ton klangen leicht provokant. Carla hoffte inständig, dass sich Johanna jetzt nicht einschalten würde, denn sie brauchte noch einen Augenblick, um ihr Gegenüber mit den Augen zu fixieren und ihr schönstes Lächeln aufzusetzen. Und mit ihrer gesamten Körperhaltung stellte sie auf stummem Wege klar, dass auch sie keinem Angriff aus dem Wege ging.

Aber vor allem dachte sie nicht daran, dieser Frau Johannas Farbenlehre zu erklären.

»Ja, da haben Sie Recht«, antwortete Carla sanft. »Gefällt Ihnen der Farbton?«

Florence, die mit einer Erläuterung, aber nicht mit dieser Nachfrage gerechnet hatte, erkannte, dass sie sich etwas ungeschickt, vor allem aber unangemessen provokativ ausgedrückt hatte. Wie so oft hatte sie ihr Temperament nicht zügeln können. Jetzt ärgerte sie sich über sich selber, weil sie durch solche Provokationen ihren Bruder sicher nicht zu einer Weiterfahrt mit ihr gewinnen würde. Doch genau das hatte sie sich auf dem Weg vom Parkplatz zum Restaurant vorgenommen. Krampfhaft rang sie nun nach diplomatischen Worten, die nicht unhöflich, aber auch nicht unehrlich waren.

»Soll ich ehrlich sein?«, fragte sie vorsichtig.

»Aber selbstverständlich«, entrüstete sich Carla, keinen Zweifel daran lassend, das etwas anderes für sie aus tiefstem Herzen nicht in Frage kam.

»Sie wäre mir etwas zu auffällig.«

»Tatsächlich?« Carla schien darüber nachzudenken. »Aber das ist doch ein großer Vorteil! In schwierigen Situationen wird man gut gesehen und wenn man sich immer an die Geschwindigkeitsregeln hält, kann man doch ruhig leuchten, oder?«

Das saß. Die Spannung zwischen den beiden Frauen begann zu knistern. Aber das störte Carla überhaupt nicht. Sie hatte das intensive Bedürfnis verspürt, etwas für Johanna tun zu müssen. Und für Maurice. Schließlich war es der rasante Fahrstil von Florence gewesen, der dazu geführt hatte, dass sie ihn auf der Straße aufgelesen hatten. Mit einem mütterlichen Blick schaute sie Florence erwartungsvoll an.

Johanna erschien dieser Augenblicke endlos zu sein. Zu gerne hätte sie die Situation entspannt, wusste aber intuitiv, dass Carla ihr das nie verzeihen würde. Außerdem hatte sie ja noch etwas bei ihr gutzumachen. So freute sie sich aufrichtig, als ihr Essen gebracht wurde, denn das lenkte ein wenig ab. Sie hatten gemischten Salat bestellt, eingelegtes Gemüse, Oliven, Schafskäse und Brot. Es sah köstlich aus.

»Das sieht ja toll aus. Vielen Dank für diesen Tipp, Maurice. Irgendwie treffen Sie immer zielsicher unseren Geschmack.«

Florence schaute ihren Bruder verwundert an. Dieser ließ sich jedoch sich nichts anmerken und reichte die Teller herum. Er lächelte wie ein Automat, denn seine Gedanken waren ganz woanders. Er sorgte sich um die Weiterfahrt, weil er wusste, dass Florence ihn bedrängen würde, umzusteigen. Wie sollte er dann reagieren? Was konnte er ihr sagen? Nein, schalt er sich innerlich! Das sind nicht die richtigen Fragen, sondern: Was möchte ich selber? Und so begann er langsam, in diese Richtung zu denken.

Alle schauten auf, als ein Handy klingelte. Es war Florence, die den Ton erkannte. Sie entschuldigte sich kurz und verließ den Raum. Johanna, Carla und Maurice schauten sich an und schüttelten ungläubig ihre Köpfe.

»Das kann doch alles nicht wahr sein, dass wir ausgerechnet Florence hier treffen«, entrüstete sich Carla, »so etwas passiert doch nur im Film.«

»Nun, ja, seit gestern habe ich permanent das untrügliche Gefühl, in einem Film gelandet zu sein«, lächelte Maurice.

»Ich allerdings auch«, antwortete Johanna. »Vielleicht sollten wir einen drehen?«

»Ja vielleicht«, stimmte Carla ihnen zu. »Und ich fürchte, wir erleben nun den nächsten Akt.«

Kaum hatte sie diesen Satz ausgesprochen, war Commissaire Mireaux an ihren Tisch getreten. Carla hatte ihn kommen sehen. Er trug ein Tablett mit vier Gläsern Rotwein und begrüßte sie laut und überschäumend.

»Ah, voilà! Mesdames! Monsieur!«

Den Rest übersetzte Maurice. Er und sein Kollege machten jetzt ebenfalls eine kleine Mittagspause und hätten glücklicherweise auch die deutschen Kollegen dazu überreden können. Schließlich hätten diese eine lange Fahrt und schwere Herausforderungen auf einem Parkplatz hinter sich. An dieser Stelle zwinkerte Mireaux mit seinem rechten Auge Carla zu. Die Frauen hätten ihnen allen sehr imponiert. Natürlich hatte er die Geschichte sofort den Kollegen per Telefon erzählt und die ganze Polizeistation hätte ihren Spaß gehabt. Das sei echtes Sozialverhalten: Leid und Freude miteinander zu teilen. Wieder zwinkerte er. Und jetzt wolle er mit ihnen anstoßen und ihnen eine gute Weiterreise wünschen.

Und so geschah es. Der Wein schmeckte hervorragend. Sie lobten ihn über alle Maßen. Das sei französische Lebensart, Mesdames. Dieser Wein sei übrigens nur ein ganz leichter Tropfen und hebe die Aufmerksamkeit. Dann griff er in seine Uniformtasche, zog eine Visitenkarte heraus und gab sie Carla, wieder mit einem Augenzwinkern.

»Et Madame«, Maurice übersetzte. »Dort steht meine Email-Adresse. Darf ich Sie bitten, mir die Bilder mit dem Kronleuchter zuzusenden? Sozusagen als Erinnerung?«

Während Johanna und Carla sich leicht irritiert ansahen, hörten sie nur noch ein lautes: »Au revoir. Bon voyage!«

Kapitel 18

»Was hat die Polizei denn hier gewollt?«

Florence schaute fragend zuerst auf die Rotweingläser und dann auf ihren Bruder, der sich jedoch zu keiner Antwort bemüßigt fühlte und nur vor sich hin schmunzelte. Er hatte eine Entscheidung getroffen und die Erleichterung fühlte sich gut an. Großartig sogar. Er würde auf gar keinen Fall mit Florence weiterfahren. Warum auch? Angst versus Entspannung, Spaß und Gemütlichkeit. Wer seine sieben Sinne beisammen hatte, konnte sich doch kaum anders entscheiden.

Carla, die immer noch ein wenig eigensinnig gestimmt war, antwortete für ihn:

»Wir haben unterwegs Kontakte zur französischen Polizei geknüpft. Johanna und ich sind zum ersten Mal in Frankreich, da kann das doch sicherlich nicht schaden. Man weiß schließlich nie, was noch auf einen zukommt.«

Betont langsam spießte eine schwarze Olive auf ihre Gabel und steckte sie in den Mund.

»Wirklich sehr gut. Johanna, hast du diese schon probiert?«

Florence war es nicht gewohnt, dass man ihr Informationen vorenthielt. Aber das konnte sie auch. Während sie mit einem betretenen Lächeln eine Tomate auf ihrem Teller in Achtelteile schnitt und mit Pfeffer und Salz würzte, um sich anschließend eines dieser winzigen Stücke in den Mund zu stecken, dachte sie angestrengt nach. Dann, in aller Ruhe, aber mit kometenhafter Geschwindigkeit bombardierte sie ihren Bruder mit einem Schwall französischer Sätze, so dass sie sicher sein konnte, dass die Frauen bestenfalls einige Bruchstücke verstehen würden. Dann registrierte sie mit großer Genugtuung, dass Johanna und Carla tatsächlich der französischen Sprache nicht mächtig waren, und konnte einen spöttischen Zug um ihren Mund nicht zurückhalten.

Carla wunderte sich nicht über Florence‘ Empfindlichkeit. Sie gewann eher den Eindruck, von ihr noch einiges bezüglich Verteidigungsstrategien lernen zu können. Der französische Redeschwall hatte sie stark beeindruckt. Zum einen fand sie die Idee gelungen und zum anderen war sie überwältigt von der Tatsache, wie es rein physisch möglich war, so schnell zu sprechen. Unglaublich. Als sie zu einer Bemerkung ansetzte, sah sie, dass Maurice blass geworden war. Er legte sein Besteck beiseite und schaute Johanna und Carla ernst und ein wenig traurig an.

»Florence hat eben erfahren, dass unsere Tante Bernie in Avignon wahrscheinlich einen Schlaganfall erlitten hat.«

»Das ist ja ganz furchtbar.« Johanna legte eine Hand auf Maurice‘ Arm.

»Ist sie jetzt in einem Krankenhaus?«

»Ja. Sie liegt in Avignon im Krankenhaus. Dort macht man jetzt alle notwendigen Tests und Untersuchungen. Sie ist meine Patentante. Ich kann mich gar nicht erinnern, dass sie jemals krank war.«

»Wie alt ist Ihre Tante denn?«, wollte Carla wissen.

»Sie ist jetzt Anfang 70, aber das ist doch kein Alter.«

»Wer ist jetzt bei ihr?« Als Krankenschwester stellte Johanna die entscheidenden Fragen.

»Eine Nachbarin hat sie gefunden und einen Krankenwagen alarmiert. Danach hat sie meinen Bruder informiert, der sofort hinfuhr und alles Nötige in die Wege geleitet hat.«

»Das ist gut, Maurice. Dann ist sie erst einmal medizinisch in guten Händen und Ihr Bruder wird darauf achten, dass sie nicht alleine ist. Das ist jetzt die Hauptsache. Mehr kann in diesem Stadium nicht getan werden. Und schon in einigen Stunden können Sie selber nach ihr sehen.«

Johannas Worte taten Maurice sehr gut. Sie hatte Recht, bis heute Abend musste man erst einmal abwarten und sehen, welche Ergebnisse die Untersuchungen bringen würden.

»Ich danke Ihnen, Johanna. Äh. Und ich bewundere Sie dafür, dass Sie immer die Worte für Ihr Gegenüber finden, Worte, die ihm guttun. Die mir guttun.«

»Das geht mir genauso«, sagte Carla und nahm Johanna in den Arm.

»Nun übertreibt es mal nicht mit eurer Lobhudelei.« Lächelnd befreite sie sich aus der Umklammerung. »Und jetzt sollten wir uns alle gut stärken. Schließlich haben wir noch so einige Kilometer vor uns.«

Florence schämte sich. Sie hatte so viel Anteilnahme und Mitgefühl bei den Frauen gespürt, dass ihr schmerzlich ins Bewusstsein drang, wie kalt und geschäftsmäßig sie selber ihren Bruder über Tante Bernies Zustand informiert hatte. Und das, obwohl sie genau wusste, wie sehr er an ihr hing. Während die anderen mit Appetit aßen, stocherte sie nur in ihrem Salat herum. Die beiden kannten Maurice erst seit gestern und Tante Bernie überhaupt nicht und schienen mehr für sie zu empfinden als sie selbst. Sie war kleinlich und stolz gewesen. Und vielleicht auch eifersüchtig. Dabei war sie es selbst gewesen, die ihr eigenes Versprechen nicht gehalten hatte. Sie kannte Maurice' Ängste beim Autofahren und hatte sich bewusst darüber hinweggesetzt. Ein selbstsüchtiges, egoistisches Verhalten. Während dieser selbstkritischen Gedanken weckte irgendetwas ihre Aufmerksamkeit. Hatte sie nicht ihren Namen gehört? Sie blickte auf. Johanna schaute sie fragend an.

»Bitte entschuldigen Sie, Johanna, ich war total in Gedanken.«

»Das verstehe ich gut. Sie sollten nachher sehr umsichtig fahren, Florence. Meinen Sie, dass Sie die Fahrt alleine schaffen?«

Carla glaubte, sich verhört zu haben, und trank den Rest ihres Rotweines in einem Schluck. Doch bevor sie irgendeine schnippische Antwort geben konnte, spürte sie schon Johannas besänftigende Hand auf ihrem Arm.

»Ich kann nicht erwarten, dass Maurice mit mir weiterfährt. Er hat gestern viel gelitten. Und es war nicht fair von mir, denn ich hatte ihm eine andere Fahrweise versprochen. Es tut mir leid, Maurice.«

Mit einer kleinen Handbewegung hielt sie ihn davon ab, ihr zu antworten.

»Ich habe mich sehr egoistisch verhalten. Auch Ihnen beiden gegenüber. Deswegen möchte ich mich bei Ihnen entschuldigen und mich bedanken, dass Sie ihn mitgenommen haben.«

»Das brauchen Sie nicht, Florence. Erstens hat Ihr Bruder das bereits in einem mehr als ausreichenden Maße getan und zweitens bin ich sehr glücklich darüber, dass wir ihn getroffen haben. Und ich glaube, da spreche ich auch für meine Freundin, denn wir haben seit gestern doch sehr viel Schönes und Spannendes zusammen erlebt.«

Nach diesen Andeutungen schaute Florence etwas verwirrt in die Runde. »Aber dennoch würde ich es gerne wiedergutmachen,« insistierte Florence.

»Dann besuchen Sie uns doch irgendwann einmal in Münster«, schlug Johanna erfreut vor. »Wie Maurice erzählte, wohnen Sie in Düsseldorf. Das ist doch gar nicht so weit von uns entfernt.«

»Und bringen uns dann eine leckere Flasche Wein aus Mâcon mit«, ergänzte Carla, die noch keine Wiedergutmachung erkennen konnte. Dennoch schenkte auch sie Florence endlich ein ehrliches Lächeln.

»Sie beschämen mich. Aber ich danke Ihnen aufrichtig für diese Einladung und nehme sie wirklich gerne an.« Florence Lächeln konnte ebenso charmant sein wie das ihres Bruders. Dann wandte sie sich an ihn.

»Ich möchte dich keinesfalls bedrängen oder überreden, Maurice. Aber wenn du dich entschließen solltest, mit mir weiter zu fahren, um wahrscheinlich etwas schneller bei Tante Bernie zu sein, werde ich sehr angemessen fahren. Versprochen!« Sie lächelte ihren Bruder an. »Und dieses Mal werde ich mein Versprechen halten.«

Maurice spürte eine große Erleichterung. Er hatte sich mit der Frage gequält, wie er sich entscheiden sollte. Auf direktem Wege und schnell zu Tante Bernie zu kommen, um dann aber selber kurz vor einem Herzinfarkt zu stehen, oder entspannt und in angenehmer Gesellschaft zu fahren, es aber vielleicht nicht mehr rechtzeitig nach Avignon zu schaffen. Dankbar schaute er Johanna an. Wieder einmal war sie es gewesen, die seinen Konflikt erahnt und in ihrer einfühlsamen und einzigartigen Art alles in Wohlgefallen aufgelöst hatte.

»Ich würde es mir niemals verzeihen, wenn ich nicht rechtzeitig bei meiner Tante wäre. Daher werde ich jetzt mit Florence weiterfahren. Was leider zur Folge hat, auf Ihre Gesellschaft verzichten zu müssen.«

Maurice lächelte traurig. »Ich hoffe jedoch, Ihre Einladung, nach Münster zu kommen, gilt auch für mich.«

Johanna und Carla stutzen, soweit hatten sie noch gar nicht gedacht. Zu sehr fühlten sie sich vom Verlauf der Ereignisse überrumpelt.

»Aber natürlich müssen Sie uns in Münster besuchen. Damit rechnen wir ganz fest,« riefen sie wie aus einem Mund. »Und Sie dürfen uns auch nicht allzu lange warten lassen.«

»Allerdings müsste ich meinen Besuch an eine Bedingung knüpfen,« schob Maurice nach und blickte in zwei Paar ziemlich überraschte Augenpaare. Und mit großer Freude kostete er diesen Augenblick so lange wie möglich aus, bis er erklärte:

»Ich wünsche mir dann auch eine Stadtführung der besonderen Art.«

Kapitel 19

Es wurde immer wärmer. Johanna und Carla hatten kurz darüber nachgedacht, offen zu fahren, diese Idee aber schnell wieder verworfen, weil sie dann nicht schnell genug voran kamen. Die Episode mit der französischen Polizei und dem deutschen Zoll hatte sie einige Zeit gekostet und es lagen schließlich noch etliche Stunden Fahrt vor ihnen. Außerdem konnte man ja nie wissen, was noch geschah. So hatten sie vereinbart, erst auf den letzten Kilometern über Land die Möglichkeiten des Cabrios auszuschöpfen.

Johanna saß am Steuer. Carla hatte die Schuhe ausgezogen und ihre Füße wieder auf das Armaturenbrett gelegt. Beide schwiegen und ein Hauch Wehmut lag in der Luft. Der Abschied von Maurice war sehr herzlich und auch ein wenig schmerzlich gewesen. Er hatte versprochen, den Frauen mitzuteilen, wie es um Tante Bernies Gesundheitszustand stand, sobald alle Untersuchungsergebnisse vorlagen. Dann hatten sie nur noch beobachten können, wie der rote BMW verhältnismäßig langsam zum Ende des Rastplatzes gerollt und auf der Autobahn verschwunden war. Jetzt, wo sie wieder alleine im Auto saßen, kam ihnen das Ganze total surrealistisch vor. Gestern erst hatten sie einen fremden Tramper mitgenommen und heute winkten sie ihm schon gedankenschwer nach. Was spielte das Leben manchmal für ein Spiel? Oder war es gar kein Spiel?

Die Melodie von Chopin brach in ihre Gedankenwelt ein. Carla nahm Johannas Handy von der Konsole und schaute auf das Display.

»Es ist Benedikt. Soll ich drangehen?«

Johanna nickte.

»Hallo Benne, hier ist Carla. Ist alles klar bei Euch?«

Eine ganze Weile hörte sie schweigend zu und Johanna wunderte sich, dass ihr Mann so viel zu erzählen hatte. Es wäre typischer für ihn gewesen, wenn er sich eingehend nach ihrer Fahrt erkundigt hätte.

»Heute in den Lokalnachrichten?«

»Ach!«

»Von einem amerikanischen Künstler. Man könnte ja meinen, Münster sei eine Weltmetropole.«

»Hm.«

»Hier bei uns? Na, dann halte dich jetzt mal fest, Benne.«

»Nein, nein, uns geht es gut. Mach dir keine Sorgen. Aber deine Frau wurde verdächtigt, diese Skulptur gestohlen zu haben.«

»Ich nehme dich nicht auf den Arm. Hör zu! Ich erzähle dir die Kurzversion. Du weißt doch, dass Johanna am Mittwochabend im Dom war. Ihr Auto wurde zur Tatzeit gesehen, als sie danach am Landesmuseum vorbeifuhr. Und da der Mini sehr unauffällig ist, wurde der Halter auch schnell ermittelt.« Sie kicherte.

»Da gebe ich dir völlig Recht, Benne. Ja, und dann hat die Polizei irgendwie bei euch in der Praxis erfahren, dass wir nach Frankreich abgehauen sind.«

Genüsslich kreiste Carla ihren rechten Fuß.

»Man hat uns nicht verraten, wie sie sich diese Information erschlichen haben. Vielleicht haben sie sich auch eine Handynummer erfragt und uns orten lassen. Auf jeden Fall sind sie uns nach Frankreich gefolgt und haben uns heute Mittag kurz hinter Mâcon erwischt und auf einen Parkplatz gelotst.«

»Ja, das finde ich auch. Wir wurden richtig in die Zange genommen. Ein französischer Polizeiwagen winkte uns raus und ein deutsches Auto vom Zoll blieb hinter uns.«

Jetzt dehnte Carla ihren Fuß nach vorne und hinten.

»Doch, sie waren sehr höflich, aber auch streng. Wir mussten ihnen ...«

In diesem Augenblick bekam Carla einen Stoß in die Rippen.

»Wir mussten ihnen den Kofferraum öffnen«, säuselte sie in das Telefon, einen verschmitzten Blick zu Johanna werfend. Carla lachte.

»Das blieb uns Gottseidank erspart, aber ich hatte schon damit gerechnet. Nein, sie hatten es auf das Paket auf dem Rücksitz abgesehen und nicht auf unser Gepäck.«

»Ja, genau. Die Größe passte wohl perfekt.«

»Natürlich nicht. Da hast du deine Frau richtig eingeschätzt. Sie hat ihr Werk mit Zähnen und Klauen verteidigt.«

Einen Moment war es still, und Johanna konnte sich Benedikts Lachen am anderen Ende des Telefons gut vorstellen.

»Irgendwann musste sie sich geschlagen geben. Und es war so köstlich, ihre Gesichter zu sehen, als der Karton von der Küchenmaschine sichtbar wurde.«

»Stimmt. Und dann wurde der Kronleuchter rausgezogen. Ich hätte mir in die Hose machen können vor Lachen.«

»Aber Benne, selbstverständlich haben wir nicht laut losgeprustet. Du kennst uns doch « Carla tat beleidigt.

»Was soll das denn heißen, eben deswegen.«

»Ja, ist gut Benne. Ich sag es ihr. Wir sind jetzt in Höhe von Lyon und brauchen wohl noch zwei Stunden bis Orange. Alles wird jetzt etwas später. Aber was soll's. Ein bisschen Spaß muss sein. Ciao Benne und grüß alle von uns.«

Carla nahm ihre Füße wieder herunter und lachte. Neben ihr tauchte ein dunkelblauer Rover auf. Ein blondes Mädchen auf dem Rücksitz streckte ihr die Zunge heraus. Carla winkte ihr gutgelaunt zu und begann dann zu berichten.

»Benne ist mit den Kindern, stell dir vor, mit allen! zu deinen Eltern gefahren. Sie wollen bis Sonntag oder Montag auf dem Hof bleiben. Die Stimmung ist gut, sie vermissen nichts.«

»Niemanden meinst du wohl. Sehr taktvoll von dir.«

Carla grinste.

»Heute Morgen wurde in den Lokalnachrichten vom Diebstahl einer sehr wertvollen Skulptur berichtet. Hast du letztens nicht den Bericht gelesen, dass Münster so stolz darauf ist, eine internationale Ausstellung ins Landesmuseum zu holen? Der Künstler heißt D. C. Brown. Ich habe noch nie etwas von ihm gehört, du?«

»Von der Ankündigung habe ich auch gelesen, aber der Künstler sagte mir auch nichts. Es sollen sehr moderne Bilder und Skulpturen sein. Benedikt kannte ihn.«

»Warum der Transporter einen Augenblick unbeaufsichtigt war, wurde in den Nachrichten nicht gesagt. Ich könnte mir vorstellen, dass der Mann irgendwie abgelenkt wurde. Fakt ist jedenfalls, dass es einen Riesenwirbel gegeben hat. Das kann man sich ja auch vorstellen.«

»Die Sachen werden hoffentlich gut versichert sein.«

»Das schon. Aber es ist natürlich ein riesiger Imageverlust für Münster. Man hofft, dass die Skulptur wieder gefunden wird. Die ganze Maschinerie ist jetzt angelaufen.«

»Was wir durchaus bestätigen können.«

»Jetzt dürfen absolut keine Fehler mehr gemacht werden, haben sie wohl im Radio gesagt. Meinst du, wir sind verpflichtet, die Fotos vom Kronleuchterfund dem Sender zu schicken, um den Fleiß und die Zusammenarbeit der deutschen und französischen Behörden zu dokumentieren?«

Kapitel 20

Sie hatten Lyon hinter sich gelassen und fuhren entlang der Rhône. Der Verkehr hatte hier trotz des Feiertages stark zugenommen, Lyon war eben eine Großstadt. Weil die Rhône eine starke Biegung machte, überquerten sie den Fluss zweimal kurz hintereinander. Sie ließen sich mit dem Strom treiben und kamen gut voran. Bald wurde der Verkehr auch wieder gemäßigter und die Landschaft grüner. Johanna schaute auf die Uhr. Es war kurz vor Vier. Wenn nichts Wesentliches mehr geschähe, hielt sich ihre Zeitverzögerung in Grenzen. Und Isabelle wusste ja auch Bescheid. Sie hatten ihr, bevor sie losfuhren, noch schnell eine sms geschickt. In Höhe Orange wollten sie sich bei ihr noch einmal melden.

»Ich schätze, wir sind so gegen 18 Uhr in Orange. Was meinst du?«

Carla schaute auf Charly und nickte.

»Das dürfte in etwa hinkommen. Von mir aus brauchen wir auch keine größere Rast mehr zu machen, ein kurzer Pullerstopp nachher reicht.«

»Das sehe ich auch so.«

»Und dann ist es soweit und wir lernen endlich den berühmten Professor kennen.«

»Nun übertreib mal nicht. Von berühmt hat Isabelle nie gesprochen.«

»Ach nein? Das kommt dann bestimmt noch.«

Beide lachten.

»Ich bin gespannt wie'n Flitzebogen, wen Isabelle sich da geangelt hat.«

»Nach ihren Schilderungen war er doch derjenige, der sich ziemlich ins Zeug legen musste, um sie rumzukriegen.«

»Wohl wahr, wohl wahr. Isabelle muss eine harte Nuss für ihn gewesen sein.«

»Das ist ja auch kein Wunder nach alldem, was sie durchgemacht hat.«

Johanna setzte zum Überholen an. Sie musste daran denken, wie fröhlich Isabelle in den vergangenen Monaten gewesen war.

»Ja, sie hat eine schwere Zeit hinter sich. Ich kann bis heute nicht glauben, dass Marc nach zehn glücklichen Ehejahren einfach so verschwunden ist.«

»Vielleicht waren sie doch nicht so glücklich?« Carla zog auch diese Tatsache in Erwägung.

»Na hör mal! Das hätten wir doch wohl gemerkt, zumindest ab und zu mal.«

»Das stimmt wohl. Außerdem hat Isabelle auch nie etwas anderes behauptet. Wirklich schade, dass sie ihren Kinderwunsch nicht verwirklichen konnten.«

»Vielleicht.«

»Was ist los, Johanna? Bist du da anderer Ansicht?«

»Dann stünde Isabelle jetzt allein mit einem relativ kleinen Kind da.«

»Ja und! Ich habe Corinna doch auch alleine großgezogen.«

»Du warst in einer völlig anderen Situation. Manfred wohnte wie du in Münster, seine ganze Familie ebenfalls. Und alle haben sich immer um Corinna gekümmert. Und finanziell gesorgt haben sie auch für das Kind.«

»Das ist richtig.«

»Isabelle hätte aber nur uns gehabt. Ihre Eltern leben in Frankreich und ihr Bruder in München. Wir wissen doch beide, wie wichtig die Familie ist, wenn es um die Kinder geht. Meistens kann man sich nur auf sie verlassen, wenn man den ganzen Alltag organisieren muss.«

»Aber wir hätten es gemeinsam schon irgendwie hingekriegt.«

»Auf jeden Fall hätten wir das. Aber Isabelle ist auch ein völlig anderer Typ als wir. Nach außen hin ist sie die selbstsichere und moderne Frau, selbstständig und berufstätig, die fest auf eigenen Beinen steht. Aber wir wissen doch beide, dass es in ihrem Inneren ganz anders aussieht.«

Johanna sah ihre Freundin vor sich mit ihren langen glatten Haaren, die sie meist zu einem Zopf zusammengebunden hielt. Isabelle hatte die dunklen Haare und Augen von ihrer Mutter geerbt, jedoch die helle Haut von ihrem Vater. Auch ihre Körperlänge von 1,78 hatte sie ihrem Vater zu verdanken. Ähnlich wie Florence, musste Johanna gerade feststellen, wirkte auch Isabelle stets wie aus dem Ei gepellt, klassisch und elegant. Sie hatte einen totsicheren Geschmack und war eher der Werbebranche als einem Gymnasium zuzuordnen.

»Sie hätte es wesentlich leichter im Leben, wenn sie nicht so viel grübeln würde.«

»Keiner kann seiner Haut entfliehen. Isabelle ist sehr unsicher, und wenn es Probleme gibt, sucht sie die Schuld immer zuerst bei sich selber.«

»In den letzten Jahren hat sie sich aber verändert.«

»Ja, das stimmt. Marc hat ihr sehr viel Halt gegeben und sie in allem, was sie tat, nach Kräften unterstützt. Dadurch ist sie selbstbewusster geworden.«

»Und dann verschwindet er einfach so von der Bildfläche.«

»Ganz richtig. Und Isabelle gibt sich die Schuld dafür.«

»Wenn sie ein Kind hätten, könnte sie zumindest diesen Punkt aus ihrem Schuldgefühl streichen.«

»Das stimmt schon«, pflichtete ihr Johanna bei, »aber ein Kind sollte in einer emotional unbelasteten Atmosphäre aufwachsen.«

»Für Corinna war es damals auch nicht immer leicht gewesen.«

»Aber du und Manfred, ihr hattet euer Verhältnis geklärt. Marc jedoch ist einfach verschwunden, einfach so, kommentarlos, spurlos, rücksichtslos.«

»Rücksichtslos! Das ist genau das richtige Wort. Es sind fast zwei Jahre her.«

Beide Frauen erinnerten sich noch genau an Isabelles Schilderungen von dem Tag, an dem es geschah. Es war der letzte Schultag vor den Sommerferien gewesen. Isabelle und Marc hatten beide am Geschwister-Scholl-Gymnasium in Münster unterrichtet. Marc die Fächer Sport und Englisch und Isabelle Französisch, Geschichte und Mathematik. An jenem Morgen waren sie nicht gemeinsam zur Schule gefahren, denn Marcs Unterricht hatte eine Stunde später begonnen. So hatten sie sich in der Früh verabschiedet und sich für den Nachmittag in der Stadt verabredet, wo Isabelle noch einige Dinge erledigen wollte. Sie hatten sich bei *Kalli's*, ihrem Lieblingsbistrot, treffen wollen, um mit einem Glas Champagner den Ferienbeginn angemessen einzuläuten. Dies war seit Jahren ein festes Ritual gewesen, sofern sie nicht am selben Tag in den Urlaub gestartet waren. In diesem Jahr war zwei Wochen später eine Reise nach Südfrankreich geplant. Isabelle hatte dort ihre Eltern besuchen wollen, während Marc sich noch zu einem Segeltörn mit Freunden verabredet hatte. Bis dahin blieben ihnen noch zwei volle Wochen, die sie miteinander genießen wollten, denn die letzten 14 Tage in der Schule waren für beide sehr anstrengend gewesen. Isabelle hatte noch dreißig Klausuren korrigieren müssen und Marc war viele zusätzliche Stunden in der Schule geblieben, weil ein Computerprogramm nicht funktionierte und er einem Kollegen bei der Lösung dieses Problems geholfen hatte.

Um 14 Uhr hatte Isabelle wie vereinbart bei *Kalli's* gesessen und gewartet. Beim Genuss eines anregenden Espressos hatte sie begonnen, eine Liste mit den Dingen zu erstellen, die sie in den nächsten beiden Wochen gerne noch abhaken wollte. Aufgrund der Entfernung sah sie ihre Eltern nur selten, daher gab sie sich immer besondere Mühe, nichts zu vergessen. Eine halbe Stunde später hatte sie sich ein Mineralwasser bestellt und nach 45 Minuten ihr Handy genommen, um Marc anzurufen. Aber sie hatte nur die Mailbox erreicht, auf der sie eine kurze Nachricht hinterlassen hatte. Langsam, aber unaufhaltsam waren nun Befürchtungen in ihr hochgekrochen, es könne etwas geschehen sein. Denn ein solches Verhalten hatte sie von ihrem Mann nicht gekannt. Er war immer überaus zuverlässig gewesen und hatte die Pünktlichkeit wie sie selber sehr geschätzt. Eine Viertelstunde später hatte sie es erneut versucht, wiederum vergebens. So hatte sie sich entschlossen, Marcs Kollegen Rainer anzurufen, mit dem sie gut befreundet waren. Vielleicht waren sie ja in der Schule aufgehalten worden? Sie hatte Rainer im Auto erwischt, auf dem Weg nach Holland. Er und seine Frau Eva liebten das Ijsselmeer und verbrachten mindestens jeden Sommer dort zum Surfen und Segeln. Von Rainer hatte Isabelle erfahren, dass sich die Männer schon um 11.30 Uhr verabschiedet und sich schöne Ferien gewünscht hatten. Viel mehr hatte er nicht sagen können. Marc musste die Schule danach sofort verlassen haben, denn Rainer hatte ihn schon über den Schulhof zum Parkplatz gehen sehen, während er selber noch seine Tasche gepackt hatte. Isabelle hatte schweigend zugehört. Dann war die Leitung abgebrochen. Wenige Minuten später hatte Rainer noch einmal zurückgerufen, um sich ordentlich zu verabschieden. Isabelle hatte sich bei ihm bedankt und beschlossen, zur Schule fahren. Vielleicht hatte Marc ja noch etwas vergessen?

Doch vorher hatte sie noch schnell ihre Festnetznummer zu Hause angewählt. Aber auch dort hatte sich nur der Anrufbeantworter eingeschaltet. Ohne ein Wort zu sagen, hatte sie ihn bis zum Schluss laufenlassen. Dann war sie losgefahren. Nur wenige Autos hatten auf dem Parkplatz gestanden. Marcs alten Opel hatte sie sofort entdeckt, da er immer noch an derselben Stelle wie morgens geparkt war. Auf dem Beifahrersitz hatte seine Jacke gelegen. Isabelle hatte ihren Ersatzschlüssel vom Schlüsselbund genommen, aufgeschlossen und die Jacke durchsucht. In der rechten Innentasche hatte sie sein Handy gefunden. Seltsam. Instinktiv hatte sie es eingesteckt, um sich dann auf den Weg ins Schulgebäude zu machen. Inzwischen war es zehn vor vier gewesen. Glücklicherweise hatte sie Herrn Schramm, den Hausmeister, auf dem Schulhof getroffen. Gemeinsam waren sie durch alle Klassenräume gelaufen, die beiden Lehrerzimmer, den Computerraum und die Waschräume. Ohne Erfolg. Noch einmal hatte sie versucht, Marc telefonisch zu erreichen, wieder vergebens. So war sie nach Hause gefahren und hatte die gesamte Wohnung durchsucht. Jeden Raum und jeden Schrank. Aber alles war wie immer gewesen, so wie am Morgen, als sie die Wohnung verlassen hatte.

Bis zu diesem Zeitpunkt war Isabelle noch völlig ruhig und konzentriert gewesen. Gefasst hatte sie sich hingesetzt und ihre Freundinnen angerufen. Carla war noch im Salon und ein wenig unter Zeitdruck gewesen, hatte aber versprochen, so schnell wie möglich zu ihr zu kommen. Johanna hatte weniger bestürzt oder beunruhigt gewirkt als aufmerksam und irgendwie alarmiert. Eine halbe Stunde später kam sie zu Isabelle gefahren, wo sie ihre Freundin nun völlig aufgelöst vorgefunden hatte.

Johanna hatte die halbvolle Grappaflasche aus dem Kühlschrank genommen, die sie alle am Wochenende angebrochen hatten, und zwei Gläser gefüllt. Nach zwei Schnäpsen, sie selber trank nur den ersten mit, hatte Isabelle sich ein wenig beruhigt und war in der Lage gewesen, ihr den Tagesablauf detailliert zu schildern. Danach hatte Johanna Marcs Handy genommen, während Isabelle sie erschrocken angeschaut hatte. *Vielleicht finden wir etwas*, hatte Johanna lapidar gemeint, und gemeinsam hatten sie alle Nummern, Anrufe und Nachrichten durchgesehen. Isabelle hatte sich dabei zusehends unwohler gefühlt. Noch nie war sie so weit in Marcs persönlichen Bereich vorgedrungen. D*ieses ist eine Ausnahmesituation*, hatte sie sich tapfer eingeredet und Johanna walten lassen. Allerdings hatte ihre Freundin nichts Ungewöhnliches finden können. Keine unbekannte Nummer oder eine, die ständig wieder auftauchte. Keine seltsame Nachricht. Kein aufschlussreiches Foto. Nichts. Später war Carla hinzugekommen und alles wurde noch einmal haarklein durchgegangen.

Es muss etwas passiert sein! Es muss einfach etwas passiert sein! Johanna und Carla war nicht entgangen, dass ihre Freundin langsam begonnen hatte, hysterisch zu werden., so dass auch Carla ihre Hand zur Grappaflasche gestreckt hatte. Doch Johannas Blick und ein leichtes Kopfschütteln hatten sie davon abgehalten, erneut einzuschenken. Stattdessen hatte Carla Isabelle in den Arm genommen, während Johanna im Bad verschwunden war. Von dort aus hatte sie Benedikt angerufen und ihn gebeten, möglichst rasch mit seiner Ausrüstung vorbeizukommen.

Abends hatte Carla die Polizei angerufen, um zu erfahren, dass sie frühestens am nächsten Tag eine Vermisstenanzeige aufgeben konnten. *Sie sollten erst einmal in Ruhe abwarten, es würde sich sicherlich alles klären.* Das hatte ihnen nicht wirklich weitergeholfen.

Inzwischen war auch Benedikt zu ihnen gestoßen. Er hatte Isabelle ein Beruhigungsmittel gegeben und angeboten, alle Krankenhäuser Münsters anzurufen. Als Arzt würde er sicherlich Auskunft über mögliche Unfälle und sonstige Einlieferungen erhalten. Und so war es auch gewesen. Doch es hatte keine Einweisung unter dem Namen Marc van Delden oder eines Mannes seines Aussehens gegeben. Also Fehlanzeige!

Am nächsten Tag hatte alles seinen offiziellen Lauf genommen. Die Polizei war eingeschaltet, Marcs Auto und Handy untersucht und ihre Wohnung unter die Lupe genommen worden. Die Lehrerkollegen waren nicht befragt worden, weil man sie in den Ferien vermutet hatte. Ob das ansonsten geschehen wäre, daran hatten zumindest Johanna und Carla nicht glauben wollen. Lediglich Rainer wurde in Holland angerufen. *Ob Geld fehlen würde*, fragte die Polizei. Daraufhin war Isabelle die Kontoauszüge des letzten Jahres durchgegangen, hatte aber auch dort nichts Auffälliges feststellen können. Der Alptraum hatte Anlauf genommen. Sie hatte an eine Entführung gedacht. Noch Schlimmeres mochte sie sich nicht vorstellen.

Täglich werden in Deutschland zwischen 150 und 250 Personen als vermisst gemeldet. 50 % dieser Vermisstenfälle erledigen sich innerhalb einer Woche, 80 % binnen eines Monats, 97 % innerhalb eines Jahres.

»Nur 3 % der vermissten Personen bleiben länger als ein Jahr fern.« Ein Beamter hatte Isabelle die in seinen Augen hoffnungsvollen Fakten genannt und sie hatte sofort begriffen und schweren Herzens akzeptieren müssen, dass damit die offizielle Suche zuerst einmal abgeschlossen war. Die nächsten drei Wochen waren für sie die Hölle gewesen. Wie im Nebel war sie durch die Tage gelaufen, nach jedem Strohhalm greifend. Sie hatte sämtliche nahen und ferneren Freunde und Bekannte angerufen und überall im Haus und im Auto nach hilfreichen Spuren gesucht. Es war eine deprimierende und überaus demütigende Initiative gewesen. Aber vor allem erfolglos. Kein einziger Hinweis hatte sich finden lassen, so dass die Freundinnen sie zu weiteren Schritte gedrängt hatten. Als erstes hatte sie ein neues Türschloss einbauen lassen, um sich vor eventuellen Überraschungen zu schützen. Das war ein sehr schwerer Schritt für sie gewesen, denn damit hatte sie das Gefühl, einen endgültigen Schnitt zwischen sich und Marc zu ziehen. Und so weit war sie noch lange nicht gewesen. Dennoch sollte ihre Wohnung ein sicherer Hort für sie bleiben. Dieses Argument der Freundinnen hatte Isabelle nicht entkräften können. Einen Ersatzschlüssel hatte sie dann Johanna gegeben, für alle Fälle. Wenige Tage später hatten Johanna und Carla sie zum Bahnhof gebracht, denn sie hatte die restlichen Ferien bei ihren Eltern verbringen wollen, bevor sie in ihrer Wohnung völlig den Verstand verlieren würde. Die Freundinnen hatten diesen Wunsch nachvollziehen können und auch unterstützt. Und nach den Ferien würden sie weitersehen.

»Du glaubst also immer noch nicht daran, dass Marc etwas passiert sein könnte?« Carla nahm ihre Sonnenbrille ab und sah Johanna von der Seite an.

»Das habe ich nie geglaubt.«

»Warum eigentlich nicht? Ich erinnere mich noch, dass du immer diejenige warst, die sich sehr zurückhielt, wenn das Thema auf ein mögliches Verbrechen kam.«

»Hm«, bestätigte Johanna wortlos.

»Gibt es da vielleicht etwas, das du uns bisher verschwiegen hast?«

Nach einer kurzen Pause sagte Johanna: »Ja, es gibt da etwas.«

Gespanntes Schweigen breitete sich aus. Johanna wusste nicht, wie sie beginnen sollte. Zu lange hatte sie diese Episode für sich behalten. Zu lange hatte sie selber nach einer Erklärung gesucht, die passte und schlüssig war. Allerdings vergebens.

»Zwei Tage, bevor Marc verschwand«, begann sie langsam, »hatte ich einen seltsamen Traum. Ich sah bei einem Autorennen zu. Es war kein Profirennen der Formel 1 oder so etwas ähnliches, sondern ein Rennen für Privatleute auf irgendeiner Rennstrecke, die dafür freigegeben war. Zwei Autos fuhren an der Spitze und rangen um den ersten Platz: ein dunkelroter Sportwagen und ein anderer Wagen, an dessen Aussehen ich mich nicht erinnern kann. In diesem dunkelroten Sportwagen saß Marc.«

»Was, Marc? Das passt doch gar nicht. Der liebte doch seinen uralten Opel über alles.«

»Ja genau. Und deswegen bekomme ich es ja auch nicht zusammen.«

»Jetzt verstehe ich auch, warum du ein Verbrechen immer ausgeschlossen hast. Du warst dir stets sicher, dass er sich einfach so vom Acker gemacht hat. Warum hast du uns nie etwas von dem Traum erzählt?«

Johanna stellte die Klimaanlage etwas niedriger und antwortete dann sehr überzeugt: »Mein Gefühl in diesem Traum, dass Marc lebt, war unmissverständlich klar. Aber es war halt nur ein Gefühl in einem Traum. Ziemlich vage, findest du nicht? Und Isabelle davon zu erzählen, hätte überhaupt nichts geändert, sondern die Situation für sie nur verschlimmert.«

Kapitel 21

Sie hatten Montélimar bereits hinter sich gelassen. Die nächste größere Stadt war schon Orange. Seit Lyon waren sie parallel zur Rhône gefahren, hatten aber nur wenige Male einen Blick auf den Fluss erhaschen können, da die Entfernung noch zu groß war. Nun wurde die Landschaft bebauter. Die Vorfreude der beiden wuchs. Sie freuten sich auf Isabelle, ihren gemeinsamen Urlaub und natürlich auf den Mann, der ihre Freundin im Augenblick so glücklich machte: Antoine. Antoine Chevallier. Mit seiner Hilfe war es Isabelle gelungen, ihre letzten Zweifel abzulegen. Es war eine harte Zeit für sie gewesen, in der sie immer wieder hin- und her geschleudert worden war zwischen ihrer Angst um Marc, es könnte ihm etwas Furchtbares geschehen sein, und den Selbstvorwürfen, ihn nicht genug verstanden und dadurch zu einer Flucht, wie sie es manchmal formulierte, getrieben zu haben. Auch in der Schule war es schwierig für sie gewesen, da sie immer wieder auf ihren Ehemann angesprochen worden war. Anfangs hatten die Freundinnen befürchtet, Isabelle würde an ihrem Schicksal zerbrechen und sie selber könnten dabei nur zusehen. Diese Krise hatte ungefähr ein Jahr gedauert. Ein Jahr, in dem sich Isabelle in ihre Arbeit gestürzt und wieder intensiv zu schreiben begonnen hatte. Es waren sehr emotionale und bewegende Gedichte entstanden. Johanna und Carla waren die einzigen, die sie lesen durften. Manchmal hatten sie sich zu einem gemütlichen Leseabend getroffen und bei einem Glas Rotwein Carlas schönen dunklen Altstimme gelauscht; sie besaß eine große Begabung zum Vorlesen. Und dann hatten sie meist zu schluchzen begonnen, eine nach der anderen.

Nach diesem Trauerjahr hatte Isabelle ihr Leben neu geordnet, und zwar mit einer Konsequenz, die die beiden ihr nie zugetraut hatten. Mit stoischem Eifer und unerbittlicher Konsequenz hatte sie die Marcs Kleiderschränke geleert und die gemeinsamen Konten aufgelöst. Sie hatte seinen alten Opel verkauft und alle Versicherungen auf ihren Namen umgeschrieben. Ein weiteres wichtiges und vor allem sichtbares Zeichen ihrer Gemeinsamkeit hatte noch an der Wohnungstür geprangt, doch im Zuge dieser Befreiungsaktion war ganz plötzlich nur noch ein Name darauf zu lesen gewesen. Zuletzt hatte sie ihren Ehering ins Bankschließfach gelegt. Aus den Augen, aus dem Sinn. Und damit hatte ihr Weg in die Unabhängigkeit begonnen.

»Hast du eine Ahnung, was dieser Traum bedeuten könnte?«

»Nein, leider nicht, obwohl ich mir sehr viele Gedanken darüber gemacht habe. Ich weiß nur, dass Marc lebt; dieses Gefühl ist ganz stark.«

»Dieser feige Hund.«

»Du hast Recht, er hat sich ziemlich feige und mies verhalten. Aber auch er wird seine Gründe gehabt haben.«

»Auf die wäre ich ja sehr gespannt.«

»Es ist Geschichte, Carla. Und endlich auch für Isabelle.«

»Bist du eigentlich genauso neugierig auf Antoine wie ich?«

Johanna warf ihrer Freundin einen kurzen fragenden Blick zu.

»Na klar! Wie könnte ich nicht neugierig auf ihn sein? Machst du Witze?«

»Viel länger als bis heute Abend hätte ich es auch nicht mehr ausgehalten. Da fällt mir ein: Irgendwie müssen wir nachher sehen, dass wir das Geschenk unbemerkt in unser Zimmer bugsieren. Es ist zu auffällig im Auto, der Geburtstag ist doch erst morgen. Meinst du, Antoine würde sofort an ein Geburtstagsgeschenk für ihn denken, wenn er die Küchenmaschine entdecken würde?« Carla verzog ihren Mund zu einem spitzbübischen Grinsen.

»Keine Ahnung, aber er wird wohl kaum annehmen, dass wir ein Haushaltsgerät dieser Größenordnung mit ans Meer nehmen wollen«, lachte Johanna.

»Dann lassen wir den Karton im Auto stehen und freuen uns an seinem kleinen Schock. Oder kochen alle Franzosen gerne?«

»Ich weiß es nicht. Benedikt würde bei einer Küchenmaschine jedenfalls zuallerletzt an sich selber denken.«

»Er ist ja auch kein Franzose. Na gut, dann legen wir sicherheitshalber eine Jacke drüber, falls Antoine bei unserer Ankunft zum Auto kommen sollte. Ich werde meine gute Lederjacke dafür verwenden. Weißt du das zu schätzen?«

»Absolut. Gleich kommt eine Raststätte. Da können wir noch einmal tanken und wenn du möchtest, auch einen Kaffee trinken. Bei der Gelegenheit kannst du dich dann auch als Verpackungskünstlerin betätigen.«

»Das werde ich tun. Nee, einen Kaffee möchte ich nicht mehr, aber vielleicht haben sie ja dort so ein klitzekleines Eis am Stiel?«

Johanna lachte. »Da wollen wir doch mal schauen.«

Während Johanna tankte, kletterte Carla auf den Rücksitz und verdeckte die Kaffeemaschine sorgfältig mit ihrer Lederjacke. Dann schnappte sie sich den Wassereimer, der neben der Zapfsäule stand, und säuberte noch schnell die Frontscheibe. Kaum war sie damit fertig, stand auch schon Johanna vor ihr.

»Darf es auch ein Eis im Hörnchen sein?«

Carla klatschte in die Hände wie ein Kind. »Ein Cornetto, super!«

Sie fuhren ein paar Meter weiter auf einen kleinen Parkstreifen und lehnten sich an den Mini. Die Sonne schien ihnen ins Gesicht, während sie genüsslich ihr Eis schleckten.

»Das nenne ich Urlaub.«

»Sagst du immer, wenn du Eis isst«, hänselte Johanna ihre Freundin.

»Ehrlich? Das muss daran liegen, dass dieser Zusammenhang bei mir genetisch programmiert ist.«

»Sag mal, Johanna, soll ich die letzte Strecke übernehmen? Dann kannst du dich wieder ein bisschen ausruhen und für den Abend stärken.«

»Und du kriegst Antoine aus dem Kopf«, witzelte Johanna, »im Übrigen sieht unser Karton jetzt viel verdächtiger aus als mit meiner schönen Verpackung. Hoffentlich geht das gut! Mein Bedarf an Polizei und Zoll ist für heute gedeckt.«

»Dass Commissaire Mireaux mich beim Fotografieren beobachtet und seinem deutschen Kollegen vom Zoll nichts gesagt hat, finde ich schon interessant.«

»Der hat sich bei der ganzen Nummer innerlich gekrümmt vor Lachen.«

»Was meinst du, sollen wir ihm wirklich die Bilder schicken?«

»Klar«, antwortete Carla. »Ansonsten wird er uns an Wolf verraten und dann müssen wir mit allem rechnen. Schließlich haben wir sie ja ein wenig vorgeführt und in diesen Dingen können Männer manchmal ein wenig nachtragend sein.«

Sie gluckten vor sich hin und stiegen wieder ein. Die letzten Kilometer vergingen wie im Flug. Johanna schätzte ihre Ankunftszeit und schrieb Isabelle eine sms. Wenn alles gut ging, könnten sie ihre Freundin spätestens um sieben Uhr begrüßen. Die Landschaft hatte sich verändert. Sie war felsiger geworden, ein Zeichen dafür, dass sie sich dem Gebirge näherten. Eine spannende Gegend, fand Johanna. Sie hatte sich die Vegetation ganz anders vorgestellt. Besonders die Olivenhaine beeindruckten sie. Und diese Farben! Überall entdeckte sie völlig andere Grüntöne als im Münsterland. Sie nahm sich vor, einige schöne Bilder für ihre Praxis zu vergrößern. Auch diese Blütenpracht. Sie konnte sich einfach nicht sattsehen an dieser Vielfalt und Üppigkeit, an der Andersartigkeit und Schönheit um sie herum. Sie war begeistert. Und stumm. Das alles musste sie erst einmal in sich aufsaugen. Kurz vor Avignon verließen sie die Autobahn. Jetzt hatten sie es fast geschafft. Die restliche Strecke mussten sie über Land fahren.

»Vielleicht hätten wir doch noch eine Ausfahrt später nehmen sollen?« Carla war unsicher geworden.

»Wir sind schon richtig. Das ist die schnellste und beste Strecke für uns«, erklärte Johanna und ergänzte, »sagt Frau Hoppe.«

»Aha, Frau Hoppe.«

»Ja, genau, Frau Hoppe.«

»Und wer ist die Gute?«

»Sie ist eine neue Patientin von mir. Sie fährt seit ewigen Zeiten nach Südfrankreich und kennt diese Gegend wie ihre Westentasche.«

»Lass mich raten! Und die liebe Frau Hoppe hat dir die gesamte Strecke haarklein beschrieben und Charly entsprechend programmiert.«

»So ist es.« Johanna grinste.

»Dann hätte sie doch auch eine andere Stimme eingeben können.«

»Wir hatten die Stimme während der Eingaben ausgeschaltet.«

»Das verstehe ich gut.«

An der nächsten Ampel nutzte Carla die Gelegenheit, das Faltdach nach hinten gleiten zu lassen. »Das nenne ich Urlaubsfeeling.«

»Ich auch.«

»Gibst du mir mal bitte meine Kappe? Sie ist irgendwo in meiner Tasche.«

Johanna begann zu suchen, wurde aber nicht fündig. »Hier ist nichts.«

»Wahrscheinlich liegt dein Focus wie immer auf schwarz. Halte doch mal Ausschau nach etwas Grünem.«

»Das gibt es doch nicht. Da ist sie ja. Tatsächlich grün. Unglaublich.«

Johanna zog eine grüne Schirmmütze aus der Tasche, faltete sie auseinander und reichte sie ihrer Freundin.

»Ich fass es ja nicht. Der gleiche Ton wie deine Schuhe.«

»Und mein Shirt«, vervollständigte Carla und setzte die Kappe auf. »Die hat mir Corinna geschenkt. Sie meinte, ich bräuchte für Frankreich etwas Flottes.«

»Ich sorge mich nur, dass Isabelle dich nicht wiedererkennt und daher nicht reinlässt in ihr Schloss.«

»Dann rufe ich Commissaire Mireaux an und bitte ihn um Hilfe.«

»Keine schlechte Idee. Oder Maurice. Wie es wohl seiner Tante gehen mag?«

»Wir sind gleich da. Hier ist schon das Eingangsschild von St. Rémy de Provence.« Carla war ganz aufgeregt.

Rechts von ihnen tauchte ein Mohnfeld auf.

»Das ist ja phänomenal. So ein riesiges Mohnfeld habe ich noch nie gesehen. Schade, dass die Knospen noch geschlossen sind.«

»Und immer wieder Olivenbäume und Pinien. Hier kommen wir gar nicht mehr zur Ruhe vor lauter Staunen.

Ich werde diesen Urlaub wohl nur im viereckigen Format sehen.«

»Hat hier irgendwo nicht auch *van Gogh* seine Sonnenblumen gemalt?«

»Darüber wird uns Isabelle schon aufklären. Sie ist doch der intellektuelle Teil von uns«, lachte Carla. »Da vorne müssen wir noch abbiegen. Ganz schön einsam hier.«

SIE HABEN IHR ZIEL ERREICHT. IN 50 METERN HABEN SIE IHR ZIEL ERREICHT.

Carla fuhr noch 50 Meter, dann blieb sie an einer Weggabelung stehen.

»Und jetzt?«, fragte sie und schaute Johanna an, die sich aber nur kopfschüttelnd krümmte vor Lachen.

»Wir sind hier mitten in den Karpaten gelandet.«

Carla nahm ihr Handy und wählte Isabelles Nummer. Sie war sofort am Apparat. »Wo seid ihr?«

»In den Karpaten. Keine Ahnung, wo.«

»Aber irgendeinen Orientierungspunkt müsst ihr doch haben?«

»Nein, hier ist nichts. Absolut nichts.«

Johanna nahm ihrer Freundin das Telefon aus der Hand und stieg auf ihren Sitz.

»Hallo Isabelle. Hier ist Johanna.« Sie schaute in die Umgebung und genoss den Blick.

»Ja, genau. Carla ist ein wenig überfordert. Aber das steht ihr zu, denn sie ist das letzte Stück gefahren.« Lachend schlug sie die Hand ihrer Freundin weg, die ihr das Handy wieder entreißen wollte.

»Wir sind an einem Kloster vorbeigefahren und dann rechts abgebogen. Nun stehen hier an einer Weggabelung und ich schaue auf eine Wiese mit drei herrlichen Trauerweiden.«

»Ah, die gehören Monsieur Jacques, unserem Nachbarn. Ihr nehmt die linke Abzweigung und lasst die Weiden rechts von euch stehen. Dann kommt ihr ganz automatisch hier an. Es sind vielleicht noch 150 Meter. Gebt Gas!«

»Also los, Carla. Wir sind gleich da und sollen Gas geben. Immer links an den Trauerweiden vorbei.«

»Isabelle ist gut. Gas geben. Auf dieser Buckelpiste.«

Kapitel 22

Hinter der nächsten Biegung sahen sie Isabelle schon winkend in einem großen alten Torbogen stehen. Sie trug eine beigefarbene Leinenhose, die bis zu den Waden hochgekrempelt war, und eine weiße Bluse. Ihre Füße steckten in beigen Turnschuhen. Wie immer hatte sie ihre Haare zu einem Zopf zusammengebunden, heute mit Hilfe eines weißen Schleifenbandes. Isabelle winkte ihre beiden Freundinnen durch das Tor und wies ihnen einen Parkplatz direkt dahinter zu. Im selben Augenblick lagen sie sich schon in den Armen.

»Bonjour, mon amie.« Johanna kratzte ihre spärlichen französischen Worte zusammen, die einen freundschaftlichen Lachanfall bei den anderen auslösten. Das störte sie jedoch in keiner Weise, denn sie hatte die letzte halbe Stunde damit zugebracht, die passende Vokabel für *meine Freundin* zu finden, so dass ihr Stolz auf sich jetzt überwog.

»Ich freu mich so, dass ihr da seid.«

Isabelle sah aus, wie die Urlaubsfrische in Person, braun gebrannt, entspannt und glücklich.

»Was braucht ihr im Hause, um euch frisch zu machen? Lasst uns das gleich mitnehmen.«

»Was soll denn diese Hektik? Wir sind doch gerade erst angekommen und haben noch nicht einmal Antoine begrüßt.« Carla konnte ihre Neugier nicht unterdrücken.

»Es ist alles ein wenig anders gekommen, als ursprünglich geplant,« erklärte Isabelle, »außer mir ist niemand hier. Aber das erzähle ich euch alles nachher in aller Ruhe. Ich habe für uns um halb acht einen Tisch im *Mirabeau* reserviert. Das ist eine kleine Brasserie im Ort. Ich dachte, nach der langen Fahrt habt ihr sicherlich Hunger und Durst. Außerdem hatte ich euch ja früher erwartet, dann hätten wir hier noch gemütlich einen Aperitif nehmen können. Man muss immer flexibel sein, Mädels.«

So nahmen die Frauen ihr Handgepäck aus dem Kofferraum und drückten Isabelle lachend die Küchenmaschine in die Hand.

»Wolltest du unser Geschenk nicht schon eingepackt haben, Johanna?« Isabelle schaute etwas verdutzt auf den Karton.

»Das hatte ich auch. Aber wie du schon sagtest, man muss flexibel sein. Die Geschichte dazu erzählen wir dir auch später.«

Erwartungsvoll folgten sie Isabelle in das Innere des vollständig ummauerten Areals. Die kleine Parkzeile hinter dem Eingangstor wurde von einer dichten, mannshohen Hecke vom Rest des Grundstücks abgeschirmt; lediglich ein schmaler Durchgang blieb ausgespart. Der Reihe nach traten sie durch diese grüne Pforte, wo sie sofort wieder stehenblieben und glaubten, ihren Augen nicht zu trauen. Vor ihnen lag ein riesiger, äußerst liebevoll angelegter Garten. Staunend spazierten sie mit ihren Blicken durch üppig blühende Blumenrabatten, Sträucher und entlang einiger früchtetragender Bäume. Dann sahen sie am Ende das große Haupthaus stehen, genau gegenüber dem Eingangstor. Ein einfaches schnörkelloses, aus dicken grauen Steinen erbautes altes Gebäude, das imposant über das ganze Anwesen zu thronen schien.

»Hier erblasst man ja vor Ehrfurcht«, brachte Carla mühsam hervor.

Doch Isabelle antwortete nicht und steuerte geradewegs auf ein kleines Haus rechts von ihnen zu. Johanna und Carla hatten es noch gar nicht entdeckt, da eine fast ebenso hohe Hecke wie die hinter dem Parkplatz das Haus verbarg. Es war einstöckig, aber aus dem gleichen grauen Stein wie das Haupthaus errichtet. Isabelle schlüpfte als Erste durch die Hecke und betrat den kleinen Garten. Sie stellte die Küchenmaschine auf den Gartentisch, damit sie die Haustür öffnen konnte.

»So, das ist jetzt bis übermorgen euer Reich. Herzlich Willkommen.«

Und mit einer einladenden Armbewegung bat sie die beiden ins Haus und holte anschließend das Paket. Johanna und Carla folgten ihr und fanden sich sogleich in einer Wohnküche wieder. Isabelle zog die dichten Vorhänge auf, und die eindringende Helligkeit machte einen gemütlichen Koch-Wohnbereich sichtbar.

»Es ist alles noch etwas improvisiert, macht aber seit einigen Wochen große Fortschritte. Küche und Bad sind so gut wie fertig. Und ein Bett gibt es auch schon.«

»Ich wüsste nicht, was wir sonst noch bräuchten?« Johanna schaute sich staunend um.

»Weißt du, Isabelle, Johanna ist ja immer sehr schnell zufrieden zu stellen. Aber seit dem Hotel in Metz gestern bin ich doch etwas anspruchsvoller geworden.« Mit hochnäsigem Blick durchschritt Carla den Raum und verschwand im Bad.

»Du und deine großen Auftritte. Hast du schon einmal in Erwägung gezogen, zum Theater zu gehen?«, fragte Johanna.

»Jetzt weiß ich wieder, was ich die ganze Zeit vermisst habe,« lachte Isabelle. »Ich freu mich so, dass wir alle hier unten zusammen sein können. Das ist für mich in diesem Jahr das größte Geschenk.«

Isabelle nahm Johanna in den Arm und führte sie zurück in den Garten. »Es ist wie ein Traum. Ich fühle mich wie in einem anderen Leben.«

»Das ist es doch auch. Es ist dein zweites Leben, Isabelle. Und ich wünsche dir von Herzen alles Glück der Welt.«

Als Carla wieder zu ihnen stieß, hielten sie sich immer noch vertrauensvoll bei den Händen Schon lange waren keine Worte mehr nötig, um sich zu verstehen. Ganz im Gegenteil. Jeder Versuch konnte nur an der Oberfläche bleiben.

»Du musst uns gleich alles haarklein berichten. Aber zuerst muss ich auch mal kurz verschwinden.«

Im Badezimmer sah Johanna, dass Isabelle liebevoll für alles gesorgt hatte. Frische Handtücher lagen bereit, ebenso ein kleines Stück Seife und zwei kleine Flacons eines provenzalischen Parfums. Im Ablagekorb in der Dusche entdeckte sie ein Duschgel, hinter der Tür hingen zwei Bademäntel. Johanna machte sich schnell ein wenig frisch und folgte den anderen zum Auto.

»Darf ich fahren?«, fragte Isabelle.

»Du musst sogar! Johanna und ich haben uns nämlich nach der anstrengenden Fahrt nicht nur eine kleine Verschnaufpause, sondern auch einen guten Tropfen verdient.«

Sie fuhren den gleichen Weg, den sie gekommen waren, wieder zurück, bogen allerdings irgendwann rechts in den Ort ein. Isabelle kannte sich offenbar schon gut in Saint Rémy aus und fand sehr schnell einen zentralen Parkplatz.

»Das *Mirabeau* liegt gleich dort drüben in der Altstadt.«

Staunend schlenderten sie in eine enge alte Gasse, durch die gerade mal ein Auto passte. Der Straßenbelag war geteert und stark geflickt und unterstrich dadurch den antiken Charakter des Ortes, gewollt oder ungewollt. Der schmale Bordstein bot höchstens einer Person Platz, und das auch nicht überall, da manche Eingänge der kleinen Geschäfte rechts und links mit Blumenkübeln dekoriert waren, die ebenfalls auf dem Bürgersteig standen. Wie in jeder Innenstadt waren die Häuser dicht aneinandergebaut, jedoch alle unterschiedlich hoch. Die Bauvorschriften schienen hier andere Kriterien zu beinhalten als in Deutschland. Auch die Fenster hatten ungewöhnliche Maße, sie waren schmal und hoch, die obersten häufig etwas kürzer. Viele hatten hölzerne Fensterläden, die zu dieser Zeit noch oder schon verschlossen waren. Am Ende des Gässchens blieb Isabelle stehen.

»Dies ist der Nostradamus-Brunnen. Dort oben seht ihr seine Büste. Nostradamus wurde 1503 in St. Rémy de la Provence geboren. Er war Apotheker und hat als Arzt und Astrologe gearbeitet.«

Carla las vor: »*BUSTE DE NOSTRADAMUS – PAR LLOTARD DE LAMBESC – 1859*«.

Zwei Meter neben dem Brunnen schlengelte sich ein knorriges Geäst an der Mauerwand entlang, vielleicht ein alter Weinstock. Als Carla diesen entdeckte, meinte sie lapidar:

»Sehr viel Wasser scheint der Brunnen wohl nicht mehr zu führen.«

»Kommt weiter, die Stadtführung gibt es morgen.« Isabelle drängte.

»Stopp. Den Brunnen muss ich zuerst einmal fotografieren. Die Lichtverhältnisse sind gerade optimal. Stellt euch mal davor.«

Johanna und Isabelle setzten sich Arm in Arm auf den Brunnenrand und strahlten in die imaginäre Kamera, sahen aber nur Carlas entsetztes Gesicht.

»Ich habe meine Handtasche nicht mitgenommen. Kann ich sie verloren haben?«

»Quatsch. Wir sind doch erst ein paar Schritte gelaufen. Antoine hat mir so eingeschärft, nichts, aber auch gar nichts auf den Sitzen liegen zu lassen, dass ich beim Aussteigen schon automatisch darauf achte. Also im Mini lag nichts mehr.«

»Ich habe sie auf dem Hocker im Bad gesehen«, erinnerte sich Johanna.

»Richtig. Da habe ich sie hingestellt.«

»Und da wird sie auch jetzt noch stehen.«

Isabelle hakte sich bei den beiden unter und zog sie mit sich.

»Dann genieße jetzt einfach das befreiende Gefühl ohne Handtasche. Also ohne Handy, ohne Fotoapparat, ohne Haarspangen und Haarspray, ohne Zahnbürste und Zahnseide, ohne Ersatzbatterien und Ersatzstrumpfhose.«

Sie suchte nach weiteren Utensilien, die sich auf unerklärliche Weise in den Handtaschen von Frauen sammelten, als sich vor ihnen schon der kleiner Marktplatz auftat.

»Dort ist es.«

Isabelle zeigte auf ein typisches Altstadthaus mit dem antiken Schriftzug

Brasserie Le Mirabeau

Vor dem Haus befand sich eine kleine Terrasse mit zehn Tischen. Bis auf einen waren alle besetzt. Isabelle ging strahlend auf den jungen Kellner zu, der ihnen einladend diesen Tisch zuwies.

»Bonjour, Mesdames!«, strahlte er.

Die Frauen begrüßten ihn ebenso fröhlich und Johanna machte ihm klar, dass damit ihre französischen Sprachkenntnisse vollständig ausgereizt waren. Lachend wechselte er in ein passables Deutsch.

»Herzlich Willkommen in Saint Rémy. Wie ich hörte, sind Sie zum ersten Mal in Südfrankreich?«

Wie immer hatte Carla am schnellsten eine Antwort parat.

»Wir sind zum allerersten Mal überhaupt in Frankreich. Und sind sofort bis hierher durchgefahren, weil Saint Rémy so ein schöner Ort ist.«

»Du brauchst gar nicht so zu säuseln, Carla. Luc ist im Bilde.«

Lucas zeigte ein herzliches Lachen und verschwand im Haus. Die Frauen hatten sich noch nicht einmal richtig auf ihren Stühlen einrichten können, als er mit einem kleinen Tablett in der Hand wiedererschien. Er servierte ihnen drei Pastis und stellte zwei Schälchen mit Oliven und Pistazien dazu.

»Santé, Mesdames.«

Sie prosteten sich zu, als Johannas Handy sang.

»Guten Abend, Bärchen, mein Lieber.«

Und während Johanna ihrem Mann kurz das Wichtigste der Weiterreise berichtete und ebenso erfuhr, dass in Münster alles in Ordnung war, begutachtete Carla die anderen Gäste. Es waren überwiegend Pärchen, vermutlich alles Touristen. Bei zwei von ihnen auf der anderen Seite des Mittelganges saßen schulpflichtige Kinder mit am Tisch. Alle unterhielten sich fröhlich. Jetzt sah Carla auch, dass die gesamte Terrasse eingesäumt war von großen Blumenkübeln, in denen blühende Oleandersträucher wuchsen.

Carla nahm ihren Pastis in die Hand und warf Johanna einen wissenden Blick zu. Schmunzelnd erinnerte sie sich an den gestrigen Abend, der ebenfalls mit Pastis begonnen hatte. Als Johanna ihr Gespräch beendet hatte, sprudelte es aus ihr heraus.

»Jetzt erzähl mal, warum Antoine nicht hier ist. Schließlich haben wir für ihn die ganze Anstrengung auf uns genommen.«

»Das wird er sehr zu schätzen wissen,« lachte Isabelle. »Er freut sich genauso auf euch wie ihr auf ihn. Und er ist genauso neugierig auf euch wie du auf ihn.«

»Was? Ich und neugierig! Das muss ich weit von mir weisen! Ein bisschen neugierig ja, aber das ist Johanna auch.«

Sie Stimmung war ausgelassen und fröhlich. Bald würde es zu dämmern beginnen.

»Antoine musste gestern noch einmal nach Nîmes. Ich weiß aber nicht, worum es genau ging. Es hatte irgendetwas mit dem Vorlesungsstoff des nächsten Semesters zu tun. Eigentlich wollte er heute Nachmittag zurück sein, wurde dann aber noch aufgehalten. Als er vorhin anrief, ging er davon aus, morgen Vormittag zu kommen.«

Und schmunzelnd fügte sie hinzu: »So lange müsst ihr euch also noch gedulden und mit mir Vorlieb nehmen.«

»Irgendwie werden wir die letzten Stunden jetzt auch noch rumkriegen.« Carla schien zuversichtlich. »Aber erzähl mal von deinen bisherigen Ferien. Du bist vor fast einer Woche hierher geflogen und dann habt ihr die ganze Zeit für euch gehabt. Wie war das für dich? Habt ihr nur geturtelt oder auch irgendetwas unternommen?«

Mit einem nachdenklichen Gesicht schaute Isabelle auf ihren Pastis.

»Es war die erste Woche seit zwei Jahren, in der ich nicht ein einziges Mal an Marc gedacht habe. Antoine ist so anders als Marc, dass ich überhaupt nicht an ihn erinnert werde. Es kommt mir so vor, als sei ich schon sechs Wochen hier unten und ich habe jede Minute, nein, jede Sekunde genossen.«

Isabelle überlegte, wie sie ihre nächsten Gedanken in die richtigen Worte fassen konnte.

»Wisst ihr, es ist alles so, äh, so natürlich. Ich finde gar nicht den passenden Ausdruck dafür. Ich habe viel darüber nachgedacht und mir ist in den letzten Tagen klargeworden, wie unruhig mein vorheriges Leben war. Marc hat immer unter Strom gestanden, ständig wurde irgendetwas organisiert, wir waren dauernd unterwegs. Und das, obwohl er sehr viel Sport machte.«

Luc unterbrach Isabelles Bericht und stellte Wein und Wasser auf den Tisch.

»Auf unsere erste Reise nach Frankreich! Santé!« Johanna erhob ihr Glas.

»Ja, auf unsere erste Frankreichreise, die vielleicht nicht unsere letzte bleiben wird.«

Der Rotwein schmeckte ihnen hervorragend. Luc hatte die richtige Wahl für sie getroffen. Anerkennend hoben sie die Augenbrauen und nickten ihm zu. Das freute ihn.

»Aber ich dachte immer, dass du mit deinem früheren Leben sehr zufrieden warst«, hakte Johanna nach.

»Das war ich auch. Sogar mehr als zufrieden. Ich war glücklich. Das sollte auch überhaupt keine Kritik sein, eher eine Reflektion. Was ich ausdrücken wollte, ist, dass mir das alles erst hier klargeworden ist. Wenn ich es jetzt bedenke, so sind Marc und ich durch unsere Tage geflogen, durch unser Leben geflogen. Und das möchte ich nicht mehr. Versteht ihr, was ich damit sagen will?«

Wieder wurden sie von Luc unterbrochen. Diesmal brachte er Salat und Brot und alle drei griffen hungrig zu. Nach einigen Bissen nahm Johanna den Faden wieder auf.

»Ich glaube schon, dass ich dich verstehe. Aber hast du denn früher nicht ab und zu das Gefühl gehabt, dass dir etwas fehlt?«

»Ich glaube schon, aber ich habe es mir wohl nicht eingestanden. Da ist zum Beispiel das Schreiben. Schon als Jugendliche habe ich mit großer Leidenschaft Gedichte geschrieben. Wann und warum habe ich das aufgegeben haben, weiß ich einfach nicht. Marc hätte mich nie davon abgehalten, eher unterstützt. Und dennoch ist dieses kreative Schaffen während unserer Ehe völlig untergegangen. Einfach so eingeschlafen. Aber warum? Weil keine Zeit dafür vorhanden war? Das wäre eine Lüge. Weil zu wenig Muße dafür da war? Das könnte schon eher der Fall sein. Aber wenn ich ganz ehrlich bin, hängt es wohl damit zusammen, dass ich mich immer selber unter Druck gesetzt habe, dass alles sehr gut oder anspruchsvoll werden musste.«

»Um vor Marc bestehen zu können?«, fragte Johanna.

»Nicht von seiner Seite aus. Das glaube ich nicht. Das war wohl eher mein Problem. Ich selber habe die Messlatte so hochgehängt.«

»Du meinst also«, forschte Carla nach, »du wolltest immer von Anfang an alles perfekt machen, in der Schule den perfekten Unterricht und zu Hause die perfekte Hausfrau und Ehefrau anstatt dir die Zeit zu geben, an deinen Aufgaben zu wachsen.«

»Genauso ist es. Und irgendwann habe ich die Kreativität dann ganz bleiben lassen, vielleicht aus Unsicherheit oder Angst heraus, ich weiß es nicht. Es ist einfach so passiert.«

Johanna zog zärtlich einen Oleanderzweig zu sich heran und roch an der rosa Blüte.

»Mmh, welch ein Duft. Ja, Isabelle, das passiert einfach, wenn man das Gefühl für sich selber verloren hat. Doch wenn man Glück hat, wacht man irgendwann auf.«

»Wäre Marc nicht verschwunden, wäre ich wohl nie aufgewacht. Doch so möchte ich wirklich nicht denken, dass sein Verschwinden für mich ein Glücksfall war. Ich wollte ihn doch nicht loswerden! Das erste Jahr nach seiner Versenkung hat mich fast ins Grab gebracht. Aber das wisst ihr ja. Ohne euch hätte ich die Zeit nie überlebt.«

Ein trauriger Zug umspielte ihren Mund.

»Und jetzt habe ich viel Raum für mich. Einfach so, ohne dass Antoine und ich darüber gesprochen haben. Das meinte ich vorhin mit *natürlich*. Ich muss nicht darauf aufpassen, dass ich mich selber oder meine Bedürfnisse aus den Augen verliere.«

»Aber du darfst auch nicht vergessen, dass ihr diese Woche in einer Urlaubsatmosphäre verbracht habt und unendlich verliebt seid.« Carla verlor niemals die praktischen Seiten aus dem Blick.

»Das stimmt nicht ganz. Antoine hat die ganze Woche mindestens vier Stunden täglich am Schreibtisch gesessen. Eigentlich hätte es noch mehr sein müssen, aber mir zuliebe hat er diese Zeit auf das Nötigste reduziert. Nein, es ist einfach anders. Wir haben nicht morgens früh schon den gesamten Tag verplant. Wir haben nicht einmal jeden Morgen gemeinsam gefrühstückt, weil er entweder schon am Schreibtisch saß oder etwas zu erledigen hatte. Ich wusste vorher nie so genau, was der Tag brachte, und es war mir auch nicht wichtig. Ich habe einfach das getan, wozu ich Lust hatte, alleine oder mit ihm. Diese Erfahrung war völlig neu für mich. Sie tut mir gut, weil sie mir Freiräume lässt, die ich inzwischen genieße. Und das Beste ist, dass sich das alles auf eine völlig unkomplizierte und entspannte Art und Weise ergab.«

Kapitel 23

Inzwischen war die Sonne fast untergegangen. Luc zündete die Kerzen auf den Tischen an, so dass sich die Stimmung in eine abendliche Verträumtheit wandelte. Viele Gäste waren gekommen. *Le Mirabeau* schien ein sehr beliebtes Bistrot zu sein, auch bei den Einheimischen, die die Touristen an vielen Tischen inzwischen abgelöst hatten. Die temperamentvollen Südfranzosen parlierten gerne laut und mit wedelnden Händen. Carla beobachtete fasziniert zwei Pärchen, die sich vor der Brasserie begrüßten.

»Sag mal, Isabelle, wie oft küssen sich die Franzosen eigentlich so bei der Begrüßung und beim Abschied?«

Isabelle lachte. »Das kann ich dir leider auch nicht sagen. Das ist eine Wissenschaft für sich, die sich mir nie erschließen wird. Ich weiß nur, dass die Küsschen *bises* heißen und diese Rituale strengen Regeln unterliegen. Wenn euch das interessiert, müsst ihr morgen Antoine fragen.«

»Wie sollen wir ihn denn korrekt begrüßen, wenn wir ihn erst im Anschluss fragen können, was wir hätten machen müssen?«

»Aber du bist doch selber zur Hälfte Französin«, wunderte sich Johanna.

»Das stimmt schon. Doch ich habe nie in Frankreich gelebt. Und wenn wir nach Frankreich fuhren, so war ich fast nur mit meiner Familie oder Freunden der Familie zusammen. Und da gibt es immer *bises*.« Isabelle dachte nach und lachte. »Mal zwei, mal vier.«

Johanna und Carla schauten sie leicht verstört an.

»Gebt euch keine Mühe, es zu begreifen. Lasst einfach alles, was kommt, über euch ergeben.«

»Na gut. So ein gutes Walnusspesto habe ich noch nie hingekriegt«, lenkte Carla das Gespräch auf ein anderes Thema. »Es schmeckt einfach himmlisch.« Und mit einer schwärmerischen Geste piekte sie eine mit Pesto eingehüllte Nudel auf ihre Gabel, um sie ganz langsam zu genießen.

»Hast du es denn überhaupt schon einmal probiert?«

»Musst du immer so erschreckend direkt und ehrlich sein, Johanna?«

Die Freundinnen kannten Carlas Kochkünste. Sie beschränkten sich auf einfache schnelle Gerichte, die allerdings immer sehr gut schmeckten. Daher lenkte Johanna ein.

»Ich muss dir Recht geben, dieses Pesto ist hervorragend. Genauso wie der Wein.«

Sie nahm ihr Weinglas in die Hand und prostete den anderen zu, als sie durch einen lauten Ausruf von Isabelle aufgeschreckt wurden.

»Robert! Hallo Robert!«

Ein junger, mittelgroßer Franzose Mitte dreißig kam lachend auf sie zu.

»Bonsoir, Isabelle.« Es folgten einige Artigkeiten auf Französisch, deren Inhalt Johanna und Carla verborgen blieben. Aber Isabelle wechselte schnell ins Deutsche.

»Robert, das sind meine Freundinnen aus Deutschland. Und das, Mädels, ist Robert Rozier.«

»Herzlichen Willkommen, meine Damen.«

Und damit nahm er Johanna in den Arm und küsste sie freundschaftlich auf die Wange, danach geschah das gleiche mit Carla. Sie zählte mit. Sie wurden dreimal geküsst. Was konnte das nur bedeuten? Auf jeden Fall etwas Gutes, mutmaßte sie.

»Bitte Robert, setz dich auf ein Glas zu uns, wenn du die Zeit dazu hast.«

Sie setzten sich wieder und Luc brachte Robert einen Stuhl vom Nachbartisch. Johanna orderte bei dieser Gelegenheit noch eine Runde Rotwein.

»Luc, für mich jetzt lieber Wasser«, änderte Isabelle die Bestellung.

»Non, non, non, non«, ratterte Robert in einer Geschwindigkeit, in der Carla nicht einmal mit den Fingern hätte klopfen können.

»Ich habe dein Auto gesehen. Ich kann euch später nach Hause fahren, dann kannst du noch ein Glas trinken.«

»Das ist super nett von dir«, freute sich Isabelle. »Das Angebot nehme ich gerne an.«

Als sie Luc nun einen entsprechenden Wink geben wollte, war dieser schon verschwunden, um kurz darauf mit vier Gläsern Rotwein wieder an ihrem Tisch zu erscheinen. Entweder konnte er Gedanken lesen oder hatte außerordentlich gute Ohren.

»Auf Ihr Wohl, meine Damen. Santé!«

»Darf ich fragen, wann Sie heute Abend angekommen sind?«

»Das war kurz vor sieben Uhr«, sprudelte es schon aus Carla hervor.

»Dann haben Sie doch etwas länger gebraucht, als wir vermutet hatten. Es tut mir leid, dass ich zu Ihrer Begrüßung nicht da sein konnte.«

Isabelle sah die fragenden Gesichter ihrer Freundinnen und erklärte: »Robert ist Antoines Hausverwalter. Er und seine Frau Claudine wohnen auf der oberen Etage und kümmern sich um alles.«

»Sie müssen wissen, Monsieur Rozier, wir durften noch gar nichts von diesem herrlichen Anwesen sehen, nur kurz aussteigen, uns frisch machen und auf ging's.«

Carlas Empörung war wieder gut gespielt und Robert amüsierte sich köstlich, wie sie sehen konnte. Beim Lachen zeigte er sein schönes und gleichmäßiges Gebiss, das nur dadurch ein wenig in Unruhe geriet, weil sich der rechte Eckzahn ein paar Millimeter über den davorliegenden Schneidezahn zog. Sie fand diese Laune der Natur äußerst sympathisch.

»Das war wegen der Reservierung im *Mirabeau.* Isabelle wollte Ihnen etwas ganz Typischen bieten. Und Sie sehen ja selber, was hier los ist.«

Robert trug seine dichten schwarzen Haare sehr kurz geschnitten. Carla erkannte sofort den Grund dafür, denn wären sie länger, würden sie sich stark kräuseln. In seinen Blue Jeans steckte ein rot-blau kariertes Hemd mit langen Ärmeln. Eine Jacke benötigte er nicht. Seine kräftigen braunen Hände zeugten von viel Arbeit an der frischen Luft, die ihn offensichtlich entsprechend abhärtete.

»Im Übrigen würden Sie mir eine große Freude machen, wenn Sie einfach Robert zu mir sagen.«

»Vielen Dank, Robert, das ist sehr freundlich von Ihnen. Also, das ist Carla, ich bin Johanna.«

Johanna hatte ihr Glas in die Hand genommen und alle stießen an.

»Woher sprechen Sie eigentlich so gut Deutsch, Robert?«

»Ich habe viele Jahre in Nordfrankreich gelebt, im Elsass. Durch den Tourismus wird dort sehr viel Deutsch gesprochen und natürlich auch durch die Grenznähe. Die Sprache beherrsche ich recht gut, aber beim Schreiben hapert es dafür sehr.«

»Robert ist ein Zauberer im Garten, das werdet ihr morgen sehen. Und Claudine in der Küche. Beide Bereiche gehören ja nicht unbedingt zu meinen Leidenschaften, daher bewundere ich diese Fähigkeiten sehr.«

»Isabelle neigt zu Übertreibungen,« schränkte Robert ein, doch die Frauen kannten ihre Freundin und wussten, dass diese Arbeiten nicht zu ihren Vorlieben zählten. Sie würden sich am nächsten Tag ein eigenes Bild vom Garten machen können. Im Augenblick fühlten sie sich randvoll ausgefüllt mit den Eindrücken des Tages und dieses schönen Abends und genossen in vollen Zügen den Flair und die Magie der Fremde.

Nach einer Weile sagte Robert: »Und jetzt muss ich mich leider von Ihnen verabschieden. Meine Mutter erwartet mich noch. Ist es okay, wenn ich Sie in ungefähr einer Stunde abhole?«

»Das passt ausgezeichnet.«

Er leerte sein Glas und stand auf. Dann winkte er Luc zu und verschwand hinter dem Marktplatz in einer der kleinen Gassen. Einen kurzen Augenblick später bot ihnen Luc ein Dessert an. Sie winkten jedoch ab und nahmen stattdessen Kaffee.

»Ist euch aufgefallen, dass Robert euch sogleich als Freunde aufgenommen hat?«

Isabelle schaute ihre Freundinnen fragend an, aber Carla begriff sofort. »Er hat mich dreimal geküsst«, sagte sie stolz.

»Ja«, nickte Isabelle, »das bedeutet bei den Franzosen sehr viel.«

»Das bedeutet ja wohl in erster Linie, dass er besonders *dich* ins Herz geschlossen hat und dadurch auch für uns dort Platz ist«, resümierte Carla und nahm die Hand ihrer Freundin. »Es freut mich, dass du dich hier so wohl fühlst und das Vergangene hinter dir lassen konntest. Man sieht dir auch an, wie gut dir das tut. Du siehst fabelhaft aus. Ich bin ein wenig neidisch.«

Der Kaffee kam, bevor Isabelle etwas antworten konnte.

Johanna registrierte, dass seit geraumer Zeit andere Gäste kamen. Sie waren nicht mehr hungrig und hatten vielleicht auch schon einen kleinen Verdauungsspaziergang hinter sich. Jetzt suchten sie noch ein gemütliches Plätzchen, um einen kleinen Absacker zu trinken. Dadurch konnte sich auch Luc wieder etwas mehr Zeit für sie nehmen.

»Waren Sie mit allem zufrieden heute Abend?«, fragte er in die Runde.

»Mehr als das. Es war alles perfekt: das Essen, der Wein, die Gäste, die Stimmung.« Johanna überlegte, wie sie die Liste vervollständigen konnte.

»Der Pastis, die freundliche Bedienung«, lachte Carla.

»Das freut mich außerordentlich, meine Damen. Dann habe ich ja die Hoffnung, dass Sie unser Haus noch einmal mit Ihrem Besuch erfreuen werden.«

»Sehr gerne sogar. Und wir werden allen unseren Freunden vom *Mirabeau* vorschwärmen, damit sie in ihrem Urlaub hier vorbeischauen.«

»Ah, da kommt schon Robert. Wir müssen uns jetzt leider verabschieden, Luc. Machen Sie uns bitte die Rechnung fertig?« Isabelle winkte Robert zu.

»Es ist alles erledigt, Madame.«

»Aber Luc …« protestierte Isabelle, doch Lucs wissender und charmanter Blick ließ sie verstummen.

»Das hätten Sie uns aber auch eher sagen können, Luc, dann hätte ich mir noch klitzekleines Eis zum Nachtisch gegönnt.« Carla stand auf, suchte vergeblich ihre Handtasche und grinste Luc schief an. Johanna rollte nur mit ihren Augen.

Kapitel 24

Sie quetschten sich zu viert in den Mini. Isabelle durfte vorne neben Robert sitzen, da sie von den Frauen die längsten Beine hatte. Für Johanna war hinter dem Fahrersitz noch ausreichend Platz. Doch sie hatten es ja nicht weit. Nachdem der Mini geparkt war, verschloss Robert das Tor. Die Frauen standen vor dem geöffneten Kofferraum, als er zu ihnen zurück kam.

»Nein, nein. Das mache ich schon. Sagen Sie mir einfach, was Sie benötigen.«

Johanna und Carla zeigten auf zwei kleinere Taschen und schlenderten zum Gästehaus. Isabelle hatte bereits aufgeschlossen, als Robert das Gepäck hineinbrachte und sogleich stutzte. Sein Blick war auf die Küchenmaschine gefallen. Die heitere Weinseligkeit verleitete Carla dazu, einzugreifen.

»Ah, Robert, das ist unser Geburtstagsgeschenk für Antoine. Ist das nicht eine wundervolle Idee.« Dann hakte sie sich liebevoll bei ihm ein und machte ein schelmisches Gesicht. »Sie dürfen uns aber nicht verraten, Robert! Das müssen Sie mir versprechen.«

Carla beobachtete aus den Augenwinkeln, wie Johanna blitzschnell mit ihrer Tasche im Schlafzimmer verschwand, während Isabelle sich an den Gardinen zu schaffen machte. Roberts Gesichtsausdruck war schwer zu deuten, auf jeden Fall enthielt er eine tüchtige Spur Verunsicherung. Carla freute sich darüber und erklärte weiter: »Leider wurde die Verpackung auf der Fahrt ein wenig derangiert, das müssen wir morgen früh gleich noch in Ordnung bringen. Würden Sie uns dafür mit etwas Klebeband aushelfen?«

»Aber natürlich. Gerne.«, stotterte Robert. »Ich bin gleich wieder da.« Und wie von einer Tarantel gestochen, eilte er davon.

»Du kannst jetzt wieder auftauchen, Johanna«, rief Carla nach einer angemessenen Zeitspanne. »War ich nicht gut?«

»Du bist unmöglich, Carla. Der arme Robert glaubt jetzt, Antoine soll seiner Frau die Arbeit in der Küche abnehmen und kann wahrscheinlich die ganze Nacht nicht schlafen.« Isabelle machte ein sorgenvolles Gesicht.

»Die europäische Integration geht eben nicht immer ganz reibungslos vonstatten«, verteidigte sich Carla. »Das haben wir ja heute schon zur Genüge erfahren, aber am Ende wird doch immer alles gut.«

»Du sprichst in Rätseln, meine Liebe, aber ich weiß ja sowieso noch nicht viel von dem, was ihr auf eurer Fahrt erlebt habt. Es wird höchste Eisenbahn, das zu ändern.«

Plötzlich wurde es heller im Raum.

»Was war das denn jetzt?«

Doch bevor Isabelle es ihren Freudinnen erklären konnte, stand Robert wieder vor der Tür. Er gab Carla das Klebeband.

»Möchten Sie den lauen Abend nicht noch im Garten ausklingen lassen? Ich habe es Ihnen ein wenig gemütlich gemacht.«

»Eine fabelhafte Idee«, sprudelte es aus Carla heraus, als befürchtete sie, die anderen beiden wollten schon zu Bett gehen. »Würden Sie mir den Weg zeigen, Robert?« Sie hakte sich bei ihm unter, und beide verschwanden hinter der Hecke. Kopfschüttelnd folgten ihnen die anderen.

Robert führte Carla mit sichtlichem Vergnügen über den Hauptweg zum Haupthaus. Automatisch wurde ihr Blick auf die rechte Seite gelenkt, wo sie einen großen Swimmingpool entdeckte, der auf allen Seiten sehr ansprechend beleuchtet war. Allerdings konnte sie keine Lampen entdecken. Sofort gewann ihre praktische Ader die Oberhand. Sie blieb stehen und schaute noch einmal genau hin. Da sie sich nicht blamieren wollte, rechnete sie rasch die getrunkenen Weingläser zusammen, kam aber zu dem Ergebnis, dass die Anzahl für ihre Sehschärfe unbedenklich war.

»Ich sehe überhaupt keine Lampen, Robert. Wie kann das sein?«

Willst du einen Mann gewinnen, so musst du seine geheime Leidenschaft herausfinden. Das war eine der vielen Weisheiten, die Carlas Mutter ihr mit auf den Weg des Lebens gegeben hatte. Innerlich konnte Carla sich ein Grinsen nicht verkneifen, als sie spürte, dass sie ungezielt auf Roberts geheime Leidenschaft gestoßen war. Er schien ihr plötzlich um mindestens einen imaginären Kopf gewachsen zu sein.

»Es handelt sich ausschließlich um indirekte Beleuchtung. Außerdem habe ich mir sehr viel Mühe gegeben, die Lampen zu verstecken; es war relativ kompliziert.«

»Das kann ich mir gut vorstellen«, antwortete Carla ehrlich. »Aber die Arbeit hat sich gelohnt. Es sieht toll aus.«

Robert strahlte wie ein Kind, das im Frühjahr sein erstes Eis bekommt, und Carla erwartete, dass er die Frauen zum Pool führte, um ihnen alles zu erklären. Das war jedoch nicht der Fall, denn sie bogen zur anderen Seite des Hauses ab. Hier gab es nur zwei Wandleuchten, die diesen Gartenbereich in ein warmes Licht tauchten und die Abendstimmung verstärkten. Robert führte sie unter ein Platanendach, wo mehrere kleine Tische mit unterschiedlichen Stuhlgruppen standen. Auf einem Tisch sah sie eine Flasche Rotwein und drei Gläser.

Mit einer einladenden Handbewegung lud Robert alle ein, dort Platz zu nehmen. Auf jeden Stuhl hatte er fürsorglich eine rote Decke gelegt. Er zündete die kleinen Laternen an, die auf den Tischen standen, so dass sie von einem schummrigen Licht eingehüllt wurden, und entkorkte die Rotweinflasche. Dann schenkte er ihnen Wein ein.

Es war natürlich Johanna, die es nicht ertragen hätte, Robert allein in das Haus zu schicken.

»Bitte holen Sie sich auch ein Glas und leisten uns Gesellschaft, Robert.«

»Äh, ich …«

»Keine Widerrede, Robert. Sie wollen uns doch wohl nicht erzählen, dass sie jetzt noch einen wichtigen Termin im Haus haben, oder?« Johanna blieb hartnäckig. »Ich versichere Ihnen, Sie stören nicht. Wir freuen uns wirklich darüber.«

Carlas Nicken war unübersehbar, doch erst, als Isabelle ihre Zustimmung signalisierte, gab er nach und holte sich auch ein Glas. Um zu verhindern, dass Carla sich eingehend nach weiteren technischen Details der Poolbeleuchtung erkundigte, lenkte Johanna das Gespräch auf den Garten.

»Kann es sein, dass ich vorne im Garten Feigenbäume gesehen habe?«

»Das ist richtig. Dieses Anwesen ist sehr alt, daher sind die Feigenbäume schon relativ groß und bringen auch eine sehr gute Ernte. Mögen Sie denn Feigen?«

»Oh ja. Ich liebe frische Feigen. Aber es nicht so einfach, sie bei uns zu kaufen, und dann sind sie auch oft sehr teuer.«

»Dann tut es mir sehr leid, dass ich Ihnen noch keine anbieten kann, Johanna, aber unsere benötigen noch etwa vier Wochen bis zur ersten Ernte in diesem Jahr. Von Ende August bis Ende September können wir dafür noch einmal ernten.«

»Tatsächlich? Das wusste ich gar nicht. Was die Sonne so alles möglich macht. Wenn es bei uns wärmer wäre, hätte ich auch einen Feigenbaum«, sinnierte Johanna, »oder auch zwei.«

»Dann bleibt Ihnen wirklich nichts anderes übrig, als im September wieder zu kommen, um sie frisch vom Baum zu genießen. Das ist etwas ganz anderes im Geschmack.«

Robert strahlte alle an. Offenbar gefiel ihm diese Idee.

»Ich fürchte, das müssen wir auf das nächste Jahr verschieben, denn wir drei sind nur einmal im Jahr zusammen auf Tour.«

Eine große, schwarz-weiß gefleckte Katze umstrich plötzlich ihre Beine und beäugte die Neulinge misstrauisch.

»Das ist Shu-Shu«, erklärte Robert, »sie gehört sozusagen zum Inventar des Hauses. Antoine hat sie mit übernommen. Shu-Shu ist zu alt, man konnte sie nicht mehr umsiedeln. Oh!«

Robert verstummte und schaute dann anerkennend zu Carla.

»Das ist aber eine große Ehre für Sie, Carla. Shu-Shu geht nämlich nie zu Fremden. Sie ist ausgesprochen scheu und schaut sich alle Menschen am liebsten aus der Ferne an.«

»Nehmen Sie es nicht persönlich, Robert«, sagte Johanna, als sie spürte, dass Robert zu den Auserwählten gehörte. »Alle Tiere lieben Carla. Das war schon immer so.« Sie schaute zu den beiden hinüber. Shu-Shu saß zusammengerollt auf Carlas Schoß und schnurrte, was das Zeug hielt.

»Alleine dieses Geräusch vertreibt ja schon alle Mäuse«, lachte Isabelle, »wie machst du das nur, Carla?«

»Das ist meine innere Ausstrahlung. Ich signalisiere Geborgenheit, Sicherheit und permanente Futtersuche. Und damit auch die Chance, dass immer etwas abfällt.«

»Da passen Sie beide wirklich gut zusammen«, konterte Robert. »Shu-Shu ist ein Schmarotzer erster Güte und immer ausgehungert.«

»Ist Shu-Shu eigentlich eine Katze oder ein Kater?«, wollte Johanna wissen.

»Das weiß niemand so genau«, war seine lapidare Antwort.

»Sie haben uns im *Mirabeau* erzählt, dass Sie Ihre guten Deutschkenntnisse im Elsass erlangt haben. Johanna und ich waren gestern zum ersten Mal dort und haben Station in Metz gemacht.«

»Metz ist eine wunderschöne und sehr geschichtsträchtige Stadt. Hatten Sie ein wenig Zeit für eine Stadtbesichtigung?«

»Ja, wir haben sogar eine Stadtführung mitgemacht«, berichtete Johanna. »Und an der Mosel gesessen und Eis geschleckt.«

»Das wäre auch etwas für dich gewesen, Shu-Shu«, schwärmte Carla und kraulte ihren dicken Bauch.

»Und wir haben in der Zitadelle übernachtet. Kennen Sie das Hotel auch?«

»Aber natürlich! La Citadelle kennt jeder. Es gehört zu den besten Hotels der Stadt.«

»Wir haben einen Frühbucher-Schnäppchenpreis ergattert. Oder war es ein Last-Minute-Schnäppchen?«

»*Wir* ist gut.« Carla grinste.

»Ja, ja, schon gut. Meine Tochter Franziska hat das für uns gedeichselt. Sie ist ein Profi in solchen Dingen.«

»Ich habe im Elsass eine Technikerausbildung auf einem Weingut gemacht. Meine Fachrichtung war Weinbau und Önologie. Wir haben mehrere Hotels in Metz mit Wein versorgt und *La Citadelle* gehörte auch dazu.«

»Das wusste ich ja noch gar nicht.« Isabelle stellte ihr Weinglas ab und füllte allen nach. »Was ist denn Önologie?«

»Der deutsche Begriff für Önologie ist mehrdeutig und lustig, er heißt nämlich Kellerwirtschaft.«

»Wie spannend«, fiel Carla ihm ins Wort. »Die Kellerwirtschaft befasst sich sicherlich mit …«

»Genau. Mit dem Keltern und Reifen des Weines.«

»Und im Keller kann man auch gut Deutsch lernen, nehme ich an.«

Robert musste über Carlas kleine Anspielung lachen, gab aber weiterhin gerne Auskunft über sein Leben.

»In gewissem Sinne haben Sie Recht. Ich hatte damals eine deutsche Freundin, so dass ich ganz schnell Deutsch lernen wollte und dementsprechend fleißig war, manchmal auch im Keller«, schmunzelte er.

»Das hört sich aber so an, als sei das nicht Claudine gewesen.«

Jetzt war es mal wieder an der Zeit, dass sich Johanna einschaltete.

»Bitte Robert, entschuldigen Sie Carlas Direktheit. Sie müssen ihr nicht antworten.«

»Das ist der Wein, den Sie mir gegeben haben«, beschwerte Carla sich. »Er löst meine Zunge. Ich bin da total hilflos. Sozusagen ausgeliefert.« Sie war selten um eine Ausrede verlegen, aber alle hatten ihre Freude daran.

»Das haben Sie aber trotz des Weines gut beobachtet.«

»Gerade wegen des Weines.«

Alle lachten und die Frauen warteten gespannt auf weitere Einzelheiten aus Roberts Liebesleben.

»Claudine und ich kennen uns schon, solange wir denken können. Unsere Eltern sind eng befreundet und so sind wir eher wie Geschwister aufgewachsen.« Die Frauen hingen an seinen Lippen.

»Ich war 18, als ich wegging, und 28, als ich zurückkam. Meine Freundin wollte eine internationale Karriere machen und war schon zwei Jahre vorher nach London gegangen. Ich habe dort erkannt, dass ich mehr der bodenständige Typ bin, der Land und Leute liebt. Irgendwann bekam ich dann zu viel Heimweh und bin wieder zurückgekommen.«

Robert schaute in die Runde und sah trotz des Dämmerlichtes die schmachtenden Blicke der Frauen. Grinsend ergänzte er: »Und so habe ich Claudine wieder getroffen.«

Als nichts mehr kam, rutschte ein »Und das war alles?« aus Carla heraus.

»Ja, das war alles. Im letzten Jahr haben wir dann geheiratet.

Isabelle, die bemerkte, dass sowohl ihre Gläser als auch die Weinflasche geleert waren, fragte: »Und dieser edle Tropfen heute Abend war auch vom Elsässer Weingut?«

»Nein, Isabelle, dieser Wein ist ein hiesiger.«

Und so verging Stunde und Stunde. Bald, nachdem Robert die zweite Flasche Wein geöffnet hatte, verabschiedete er sich. Als die drei Frauen endlich selber aufbrachen, war es schon halb drei. Shu-Shu hatte bis zum Ende auf Carlas Schoß gesessen und ihre Beine gewärmt. Zuletzt war es doch etwas kühl geworden, so dass sich alle über die bereit gelegten Decken gefreut hatten. Sie behielten sie sogar umschlungen, als sie Arm in Arm zu ihrer Wohnung schlenderten. Der kurze Spaziergang hatte sie wieder ein wenig munter gemacht, so dass sie beschlossen, Isabelle noch eine Kurzversion ihrer Reiseerlebnisse zu erzählen. Fünf Minuten später lagen alle drei in dem großen französischen Bett, Isabelle in der Mitte, zugedeckt mit den drei roten Wolldecken.

»Los, Johanna, jetzt erzähl!«

»Ich weiß gar nicht, wo ich anfangen soll?«

»Du könntest mit dem BMW beginnen, den wir wegen Nötigung anzeigen wollten.«, gähnte Carla.

»Waaas?«

Kapitel 25

Johanna trat in den Garten hinaus. Die Sonne stand bereits sehr hoch. Kein Wunder, denn es war schon weit nach 10 Uhr. Sie konnte sich nicht mehr daran erinnern, wie lange sie heute Nacht noch erzählt hatten. Als sie in der Früh die Augen geöffnet hatte, war Isabelle jedenfalls schon aufgestanden. So hatte auch sie sich aufgeschwungen und so leise wie möglich salonfähig gemacht. Doch die Sorge, ihre Freundin aufzuwecken, war unbegründet gewesen, denn Carla schlief weiter wie ein Stein. Eine Fähigkeit, um die Johanna sie beneidete.

Sie nahm ihr Handy und ging durch die Hecke. Jetzt sah sie auf der gegenüberliegenden Seite ein zweites kleines Gebäude, ebenfalls mit einem eigenen Garten. Johanna vermutete eine zweite Ferienwohnung und ging ein Stück in Richtung Haupthaus, bog dann aber nach links in den Garten ein. Der Duft des frischen Grases und der vielen Blumen war betörend. Nach wenigen Schritten erreichte sie ihr Ziel, den alten Feigenbaum. Seine Zweige hingen teilweise so tief, dass selbst sie diese berühren konnte. Vorsichtig befühlte sie eine Feige. Sie war noch sehr fest. Robert hatte Recht, es dauerte noch ein paar Wochen bis zur Ernte. Schade. Sie roch an der Frucht, setzte sich unter den Baum und lauschte den Insekten, die schon fröhlich um sie herum tanzten. Hier könnte sie jetzt stundenlang sitzen bleiben und träumen. Oder an gar nichts denken. Ja, eine lange Meditation, dazu lud dieser herrliche Garten ein.

Sie nahm ihr Handy und las die beiden eingegangenen Nachrichten. Eine war von Benedikt, der inzwischen erfahren hatte, dass Frau Lange, seine langjährige Praxisleiterin, die auch Johannas Termine mit verwaltete, unwissentlich der Polizei Auskunft über ihre Reise nach Frankreich gegeben hatte. Wie doch alles zusammenhing in der Welt? Die andere sms war von Max, der sein Lieblingsshirt für den heutigen Auftritt nicht finden konnte. Was auch nicht möglich war, da er es vor zwei Wochen bei seinem Freund Ole liegengelassen hatte. Max war heute schon ein zerstreuter Professor. Mit Sicherheit würde sein Herz mal einer Frau zufliegen, die sehr ordentlich und strukturiert war, schmunzelte Johanna und tippte schnell zwei Antworten. Dann hörte sie Schritte.

»Bonjour, Johanna!«

»Guten Morgen, Robert.«

»Haben Sie gut geschlafen? War es auch warm genug?«

»Es war alles bestens. Vielen Dank. Der Schlaf war kurz und intensiv«, lachte Johanna.

»Ich habe Sie oben vom Fenster aus gesehen und mir schon gedacht, dass Sie zum Feigenbaum gehen. Sie müssen Hunger haben und freuen sich bestimmt auch über eine Tasse Kaffee oder Tee. Bitte kommen Sie mit mir.«

Er reichte Johanna seine Hand und half ihr beim Aufstehen.

»Ich möchte Ihnen auch Claudine vorstellen. Sie ist heute Morgen aus Arles zurückgekommen, dort leben ihre Großeltern.«

Als sie auf den Hauptweg stießen, kam ihnen Claudine schon entgegen.

»Johanna, das ist Claudine.« Er nahm seine Frau in den Arm. »Und das ist Johanna. Ich habe dir schon von ihr erzählt.«

Die beiden Frauen gaben sich etwas zurückhaltend die Hand, dann trat Claudine aber beherzt einen Schritt näher an Johanna heran und küsste sie herzlich auf die Wange. Dreimal!

»Herzlich Willkommen bei uns! Ich freue mich außerordentlich, Sie endlich kennen zu lernen. Isabelle hat schon so viel von Ihnen erzählt und uns alle sehr neugierig gemacht.«

»Das ist sehr liebenswürdig von Ihnen, Madame Rozier.«

»Non, non, non. Bitte sagen Sie Claudine zu mir. Sonst komme ich mir so alt vor.«

»Dann bin ich aber auch Johanna für Sie. Woher sprechen Sie so gut Deutsch?«

»Ich habe es in der Schule gelernt und war eine gute Schülerin. Sprachen haben mir immer sehr viel Spaß gemacht.«

Robert führte Johanna in den Garten unter die Platanen, während Claudine sich wieder ins Haus verabschiedete. Jetzt herrschte hier eine völlig andere Atmosphäre als gestern Abend. Die schummrige Abendstimmung war einer bunten Farbenpracht gewichen. Johanna konnte kaum glauben, dass sie die vielen blühenden Sträucher und üppig bepflanzten Blumentöpfe gestern überhaupt nicht wahrgenommen hatte. Hatte es am Wein gelegen? Bevor sie weiter darüber nachdenken konnte, entdeckte sie Isabelle, die bereits an dem reichlich gedeckten Frühstückstisch saß. Als sie Johanna entdeckte, kam sie fröhlich auf sie zu.

»Bonjour, meine Liebe. Du siehst schon ziemlich fit aus.«

»Vielen Dank für die nette Lüge. Heute Morgen kann ich sie gut gebrauchen. Ich kann nicht behaupten, dass ich mich fit wie ein Turnschuh fühle, aber es ist schon okay.«

Sie setzten sich an den Tisch und Robert goss ihr eine Tasse Tee ein. Nach einem *bon appétit* ging auch er zurück ins Haus.

Dankbar trank Johanna ihren Tee.

»Das tut jetzt wirklich gut. Wann bist du denn aufgestanden?«

»Ich glaube, es war so gegen neun. Ich habe einen Wagen gehört und vermutet, dass es Antoine ist. Aber ich hätte sowieso nicht mehr schlafen können.«

Der Tisch war für vier Personen gedeckt. Johanna konnte von ihrem Platz aus den Hauptweg erkennen, der zur Eingangstür des Wohnhauses führte. Jenseits des Weges musste der Pool liegen, wenn sie sich noch richtig erinnerte.

»Ah, unser erster Gast ist aufgewacht. Wie schön.«

Eine dunkle, sehr angenehme Männerstimme tauchte neben Johanna auf, die sich erwartungsvoll umdrehte. Das konnte nur Antoine sein. Ein großer Mann in blauen und bis zum Knöchel hochgekrempelten Jeans kam auf sie zu. Er trug ein langärmeliges beiges Hemd, das locker über der Hose hing, und keine Schuhe.

»Sie müssen Johanna sein«, begrüßte er sie mit einem breiten, offenen Lächeln. »Ich bin Antoine und freue mich außerordentlich über Ihren Besuch. Isabelle hat mir so viel von Ihnen erzählt, dass Sie mir schon so vertraut vorkommen wie gute Freunde.«

Er nahm Johanna in den Arm und schenkte ihr herzlich die obligatorischen Begrüßungsküsse. Johanna begann so langsam, sich daran zu gewöhnen.

»Und um das gleich zu manifestieren, sage ich einfach du zu dir.«

Johanna, die sich aus ihr unbekannten Gründen einen eher schüchternen und wortkargen Mann vorgestellt hatte, war überrascht und sprachlos, wodurch sich Antoine zu einem klärenden Nachsatz bemüßigt fühlte.

»Natürlich nur, wenn du damit einverstanden bist?«

Langsam erwachte Johanna aus ihrer Lethargie.

»Entschuldige Antoine, ich bin heute Morgen noch etwas schwerfällig. Ehrlich gesagt, habe ich nicht so viele Worte von äh dir erwartet und auch nicht so ein flüssiges Deutsch.«

Antoine schaute sie leicht verdutzt an und Isabelle überfiel ein Lachanfall.

»Ich fang noch einmal von vorne an, ja, Antoine? Also.« Jetzt schüttelte sie lachend über sich selber den Kopf. »Wenn ich ganz ehrlich bin, dann habe ich dich mir sehr schüchtern und ruhig vorgestellt. Und jetzt frage ich mich, warum eigentlich?«

»Und mit meinem Redeschwall und meiner Direktheit habe ich dich dann total aus dem Konzept gebracht.«

»Ein bisschen schon. Nicht, dass du jetzt meinst, ich hätte damit ein grundsätzliches Problem. Ich war einfach nur auf einer anderen Spur und musste das in mir ordnen. Leider bin ich damit heute früh nicht allzu schnell.«

Sie trank ihren Tee aus und nahm sich anschließend einen Kaffee. Antoine hatte sich ihr gegenüber gesetzt.

»Isabelle hat uns zwar erzählt, dass du in Deutschland aufgewachsen bist, trotzdem war ich irgendwie zumindest auf einen leichten französischen Akzent eingestellt. Vielleicht wegen Robert. Es tut mir leid.«

Antoine trug seine schwarzen Haare extrem kurz geschnitten, so dass sein fünf Zentimeter langer Bart äußerst markant ins Auge fiel, zumal dieser von feinen grauen Linien durchzogen war. Er hatte gleichmäßige Gesichtszüge und ein sympathisches Lachen. Johanna kramte in ihren Erinnerungen, denn Antoine erinnerte sie an irgendjemanden. Aber sie fand keine Erklärung.

»Vielleicht hat dich auch mein Rauschebart aus dem Konzept gebracht. Ich glaube, auf dem Foto, das ihr von mir kennt, hatte ich ihn noch nicht.«

»Das kann gut sein«, antwortete Johanna und sprang im selben Augenblick auf. »Das ist mir jetzt aber peinlich, Antoine. Du meine Güte, wie konnte ich das nur vergessen? Heute ist ja dein Geburtstag!«

Mit einem Satz war sie auf der anderen Tischseite, und zwar so schnell, dass es Antoine nicht gelungen war, aufzustehen. Diese Tatsache kam Johanna sehr gelegen, da sie nun auf gleicher Augenhöhe mit ihm war und ihn mühelos umarmen konnte.

»Ich gratuliere dir von ganzem Herzen, mein lieber Antoine, und bedanke mich auch für die großzügige Einladung in dein Haus. Möge das neue Lebensjahr dir all die Wünsche erfüllen, die du in deinem Herzen trägst«, sagte sie und schaute ihm mit einer Ernsthaftigkeit in die Augen, dass jetzt ihm die Worte fehlten. Dann gab sie ihm einen Kuss auf die Wange.

»Keine Ahnung, wie viele Küsse dafür in Frankreich nötig sind, aber bei uns reicht einer, wenn er ehrlich gemeint ist.«

Beim Zurückgehen auf ihren Platz strich sie Isabelle liebevoll am Arm und gab auch ihr einen Kuss. Dann begann sie zu frühstücken.

»Wie lange haben wir heute Nacht eigentlich noch erzählt? Gegen halb drei sind wir doch ins Bett gegangen, oder?« Johanna schaute Isabelle fragend an.

»Carla hat ausgiebig von der Stadtführung in Metz berichtet«, überlegte Isabelle. »Das habe ich zumindest bis eben geglaubt, doch wenn ich jetzt darüber nachdenke, so kann ich mich an kein einziges Detail erinnern.«

»Vielleicht war das unser Plan gewesen? Ich weiß jedenfalls genau, dass ich dir das Hotelzimmer in allen Einzelheiten beschrieben habe«, ergänzte Johanna.

»Was? Das müsste ich doch wissen?«

Ratlos schauten sie sich an.

»Manchmal«, mischte Antoine sich nun verständnisvoll in ihr Gespräch ein, »hat der provenzalische Wein die unangenehme Eigenschaft, dass er zu Erinnerungslücken führt oder zu früh schläfrig macht.«

»Ich befürchte eine Mischung von beiden Eigenschaften«, mutmaßte Johanna, als sie sich gerade das letzte Stück ihres zweiten Croissants in den Mund steckte.

»Mmmh. An solche Frühstücke könnte ich mich ge …«

Ihr Blick war von ihrem Teller langsam nach oben gewandert, als sie eine Bewegung im Garten ausgemacht und geglaubt hatte, einer Halluzination zu erliegen.

»… gewöhnen«, vervollständigte sie ihren Satz und fing sich sogleich wieder. Um nichts in der Welt wollte sie sich jetzt etwas anmerken lassen, aber Isabelle hatte ihr Stutzen bemerkt und war ihrem Blick gefolgt. Ein seltsames Phantom bewegte sich auf dem Gartenweg, langsam, aber zielstrebig Richtung Pool. Antoine, der die Erstarrung seiner Tischgäste bemerkte, wollte sich auch gerade umdrehen, als Johanna sagte: »Tu es nicht!«

Doch sie hätte es besser wissen müssen. Es gab keine Männer, die in dieser Situation nicht hellhörig würden. Wahrscheinlich auch keine Frauen. So nahm das Schicksal seinen Lauf. Wie abgesprochen gab niemand einen Laut von sich. Jeder hielt inne in seinen Bewegungen, als wollte er den Lauf der Dinge nicht unterbrechen, und verfolgte gespannt und amüsiert die bevorstehenden Ereignisse. Kurz vor der Einbiegung zum Swimmingpool bog die Gestalt plötzlich nach links ab und kam direkt auf sie zu.

Johannas Blick wanderte vom Kopf der Gestalt langsam hinunter bis zu ihren Füßen, begleitet von einem gleichbleibenden Erschrecken. Carlas Kopf, nein, Carlas Haare, was die Situation jedoch nicht wesentlich verbesserte, steckten unter einer weißen Duschhaube, von der Johanna bis zu diesem Zeitpunkt geglaubt hatte, dass die Menschheit inzwischen von ihnen befreit wäre. Ob ihre Freundin ihren verstörten Gesichtsausdruck erkennen konnte, vermochte sie weiß Gott nicht auszumachen, da Carla ihre überdimensionierte Sofia-Loren-Sonnenbrille trug, die jetzt zwar wieder modern war, sie aber in dieser Montur aussehen ließ wie einen Operationsarzt mit Taucherbrille.

Johannas Blick blieb an dem dicken Knoten hängen, mit dem der knielange weiße Bademantel, den Isabelle oder vielleicht auch Robert fürsorglich in ihr Bad gehängt hatten, zugebunden war. Carla hatte ihn etwas ungeschickt geknotet, so dass der Frotteemantel vorne eine Handbreit höher gerutscht war als hinten, was der Gesamterscheinung nicht unbedingt zuträglich war. Ihre langen weißen Beine - und an dieser Stelle musste vielleicht erwähnt werden, dass Carla aufgrund ihres leicht rötlichen Hauttyps nur sehr langsam und schwer braun wurde - steckten, wie konnte es auch anders sein, in ihren hochhackigen grünen Pumps. Es war immer noch kein Mucks zu hören, aber Johanna nahm eine leichte Bewegung am Fenster wahr und schaute nach oben. Sie konnte gerade noch erhaschen, wie Robert mit einer hastigen Bewegung einen Fotoapparat hinter seinem Rücken verschwinden lassen wollte.

Der Mann ist ein Geschenk des Himmels, dachte sie anerkennend und zwinkerte ihm verschwörerisch zu. Inzwischen hatte Carla ihren Tisch fast erreicht. Johanna, die sich geschworen hatte, nicht helfend einzugreifen, schenkte sich genüsslich Kaffee nach und lehnte sich gemütlich in ihrem Korbstuhl zurück, die Stille des Augenblicks genießend. Aus den Augenwinkeln heraus beobachtete sie Isabelle, die sich nicht entscheiden konnte, ob sie sich vor Antoine schämen oder diese Episode ebenfalls genießen sollte. Aber auch sie entschied sich wohl für letzteres, denn sie wartete erst einmal ab.

Es war Antoine, der die Situation zwar nicht unbedingt rettete, aber als Erster etwas sagte.

»Der Swimmingpool ist auf der anderen Seite, Madame. Soll ich Sie hinführen?«

Nun war es um die Frauen geschehen. Bis zu diesem Moment hatte der Faden der Anspannung standgehalten, doch jetzt war er mit großer Vehemenz gerissen und die beiden schütteten sich aus vor Lachen und es dauerte gefühlte Ewigkeiten, bis es ihnen gelang, sich wieder zu beruhigen. Dann erst registrierten sie, dass Carla beleidigt und irritiert war und Antoine, ja Antoine offensichtlich jeden Augenblick in vollen Zügen genoss.

Der Mann hat Humor, stellte Johanna dankbar fest und wischte sich mit der Serviette ihr Gesicht trocken, *das ist sehr gut. Sehr gut für Isabelle.*

Dann stand Antoine auf. Als guter Gastgeber begrüßte er Carla und hieß auch sie willkommen. Anschließend nahm er ihren Arm und geleitete sie zu dem letzten freien Stuhl an ihrem Tisch. Sicherlich beschlich ihn die Sorge, sie könnte sich ansonsten verirren. Bestenfalls, dachte Johanna, bestenfalls. Vielleicht hatte er auch Angst, sie könnte im Pool versinken. Oder aber er wollte diesen komödiantischen Anblick intensiv aus der Nähe genießen. Johannas Zwerchfell begann schon wieder zu vibrieren, so dass sie sich energisch verbot, weitere Thesen zu entwickeln sowie von ihrem Teller aufzublicken, denn sie wusste ja, dass Antoine ihr gegenüber und Carla direkt neben ihm saß.

Isabelle goss ihrer Freundin eine große Tasse Kaffee ein und wollte diese über den Tisch reichen, doch Johanna hielt ihren Arm fest. Sie nahm drei Zuckerstücken aus der Dose, ließ sie in die Tasse fallen und rührte kräftig um.

»Trink, Carla, das wird dir guttun.«

Carla gehorchte und trank. Inzwischen schnitt Johanna ein Croissant der Länge nach auf und bestrich beide Seiten so dick mit Nutella, dass ihr bei dieser Zubereitung schon fast schlecht wurde. Dann stellte sie den Teller vor Carla.

»Iss, das wird dir guttun.«

Carla begann, mit Appetit zu essen, was Johanna zufrieden zur Kenntnis nahm. Sie füllte noch einmal Carlas Tasse mit Kaffee, versüßte ihn wiederum und stellte ihr noch ein großes Glas Orangensaft dazu.

Antoine beobachtete die Szene vergnügt und freute sich insgeheim schon auf die Geburtstagsparty am Abend. Das konnte ja nur lustig werden.

Carla hatte einen gesegneten Appetit und verputzte in Windeseile alles, was die Freundinnen ihr vorsetzten. Und ganz langsam wurde sie rege.

»Eigentlich wollte ich ja eine Runde schwimmen, um richtig wach zu werden.«

»Ja und?« Johanna kannte keine Gnade.

»Auf einmal konnte ich mich nicht mehr daran erinnern, wo genau der Pool war.«

»Vielleicht hätte es dir geholfen, wenn du die alberne Sonnenbrille abgenommen hättest.«

»Nun sei doch nicht so streng, Johanna. Ich weiß, dass du meine neue Brille nicht magst, aber ich muss doch meine helle Haut ein wenig vor der Sonne schützen. Besonders hier im Süden. Du weißt doch, wie schnell ich diese kleinen Falten kriege.«

Isabelle rollte mit ihren Augen.

»Du hast dich doch noch nie um deine Falten gekümmert. Gilt deine Devise *Das kann man alles überschminken* denn nicht mehr?«

Etwas aus dem Konzept gebracht, griff Carla dieses Mal selber in den Brotkorb.

»Dürfen wir denn jetzt davon ausgehen, dass du dich gegen ein morgendliches Bad entschieden hast?«, setzte Johanna nach.

Carla nickte mit vollem Mund.

»Dann wäre es eine Wohltat für unsere Augen, wenn du endlich diese idiotische Duschkappe abnehmen würdest. Wo hast du die eigentlich her?«

Erschrocken griff Carla an ihren Kopf.

»Oh, die habe ich ganz vergessen«, stammelte sie. »Ich wollte meine Haare hochbinden, damit sie nicht nass werden, habe aber nichts dafür gefunden. Und dich konnte ich ja nicht fragen, du hast mich ja alleine gelassen.«

Ein wenig Stolz über diese Strategie hatte sich in ihre vorwurfsvolle Stimme gemischt, doch Johanna dachte nicht daran, darauf einzugehen.

»Und wo war die Haube?«

»In einer der Schubladen im Badezimmer.«

»Na, dann los!«

Mit einer auffordernden Kopfbewegung schaute Johanna sie an, aber es dauerte immer noch einen Moment, bis Carla begriff. Mit einem Rutsch zog sie dann aber die Haube vom Kopf, so dass Antoine einen ersten Eindruck von Carlas wirklichem Aussehen gewinnen konnte. Ihre kastanienbraunen Haare fielen ihr schwungvoll auf die Schultern.

»Das ist ja schon mal ein Anfang«, freute sich Johanna und schaute auf ihr Handy.

»Bitte Johanna, geh zum Telefonieren doch ins Haus«, bat Antoine sie. »Ich habe eine Flatrate, die auch für Deutschland gilt. Du kannst also nach Herzenslust mit deiner Familie sprechen, wenn du möchtest.«

Johanna strahlte. »Das Angebot nehme ich gerne an. Vielen Dank.«

»Wenn du ins Haus kommst, geh geradeaus in mein Arbeitszimmer. Dort steht das Telefon und dort bist du auch ungestört.«

Johanna spießte das letzte Stück Tomate auf ihre Gabel und wollte schon ins Haus gehen, als sie sah, wie Carla sich mit ihrem Ellenbogen auf den Tisch stützte, mit ihren Fingerspitzen um ihr Kinn strich und Antoine herausfordernd ansah.

»Lass das, Carla, es ist noch zu früh.«

Antoine zog seine Augenbrauen fragend hoch, sagte aber nichts. Als Johanna sah, dass Carla sich entspannt zurücklehnte, sagte sie: »Dann gehe ich jetzt mal telefonieren.«

Sie stand auf, stellte sich kurz hinter ihre Freundin, um ihr die Hände beruhigend auf die Schultern zu legen, und nahm ihr die Brille ab.

»Du weißt doch, dass es unhöflich ist, seinem Gegenüber nicht in die Augen zu schauen, besonders, wenn man die Person noch gar nicht kennt. Also benimm dich jetzt, Carla, sonst gibt es nachher kein Eis.«

Und mit einem breiten Grinsen verschwand Johanna im Haus.

Kapitel 26

Als Johanna wieder aus dem Haus trat, saßen nur noch Antoine und Robert am Tisch, während Claudine die letzten Reste ihres Frühstücks abräumte.

»Vielen Dank für das üppige Frühstück, Claudine. Es war hervorragend und tat gerade nach dem gestrigen Abend sehr gut.«

Alle lächelten verständnisvoll.

»Sie brauchen sich auch nicht für Carla zu entschuldigen, Johanna. Es war meine Schuld, ich hätte Sie vielleicht nicht mehr zu einem Glas Wein im Garten überreden sollen.« Robert machte ein zerknirschtes Gesicht, aber nur ansatzweise.

»Ich habe überhaupt nicht vor, mich für Carla zu entschuldigen«, lachte Johanna und setzte sich zu den Männern. »Und es war ein wundervoller Abschluss gestern hier im Garten. Um nichts in der Welt möchte ich ihn missen. Ich danke Ihnen noch einmal für Ihre Gesellschaft.«

Johanna legte freundschaftlich ihre Hand auf Roberts Arm. »Machen Sie sich keine Gedanken. Carla braucht am nächsten Tag immer etwas länger, um wieder auf die Füße zu kommen.«

»Und viel Zucker«, vervollständigte Antoine.

»Genau«, grinste Johanna, »viel Zucker, viel Kaffee, etwas zu Essen und ein paar Vitamine. Danach eine Dusche und sie ist wieder die alte. Lassen Sie sich überraschen.«

»Aber was ich nicht verstehe, ist, warum du sie vorhin daran gehindert hast, mir irgendetwas zu sagen. *Lass das, Carla, es ist noch zu früh*«, ahmte er Johannas strenge Stimme nach.

»Ach das.« Johanna grinste. »Du solltest mir dankbar sein, Antoine. Wenn Carla angeschlagen ist und diese Pose einnimmt, dann macht sie jedem, der gerade greifbar ist, die wildesten Frisurenvorschläge. Sie hatte es diesmal auf deinen Bart abgesehen.«

»Oh, dann habe ich dank deines Einsatzes noch einmal Glück gehabt.«

»Oder Aufschub erhalten«, schmunzelte Johanna und sah, dass auch Robert grinste.

»Ich werde Claudine noch ein wenig zur Hand gehen«, sagte er.

»Kann ich Ihnen nicht auch helfen?«, bot Johanna an.

»Auf gar keinen Fall. Oder wollen Sie, dass ich meinen Job verliere?«

Nachdem Robert sich verabschiedet hatte, schlenderten Johanna und Antoine durch den Garten. Die Mittagszeit war angebrochen und die Sonne tat ihr Bestes, um alles und jeden zu erwärmen. Johanna liebte die Sonne. Sie wurde in Nullkommanichts braun und konnte sich nicht daran erinnern, jemals einen Sonnenbrand gehabt zu haben. Eigentlich war sie für den Süden wie geschaffen.

»Vor zwei Jahren«, erzählte Antoine, »hat mir meine Tante dieses Anwesen verkauft. Nach dem Tod meines Onkels Bruno hatte sie hier viele Jahre alleine gelebt. Jetzt endlich ist sie zu meiner Cousine und ihrer Familie nach Avignon gezogen.«

Sie streiften einen großen Terrakottakübel mit einem kräftigen Oleanderstrauch voller Knospen. Es würde nicht mehr lange dauern, bis die ersten aufbrachen. Johanna atmete den Duft des Gartens in vollen Zügen ein, als Antoine etwas einfiel.

»Nicht, dass du mich jetzt falsch verstehst. Mit *endlich* meinte ich nicht, dass ich endlich dieses Gut haben wollte.

Im Gegenteil, ich kannte die Pläne meiner Tante gar nicht, wir alle kannten sie nicht. Aber sie hatte nun die 70 überschritten und lebte weit weg von allen und das bereitete uns immer größere Sorgen. Doch alles Drängen nützte nichts.«

Antoine lachte laut. »Sie ist ein Dragoner. Sie lässt sich von nichts und niemandem etwas sagen. Doch irgendwann eröffnete sie uns dann ihre Pläne und wir fielen alle aus den Wolken.«

»Und Robert?«

»Auch das war ihre Idee, da sie wusste, wie wenig mir die Gartenarbeit liegt. Tante Bernadette ist nämlich unser Kommunikationsknotenpunkt, so könnte man es vielleicht ausdrücken. Sie weiß immer über alles und jeden Bescheid. Natürlich war ihr bekannt, dass Robert und Claudine eine größere Wohnung suchten. Den Rest kannst du dir denken.«

»Mit anderen Worten«, brachte Johanna auf den Punkt, »du hattest gar keine andere Wahl, als dich ihren wohl durchdachten Plänen zu beugen.«

»Ja genau. Du bist eine sehr kluge Frau.«

Er hakte sich bei ihr unter und im Gleichschritt gingen sie durch den Kräutergarten, wobei er äußerst kleine Schritte machen musste.

»Robert und Claudine sind ein Schatz für mich. Sie lieben das Leben auf dem Land, aber ebenso die damit verbundenen Tätigkeiten im Garten. Wie ich euch kenne, hat er gestern sicherlich einiges von sich erzählen müssen.«

»Ein wenig«, schmunzelte Johanna.

»Ich bin alleine und brauche nicht so viel Platz. Die Wohnung oben ist schön hell und geräumig. Die beiden wohnen dort kostenfrei und kümmern sich um alles. Das Arrangement ist perfekt für beide Seiten. Und auf diese Weise konnte das Anwesen im Familienbesitz bleiben, was meiner Tante besonders am Herzen lag.«

Sie gingen nun auf das Tor zu.

»Und in diesen beiden kleinen Gebäuden befinden sich Ferienwohnungen?«

»Ja, richtig. Das war Roberts Idee. Zwei gut ausgestattete Ferienwohnungen mit kleinem Garten davor und selbstverständlich Poolbenutzung. Damit wieder mehr Leben in dieses Areal kommt. Im nächsten Frühjahr soll alles fertig sein. Dann werden wir auch ein wenig Werbung machen. Dafür brauchen wir aber noch einen schönen Namen für unser Haus.«

Nach einer Weile ergänzte Antoine: »Ich würde es am liebsten *Isabelle* nennen.«

»Oh«, sagte Johanna ohne nachzudenken, »tu ihr das bitte nicht an.«

Sie erreichten den Garten ihres Ferienhäuschens und setzten sich draußen an den Tisch. Gemeinsam lauschten sie den Stimmen, die aus dem Haus drangen.

»Wie sehe ich jetzt aus?«, hörten sie Carlas Stimme.

»Ohne Duschhaube etwas fremd«, war Isabelles trockene Antwort.

In diesem Augenblick fiel Johanna ein, dass Antoines Geburtstagsgeschenk noch auf dem Tisch stand und die Gefahr bestand, dass die Frauen drinnen darauf zu sprechen kamen. So suchte sie nach einer Möglichkeit, auf sich aufmerksam zu machen, ohne aufstehen zu müssen.

»Bitte erschrick jetzt nicht, Antoine«, warnte sie ihn, setzte vier Finger in den Mund und stieß einen gellenden Pfiff aus. Sofort gab es eine Reaktion im Haus und Isabelle erschien in der offenstehenden Tür.

»Wir sind so gut wie fertig«, strahlte sie Antoine an.

Als Carla aus dem Haus kam, tat sie so, als sähe sie Antoine zum ersten Mal, obwohl sie ihn sofort duzte.

»Bonjour Antoine. Ich freue mich, dich endlich kennen zu lernen. Allerdings hatte ich eine ganz andere Vorstellung von dir«, sie grinste, »so wie du von mir wahrscheinlich auch.«

»Bonjour Carla und noch einmal Herzlich willkommen! Das Vergnügen ist ganz auf meiner Seite.«

Antoine nahm Carla in den Arm und küsste sie freundschaftlich. Carla strahlte.

»Hast du's gesehen, Johanna? Dreimal. Es ist alles wieder gut.«

Dann wurde sie ernst.

»Ich freue mich wirklich, hier zu sein und zu sehen, mit wem Isabelle so glücklich ist. Ich glaube, sie hat eine gute Wahl getroffen. Aber um da ganz sicher zu sein, brauche ich noch etwas Zeit. Und wo ich schon einmal dabei bin, so viel zu reden: Alles erdenklich Gute zum Geburtstag!«

Antoine drückte Carla und bedankte sich.

»Ich glaube, es ist auch eine Flasche Champagner im Kühlschrank«, überlegte er und eilte zur Tür. Doch Johanna, die sich in Windeseile erhoben hatte, warf sich förmlich zwischen ihn und die Wohnungstür und rang nach unauffälligen Worten, während sie ihre Freundinnen mit den Augen um Hilfe anflehte, aber von deren Seite kam nichts.

»Das verschieben wir lieber auf heute Abend, Antoine. Bitte sei uns nicht böse, aber ein paar Stunden Ausnüchterung tun uns allen ganz gut, äh, uns Frauen, meine ich.«

Antoine fand zwar Johannas körperlichen Einsatz etwas überdimensioniert, konnte jedoch ihre Gründe gut nachvollziehen.

»Dann fühlt ihr euch also gerüstet für eine Stadtführung?«

»Ja!«, antworteten alle drei Frauen im Chor.

Kapitel 27

Bevor sie starteten, hatte Antoine seine Jeans herunter gekrempelt, das Hemd in die Hose gesteckt und ein Paar Leinenschuhe angezogen. Er fuhr einen alten grünen Renault. Wie selbstverständlich setzte Carla sich nach vorne, während Johanna und Isabelle auf die Rücksitze kletterten. Als sie ihr Seitenfenster herunterkurbelte und die Puck-Sonnenbrille aufsetzte, schüttelte Johanna fröhlich den Kopf.

»Kannst du mit dieser Brille auch fotografieren, Carla? Wenn nicht, brauchen wir gar nicht erst loszufahren. Du kennst doch deine Aufgabe.«

»Das kann ich immer, bleib mal ganz entspannt. Allerdings«, konterte sie amüsiert und streckte ihre Beine aus, »kann ich nicht dafür garantieren, dass dein Kopf immer mit drauf ist. Aber das hat dann andere Gründe.«

Antoine freute sich über die gute Laune der Frauen und genoss ihre Schlagfertigkeit, in der ihre lange Freundschaft und viel Herzlichkeit zum Ausdruck kamen. Er konnte gut nachvollziehen, dass Isabelle ihre Freundinnen in den letzten Tagen immer mehr vermisst und sich auf diesen Besuch so gefreut hatte. Sicher, sie hatte ihm viel von ihrer Beziehung erzählt, doch ein persönlicher Eindruck war immer etwas völlig anderes.

»Mir hat deine Aufführung heute Morgen ausgesprochen gut gefallen, Carla. Und da wollte ich dich fragen, ob du mir ein paar Unterrichtsstunden geben könntest.«

Isabelle war jetzt die einzige, die grinsend aus dem Fenster sah, während Carla Antoine ein wenig verständnislos anschaute und sogar ihre Sonnenbrille abnahm.

»Ja, im Ernst. Jeden Sommer in der semesterfreien Zeit spiele ich in einem Studententheater mit. Und in diesem Jahr ist König Lear angesagt.«

»Wenn ich richtig informiert bin, handelt es sich dabei um eine Tragödie von William Shakespeares,« erwiderte Carla theatralisch. »Mein Spezialgebiet ist jedoch die Komödie.«

Sprach es, ohne eine Miene zu verziehen, und setzte ihre Brille wieder auf. Alle mussten lachten.

»Daher wohl auch der üppige und völlig aus der Mode geratene Bart, nehme ich an.«

»Das ist richtig. Ich finde es immer besser, möglichst authentisch zu wirken und auf unnötige Requisiten zu verzichten. Findest du denn, der Bart steht mir nicht? Ich meine, so als Fachfrau.«

»Also, als Bühnenfachfrau kann ich dir sagen, der Bart wird gut ankommen und passt ausgezeichnet zur Rolle, wenn er noch ein paar zusätzliche graue Strähnen erhält. Aber das dürfte ja kein Problem sein. Als Friseurin und besonders als Freundin von Isabelle muss ich dir leider sagen, dass dich dein Bart um zehn Jahre älter macht. Mit oder ohne graue Strähnchen.«

Carla holte tief Luft und arbeitete gedanklich ein paar Vorschläge für eine neue Frisur durch und, wenn es sich nicht vermeiden ließ, auch für einen radikal gestutzten Bart, als sie Johannas Hand auf ihrer Schulter spürte und einlenkte: »Aber die Schauspielerei fordert manchmal Opfer.«

»Sag mal, Antoine, wohin fahren wir eigentlich? Nach Saint Rémy hätten wir doch linksrum abbiegen müssen.«

»Das ist richtig, Johanna. Aber ich wollte euch zuerst *St. Paul de Mausole* zeigen.«

Das war das Stichwort für Isabelle.

»1889 kam van Gogh von Arles nach Saint Rémy. Ihr wisst ja, dass er hier war. Er ging damals freiwillig in die Heilanstalt für Geisteskranke, so sagte man früher. *St. Paul de Mausole* hieß die Psychiatrie, in der er ein ganzes Jahr lang blieb. Für ihn war es eine Zeit großer Schaffenskraft. Van Gogh war fasziniert von der Qualität des Lichtes hier, das die Farben zum Leuchten bringt, wie er es ausdrückte. Er malte 143 Gemälde in Öl und mehr als 100 Zeichnungen. Ihr kennt doch sicherlich die Zypressenbilder und die Ölbäume.«

Nach einem bejahenden Nicken ihrer Freundinnen referierte sie weiter.

»Aber es war auch eine schwere Zeit für ihn, da er immer wieder von Anfällen heimgesucht wurde.«

»Woran litt er eigentlich genau?«, fragte Johanna.

»So richtig weiß man das bis heute nicht. Man ging lange Zeit von Epilepsie oder Schizophrenie aus, heute glaubt man eher an eine Psychose.«

Maurice parkte unter einer großen Zypresse und zeigte auf das alte Gemäuer.

»Bei diesem Gebäude handelte es sich um ein altes Kloster, bevor es zu einer psychiatrischen Einrichtung wurde. Wir können die alte Kapelle, den Kreuzgang und einige Zimmer besichtigen, wenn ihr möchtet.«

»Aber klar.«

Carla und Isabelle gingen voran, während Johanna sich draußen ein wenig umschaute und erst einmal die Gesamtatmosphäre dieses historischen Areals in sich aufnahm. Antoine wartete auf sie.

»Wenn ich an solchen Orten bin, versuche ich mir immer vorzustellen, wie die Menschen hier früher gelebt haben. Ob sie glücklicher waren als wir in unserer modernen und komfortablen Zeit? Und zufriedener, weil ihr Leben übersichtlicher war und mit weniger Einflüssen behaftet.«

Johanna lachte. »Entschuldige, Antoine, aber ich kann einfach nicht anders.«

»Warum entschuldigst du dich? Es ist doch wichtig, dass sich die Menschen über mehr Dinge Gedanken machen als über ihr tägliches Essen und Trinken. Ach ja, und das Fernsehen natürlich. Ich mag interessierte Menschen.«

Langsam erreichten sie den Kreuzgang, wo Johanna wiederum stehen blieb. »Das muss mal ein sehr wohlhabendes Kloster gewesen sein.«

Sie zeigte auf die reich verzierten Decken und Säulen des Kreuzgangs. Er führte um einen quadratischen Garten herum mit der typisch provenzalischen Mischung aus kleinen Hecken, Sträuchern, Kübelpflanzen und unzähligen blühenden Blumen. Johanna konnte sich nicht sattsehen an ihm und setzte sich auf eine Bank.

»Hier kann man sicherlich zu jeder Tages- und Jahreszeit ein völlig anderes Licht erleben und muss nicht unbedingt auf den Sommer warten. Ich kann Von Goghs Schaffensdrang gut nachvollziehen. In solchen Augenblicken wünsche ich mir auch, malen zu können.«

»Hast du es denn schon einmal ausprobiert?«, wollte Antoine sie motivieren.

»Oh doch, das habe ich. Aber erinnere mich lieber nicht daran.«

Johanna lehnte sich zurück und auch Antoine entspannte sich neben ihr. Er fühlte sich ausgesprochen wohl in Johannas Gesellschaft und verspürte kein Bedürfnis, den anderen zu folgen. Er kannte das Anwesen ohnehin wie seine Westentasche. Außerdem lag ihm noch etwas auf dem Herzen.

»Ich möchte dich gern etwas fragen. Wie hast du das vorhin gemeint, als du sagtest, es wäre nicht gut für Isabelle, wenn ich mein Haus nach ihr benennen würde?«

Johanna überlegte lange, bevor sie Antoine eine Antwort gab.

»Weißt du, dass Isabelle eine sehr schwere Zeit hinter sich hat?«

»Ja, aber sie hat mir erst vor drei Tagen davon erzählt.«

»Wenn ich sage, sie hat eine schwere Zeit hinter sich, so ist das eigentlich eine bodenlose Untertreibung. Was sie in den letzten beiden Jahren durchgemacht hat, wird sie dir wahrscheinlich in allen Ausmaßen nie erzählen. Sie ist im Gegensatz zu Carla und mir sehr verschlossen und gehört zu den Menschen, die immer zuletzt an sich selber denken.«

»Bevor du weiterredest, Johanna, muss ich noch etwas klarstellen. Du darfst nicht glauben, dass ich dich jetzt über Isabelle aushorchen möchte. Ich liebe sie und habe nicht den leisesten Zweifel daran, dass ich den Rest meines Lebens mit ihr verbringen möchte. Um ihr das zu zeigen, wollte ich das Haus nach ihr benennen. Hier hat jedes Gästehaus nämlich einen Namen. Ich muss gestehen, ich war begeistert von der Idee und wollte sie damit überraschen. Bis zu deiner Bemerkung.«

Zwei kleine Sorgenfalten bildeten sich zwischen seinen Augenbrauen, so dass Johanna nach den richtigen Worten suchte.

»Lass mich dir so viel sagen, Antoine. Isabelle hat in dieser schwierigen Phase ihres Lebens begriffen, wie wichtig es ist, sich selber ernst zu nehmen und zu achten, damit das Leben einen Sinn erhält, der über eventuelle Schicksalsschläge hinausgeht. Und in diesem Zusammenhang ist es für sie ganz besonders wichtig geworden, eigene Entscheidungen zu treffen und nicht vor vollendete Tatsachen gestellt zu werden, besonders bei so nachhaltigen Entscheidungen. Sie würde es nie übers Herz bringen, deinen Vorschlag abzulehnen, selbst wenn sie es, aus welchen Gründen auch immer, wollte. Kannst du das nachvollziehen?«

»Ja, das kann ich gut. Und ich gebe zu, dass ich nicht genug darüber nachgedacht habe.«

Er lehnte seinen Kopf an die Wand und strich über seinen Bart. »Ich danke dir für deine Offenheit. Sie wird mir helfen, Isabelle besser zu verstehen und mich selber nicht zu tölpelhaft zu verhalten.« Dann setzte er sich wieder auf und schaute Johanna direkt ins Gesicht.

»Darf ich dir noch eine persönliche Frage stellen?«

»Aber natürlich. Ich kann dir nur nicht versprechen, ob ich sie beantworten werde.«

»Glaubst du, dass Marc etwas zugestoßen ist?,« brachte er zögerlich hervor.

Johanna hatte schon mit dieser Frage gerechnet, sie eher befürchtet. Was sollte sie ihm nur antworten? Was war klug? Was war richtig? Was war ehrlich? Sie sah die Betroffenheit in seinen Augen. Seine Angst, Isabelle wieder verlieren zu können. Auf der anderen Seite wusste sie kaum etwas von ihm. Eigentlich nur, dass Isabelle unsterblich in ihn verliebt war. Bei diesen spärlichen Fakten gab es daher nicht viel abzuwägen. Johanna wandte ihren Blick wieder dem liebevoll gepflegten Klostergarten zu und wartete auf eine hilfreiche Eingebung, aber nichts geschah. Sie lächelte. Hatte sie nicht selber gerade gesagt, dass es wichtig sei, eigene Entscheidungen zu treffen? So fasste sei einen Entschluss.

»Nein, Antoine, ich glaube nicht, dass Marc etwas zugestoßen ist.«

Dann schwiegen sie.

Johanna hatte kein Gefühl dafür, wie lange sie dort beieinandergesessen hatten, als die anderen wieder zu ihnen stießen. Carla rutschte neben ihre Freundin.

»Ich habe jede Einzelheit fotografiert, damit du hier sitzen bleiben kannst. Vielleicht hättest auch du eine Stunde länger schlafen sollen«, stichelte sie, aber Johanna öffnete nicht einmal ein Auge.

»Sind wir auf einer Treibjagd oder im Urlaub?«

»Damit Benne zu Hause sehen kann, dass das Kulturelle nicht völlig an seiner Frau vorbeizieht, habe ich euch beide von der anderen Seite des Gartens verewigt.«

»Du bist ein wahrer Schatz. Ich wusste doch, dass ich mich auf dich verlassen kann, wenn es darum geht, meine guten Seiten hervorzuheben.«

Lächelnd stand sie auf. »Dann werde ich jetzt schnell noch das Versäumte nachholen. Wir treffen uns dann am Auto.«

Und weg war sie. Bevor sie um die Ecke bog, drehte sie sich noch einmal um und winkte den anderen zu. In aller Ruhe schaute sie sich danach die Klosterkapelle und die zur Besichtigung freigegebenen Räume an, unter anderem das Zimmer, das seinerzeit van Gogh bewohnt hatte. Danach schlenderte sie langsam durch den Säulengang zum Ausgang zurück. Sie fand die anderen auf dem Parkplatz. Carla hatte sich an den Renault gelehnt und ließ die Sonne auf ihr Gesicht scheinen, während Isabelle und Antoine auf einem großen Stein im Schatten des Baumes saßen.

»Sind die Damen bereit für den zweiten Teil unseres Kulturprogrammes?«

»Na, klar. Nicht nur bereit, sondern auch neugierig«, antwortete Carla und setzte sich wieder auf ihren Stammplatz.

Antoine fuhr los, und es dauerte nicht lange, bis sie den Ortskern erreichten. »Das Zentrum von Saint Rémy liegt innerhalb eines prächtigen Boulevards«, erklärte Antoine, »der hier beginnt.«

Sie bogen in eine belebte Straße ein, aber schon nach wenigen Metern fuhr Antoine durch eine enge Hofeinfahrt und stellte seinen Wagen ab.

»Hier wohnt ein Freund von mir. Er ist im Augenblick nicht zu Hause, so dass wir hier parken können.«

So starteten sie ihren Rundweg durch die Altstadt. Wie immer war Isabelle gut vorbereitet.

»St. Rémy de Provence hat ungefähr 10.000 Einwohner und gehört zum Arrondissement Arles. Die Hauptattraktion ist sicherlich van Gogh; sein Name zieht die meisten Besucher an. Aber Saint Rémy hat viel mehr zu bieten, zum Beispiel diese herrliche Altstadt mit den wunderbar restaurierten Bürgerhäusern, der *Chapelle Notre-Dame de Piti* aus dem 16. Jahrhundert, dem Geburtshaus von Nostradamus … da vorne ist es ja. Den Nostradamus-Brunnen haben wir ja gestern schon gesehen. Heute können wir das Foto nachholen.«

Antoine nahm Carla den Apparat aus der Hand und bat sie, sich zu den anderen auf den Brunnenrand zu setzen. Carla nahm sogar ihre riesige Brille ab, dann strahlten sie in die Kamera. Anschließend durchschritten sie einen alten Torbogen und gelangten zur *Eglise Saint-Martin.*

»Diese Kirche ist berühmt für ihre bemerkenswerte Orgel und die wunderbare Akustik, der Grund für jährliche Orgelkonzerte, die über die Grenzen hinaus berühmt sind. Ansonsten finden hier in Saint Rémy natürlich regelmäßige Van-Gogh-Ausstellungen statt.«

»Und die vielen kleinen Geschäfte und Boutiquen sind auch nicht zu verachten.«

Carla blieb vor einem Schaufenster mit Kunst- und Töpferhandwerk stehen und bewunderte die Auslagen.

»Schaut mal, Mädels, bei uns gibt es ja auch Keramikgeschirr, aber meistens in gedämpften Farben. Hier ist alles so bunt und fröhlich.«

»Das stimmt«, pflichtete ihr Johanna bei, »diese Gelb- und Blautöne sind wirklich sehr intensiv. In ihnen scheint einfach die Sonne.«

Ein paar Häuser weiter nahmen sie einen angenehmen Duft wahr.

»Das ist Lavendel«, erklärte Antoine. »Um die Felder in voller Blüte zu erleben, hättet ihr noch einen Monat mit eurem Besuch warten müssen.«

»Das lag doch nicht an uns!«, ereiferte sich Carla. »Wenn du deinen Geburtstag um vier Wochen verschoben hättest, hätte es gepasst.«

Sie knuffte ihn am Arm. »Vielleicht kriegst du das ja im nächsten Jahr hin?«

Staunend blieben sie vor dem üppig dekorierten Lavendelgeschäft stehen. Da die Ladentür weit offenstand, gingen sie nacheinander hinein, mit Ausnahme von Antoine, der noch etwas zu erledigen hatte und sich für eine kurze Zeit verabschiedete. Die Frauen waren wie betäubt von der Intensität der Düfte und schnupperten sich die Regale entlang. Johanna blieb vor den Lavendelessenzen stehen.

»Die sehen ja aus wie Medizinfläschchen«, wandte sie sich an Isabelle.

»Das siehst du ganz richtig. Die Franzosen verwenden Lavendel seit Ewigkeiten auch als Heilkraut. Ich glaube, es hat eine beruhigende Wirkung für Magen- und Darmbeschwerden, wirkt antiseptisch bei der Wundheilung und soll sogar lästige Insekten vertreiben. Ich habe es selber noch nicht ausprobiert.«

In diesem Geschäft gab es einfach alles: Essenzen, Tinkturen, Salben und Gels oder aber die verschiedensten Duftvariationen wie Duftkissen mit getrockneten Lavendelblüten oder zum Tränken, Duftsträuße und Parfums. In einer anderen Ecke entdeckten sie eine Riesenauswahl an Seifen und Lotionen sowie Duftkerzen in jeder Form. Dazwischen hingen überall zu Dekorationszwecken Lavendel-Arrangements.

»Wer soll sich denn hier entscheiden können?«, beschwerte sich Carla lachend. »Führt diese Fülle nicht eher dazu, dass man nichts kauft?«

»Das mag bei dir zutreffen. Meine Entscheidung ist schon gefallen«, entgegnete Johanna. »Ich werde einige Kerzen mitnehmen, damit wir an unserem Fotoabend die richtige Atmosphäre haben.«

Isabelle pflichtete ihr sofort bei. »Das ist wirklich eine super Idee. Wie gut, dass du daran gedacht hast, dann kann jeder diesen herrlichen Duft nachvollziehen.«

Am Ende hatten sowohl Johanna als auch Isabelle eine Tüte in der Hand, Johanna mit Kerzen und Isabelle mit einer Auswahl an Seifen. Ihr Bummel führte sie vorbei an Obst- und Gemüsehändlern, die ihre frische Ware zum Teil draußen aufgebaut hatten, Gewürz- und Kräuterläden und diversen Käseherstellern. Das Angebot war überall mehr als reichhaltig und verlockend. Im Vorbeigehen streiften ihre Blicke Kleiderständer mit Blusen, Hosen und Jacken, die vor den Geschäften die Kunden anlockten. Vorwiegend die Kundinnen. Doch die drei waren noch zu müde, um sich eingehender mit modischen Artikeln zu beschäftigen. Besonders Johanna und Carla steckten die letzten beiden kurzen Nächte in den Gliedern, wie sie jetzt merkten. So zogen sie extrem langsam weiter, sich an all diesen schönen Dingen einfach nur erfreuend.

Am Ende der Rue Lavoisier entdeckten sie eine kleine Boutique mit einer ungewöhnlichen Auswahl an Schals, Tüchern und Hüten.

»Sind das schöne Strohhüte!« Carla drehte den Ständer einmal um seine Achse und verfolgte dabei das gesamte Sortiment mit Kennerblick.

»Hier, Mädels. Das sind die schönsten. Südfrankreich ohne Strohhut, das geht ja gar nicht.«

Sie pickte sich einen naturfarbenen dichtgeflochtenen Hut mit einer kleinen festen Krempe heraus. Seine Schlichtheit wurde durch eine doppelreihige Perlenschnur kunstvoll aufgepeppt. Diese war um den Strohhut gelegt und enthielt leuchtend bunte runde und eckige Glasperlen. Die Frauen waren hingerissen.

»Wenn er euch gefällt, spendiere ich eine Runde Hüte,« sagte Carla.

»Aber …«

»Kein aber! Ich nehme den mit den grün-blauen Perlen. Der passt doch ausgezeichnet zu meinen Schuhen, oder?«

»Und zum Bademantel«, ergänzte Johanna und fing sich sogleich einen Rüffel ein.

Inzwischen begutachtete Isabelle sich im Spiegel, wozu sie ein wenig in die Hocke gehen musste. Ihre Wahl war auf das weiß-beige Perlenmodell gefallen.

»Der passt gut zu dir«, lobte Johanna, »die klassische Variante.«

Sie selber setzte sich den Hut mit den violett-blauen Perlen auf und fühlte sich sofort wohl damit. Als die Verkäuferin die Freude der Frauen sah, bat sie alle in den Laden, wo ein großer Spiegel an der Wand hing. Jetzt konnten sie sich alle zugleich sehen und waren auf Anhieb begeistert.

»Wartet einen Augenblick. Das gibt ein super Foto vor dem Spiegel.«

Und schon hatte Carla einen ungewöhnlichen Schnappschuss gemacht.

»Die Hüte sind eine Wucht! Die behalten wir gleich auf.« Isabelle bewunderte sich von allen Seiten.

»Ich werde meinen allerdings ohne Preisschild tragen«, entschied Johanna und gab ihren zuerst einmal der Verkäuferin. Voller Stolz bedankten sich Johanna und Isabelle bei ihrer Freundin mit einem freundschaftlichen Kuss.

»Was, nur einmal?«, empörte sich Carla. »Wo ich gerade anfange, mich an mindestens zwei bis drei Küsse pro Gang zu gewöhnen.«

Kapitel 28

Isabelle hatte ihre Freundinnen geschickt um den kleinen Marktplatz herumgeführt, ohne dass die beiden bemerkten, wo sie sich genau befanden. Nun trat exakt das ein, was sie erwartet hatte. Und jetzt war auch der richtige Zeitpunkt dafür gekommen. Als sie um die nächste Ecke bogen, öffnete sich vor ihnen der herrliche, mit den typischen Platanen bewachsene Mittelpunkt des Dorfes.

»Hier sind wir jetzt?«, wunderte sich Carla, um sogleich in ein freudiges Rufen auszubrechen. »Da ist ja auch *Le Mirabeau*. Und Luc. Hallo Luc! Wir kommen!«

Carla hatte sofort erkannt, dass ihr Tisch vom gestrigen Abend unbesetzt war und steuerte winkend auf Luc zu.«

»Ich hatte ihr doch heute früh ein Eis versprochen, wenn sie sich benimmt«, erinnerte Johanna Isabelle grinsend, »aber ich denke, sie hat es sich ehrlich verdient.«

Luc begrüßte die Frauen herzlich und wies ihnen auch ihren Tisch zu.

»Wie ich sehe, haben Sie sich nach Kräften bemüht, unsere Wirtschaft anzukurbeln. Ich gratuliere Ihnen zu Ihrem Geschmack. Die Hüte sehen très chic aus.«

Sie fühlten sich geschmeichelt und bedankten sich artig.

»Was darf ich Ihnen Schönes bringen?«

»Wir hätten gerne dreimal *Dame blanche* und dreimal *café noir*.«

Carla hatte offensichtlich für sie alle entschieden. Aber sie strahlte wie ein Kind, so dass die beiden anderen ihr die Freude nicht verderben wollten und auf Lucs fragenden Gesichtsausdruck nur mit einem zustimmenden Nicken reagierten. Als Antoine wieder zu ihnen stieß, stellte Luc gerade die riesigen Eisbecher auf den Tisch, so dass dieser einen Augenblick lang nicht wusste, was er als erstes staunend erwähnen sollte, die neuen Hüte oder das Eis. Er selber bestellte sich einen Kaffee.

»Das sieht ja nach einem Festtag aus.«

»Das stimmt.« Isabelle nahm seine Hand. »Carla hat eine Runde Strohhüte spendiert und Johanna eine Runde Eis.«

»Wenn du möchtest«, nahm Carla den Ball auf, »dann spendiere ich dir auch einen Hut.«

»Wenn ich nicht schon zwei Strohhüte in meinem Schrank hätte, würde ich dein freundliches Angebot sofort annehmen. Meine haben zwar nicht diese ungewöhnliche Melonenform, aber ich habe sie sehr liebgewonnen.«

Carla verstand zwar nicht, warum Antoine jetzt so verschmitzt grinste, doch bevor sie nachhaken konnte, fragte er:

»Heute habt ihr schon einen kleinen ersten Eindruck von Saint Rémy bekommen. Wie gefällt euch der Ort?«

»Ausgesprochen gut.«

Johanna hatte wohl bemerkt, dass Carla ebenso antworten wollte, aber da sie sich gerade in diesem Augenblick einen großen Löffel mit Banane, Vanilleeis und Sahne in den Mund schob, hatte sie selber diese Chance ergriffen.

»Es ist ein wunderschöner Ort. Mir gefällt, dass er so grün ist und voller Farben. Manche Häuser könnten allerdings eine Aufbesserung gebrauchen.«

»Ja, da hast du sicher Recht.«

»Und es gibt so gemütliche kleine Plätze mit winzigen Cafés. Im Urlaub würde ich dort stundenlang sitzen und …«

»Studien treiben«, ergänzte Carla noch schnell, bevor sie wieder ihren Mund füllte.

Alle lachten.

»Ich stelle mir vor«, träumte Johanna, »dass Isabelle und ich morgens dort Kaffee trinken, abends ein Glas Wein, ich würde die Menschen beobachten, die Lebensweise der Franzosen studieren und die Verrücktheiten der Touristen und Isabelle würde daraus schöne Gedichte zaubern.«

»Und ich?«

»Dich, Carla, würden wir zum Shoppen schicken. Du könntest dich von den fröhlichen Farben anstecken lassen und deinen Kleiderschrank auffrischen.«

»Ich dachte, mit diesem Thema sind wir durch«, blockte Carla ab.

Und auf Antoines fragenden Blick hin ergänzte Isabelle: »Carla trägt normalerweise nur schwarze Kleidungsstücke, gestern und heute ist sie für ihre Verhältnisse geradezu papageienbunt gekleidet.«

Antoine schmunzelte nur, da ihm Carlas Kleidung bisher nicht ungewöhnlich erschienen war. Sie trug heute zu ihrer blauen Jeans ein ebenso blaues Shirt. Nun gut, die Schuhe waren vielleicht etwas ausgefallen, aber sie passten zu ihr, wie er fand.

Wenn ihr nicht aufhört zu lästern, setze ich meine Brille wieder auf«, wehrte sich Carla,

Schmunzelnd nahm Antoine den Faden wieder auf.

»Natürlich hat Saint Rémy noch viel mehr zu bieten als das, was ihr bisher gesehen habt. Isabelle und ich haben lange überlegt, was wir euch zeigen möchten.«

»Ich wollte euch nicht überfordern. Zwei Stadtführungen an drei Tagen ist ja schon ein volles Kulturprogramm. Schließlich fängt unser gemeinsamer Urlaub gerade erst an.«

»Das klingt sehr vielversprechend.« Johanna grinste.

»Nun säusele hier mal nicht so herum, weil Antoine dabei ist. Wir geben uns ja immer viel Mühe, gute Schülerinnen zu sein, aber Isabelles Anforderungen können wir leider nie zu

100 Prozent erfüllen. Dafür hat sie aber das ganze Jahr hindurch ihre Oberschüler.«

Isabelle wusste, dass sie manchmal zu viel von ihren Freundinnen erwartete, aber sie liebte alte Städte und beschäftigte sich gerne mit ihrer Historie. Tja, und als Lehrerin gab sie ihr Wissen halt auch gerne weiter.

»Was das Angebot an Sehenswürdigkeiten angeht, hat Metz allerdings wesentlich mehr zu bieten als das kleine Saint Rémy. Ohne Isabelle als Stadtführerin ist euch hoffentlich nicht zu viel entgangen, das wäre sehr schade.«

»Du traust Johanna und mir wohl gar nichts zu, Antoine!« Scheinbar entrüstet nahm Carla verschwörerisch Johannas Hand.

»Wir sind durchaus in der Lage, selber etwas zu organisieren. Unsere Stärke liegt allerdings in unserer Spontaneität. Sei ganz beruhigt, wir sind voll und ganz auf unsere Kosten gekommen, sowohl kulturell als auch kulinarisch.« Und irgendwie auch juristisch, gesellschaftlich und global, hätte sie am liebsten hinzugefügt, ließ es aber dabei bewenden. Und damit hatte Carla entschieden, das Thema Tramper nicht zur allgemeinen Diskussion zu stellen. Auch Johanna akzeptierte diese Entscheidung, hatte sich doch inzwischen eine dumpfe Trägheit ihres Körpers bemächtigt. Sie kratzte den letzten Rest Eis auf ihren Löffel, leckte ihn dann genüsslich ab und legte ihn zurück auf den Teller. Dann lehnte sie sich in ihren Stuhl und schloss die Augen.

»Man bringe mir bitte einen Liegestuhl.«

»Das kommt überhaupt nicht in die Tüte. Mach die Augen auf und achte auf die Passanten, Johanna. Wenn ich richtig informiert bin, wohnt auch Caroline von Monaco hier in Saint Rémy. Es könnte doch sein, dass wir ihr begegnen. Das wäre dann ein Jahr lang Gesprächsstoff bei uns im Laden.«

»Sie heißt doch heute Caroline von Hannover!«

»Ja, aber das klingt zu Deutsch.«

Johanna zahlte die Rechnung, dann brachen sie auf. Es war inzwischen schon nach Fünf.

»Wie sieht dein Plan aus, Isabelle?«, fragte Johanna im Auto. »Darf ich mir ein wenig Zeit zur freien Verfügung wünschen? Ein kleines Nickerchen wäre gerade richtig, um für heute Abend gerüstet zu sein.«

Sie wussten, dass abends noch ein paar Geburtstagsgäste erwartet wurden. Es sollte eine gemütliche und zwanglose Runde werden. Ein netter Abend im Garten. Antoine ergriff das Wort.

»Ihr solltet auf jeden Fall jetzt das tun, was euer Herz begehrt. Schlafen, Schwimmen, Lesen, egal. Getränke sind in eurem Kühlschrank. Wer Hunger hat oder etwas anderes möchte, kommt einfach ins Haupthaus. Die anderen Gäste kommen erst am Abend. Ihr habt Zeit genug.«

»Können wir denn nicht bei den Vorbereitungen helfen oder zumindest ich, wenn Johanna ihren Schönheitsschlaf braucht?«

»Auf gar keinen Fall. Erstens gibt es nicht viel zu tun und zweitens würde Robert mir dann den Hals umdrehen.«

Kurze Zeit später passierten sie auf der Holperstrecke schon die Trauerweiden. Jetzt waren es nur noch wenige Meter bis zur Hofeinfahrt.

»Also bis später.«

Während Antoine zum Haus ging, folgte Isabelle den Freundinnen in die Ferienwohnung.

»Johanna, bist du damit einverstanden, wenn ich zuerst unser Geschenk neu verpacke? Und dann sollten wir es sicherheitshalber im Schlafzimmer verstauen.«

»Gute Idee«, hörte sie Johanna antworten und machte sich an die Arbeit. Carla ging ihr dabei zur Hand. Das Resultat war zwar nicht so gelungen wie die Ursprungsversion, dennoch schauten sie mit Zufriedenheit auf ihr Werk. In der Zwischenzeit hatte Johanna zwei Liegestühle in den Garten gestellt und mit weichen Auflagen und einer dünnen Decke versehen. Als sie sich um eine dritte Liege kümmern wollte, hielt Isabelle sie zurück.

»Ich gehe rüber, Mädels. Ich muss noch für morgen packen. Habt ihr alles, was ihr braucht?«

Als die anderen dieses bejahten, verschwand Isabelle durch die Hecke aus ihrem Blickfeld. Johanna holte ein Buch aus ihrer Tasche und nahm für sie beide zwei kleine Flaschen Wasser aus dem Kühlschrank. Anschließend kuschelte sie sich auf ihren Liegestuhl. Carla, die nur wenige Minuten später aus dem Haus kam, fand ihre Freundin schon fest schlafend vor und legte sich lächelnd daneben.

Kapitel 29

Sie wurden von einem ankommenden Auto und einem Schwall französischer Worte geweckt.

»Wie ist es technisch überhaupt möglich, seine Zunge so schnell zu bewegen?« Für Carla blieb diese Fähigkeit ein Kunststück oder reine Magie.

»Als technisches Embryo kann ich dazu leider nichts sagen«, antwortete Johanna, »aber ich könnte Benedikt mal fragen, ob die Südländer diesbezüglich anders ausgestattet sind als wir.«

»Keine schlechte Idee. Vielleicht handelt es sich ja um eine Mutation?«

»Bei ihnen oder bei uns?«

Johanna schwang sich lachend auf und gemeinsam gingen sie in Haus.

»Weißt du schon, was du anziehst?«

»Eine hellblaue Jeans, meine neue weiße Corsagenbluse und einen hellblau gemusterten Seidenschal, den ich mir keck um den Hals werfe.«

»Hast du heimlich was getrunken?«

Carla ging an den Kühlschrank, fand aber nur alkoholfreie Getränke.

»Schade«, entfuhr es ihr. »Sollte hier nicht eine Flasche Champagner stehen? Nun denn.«

Während Johanna mit ihren Haarspangen kämpfte, entschied Carla sich bewusst für ein schwarzes Outfit, das ihrem Ruf endlich gerecht würde. Sie zog eine knöchellange schwarze enggeschnittene Leinenhose an und schwarze Pumps. Soweit hatte sie es schon einmal geschafft. Dann griff sie beherzt in ihre Tasche und zog einen weit geschnittenen grobmaschigen Sommerpulli heraus, dessen Ärmel ihr gerade über den Ellenbogen reichten. Auch er war schwarz. Sie bürstete ihr Haare, legte ihre großen goldenen Kreolen und ihre beiden goldenen Lieblingsringe an. Fertig war sie.

»Kann ich dir noch bei der Bändigung deiner Löwenmähne helfen?«

»Geht schon.« Johanna trat mit einem kurzen Pferdeschwanz aus dem Bad.

»Fertig«, freute sie sich. »Und jetzt habe ich Lust auf ein Glas Sekt. Bist du auch soweit?«

»Und ob!«

Gemeinsam machten sie sich auf den Weg. Je näher sie zum Haus kamen, desto temperamentvoller wurden die Stimmen, die ihnen entgegen hallten.

»Da sind sie doch schon!«

Das war Isabelles vertraute Stimme. Und schon kam sie ihnen entgegengelaufen, hakte sich bei beiden ein und führte sie zu den anderen. Auch Antoine kam ihnen entgegen. Er trug einen seiner liebgewonnenen Stohhüte, der am Hinterkopf bereits völlig durchgescheuert war und dessen Krempe nur noch aus Fransen bestand.

»Alles klar«, kommentierte Carla, »mit diesem Modell können wir wahrlich nicht mithalten.«

Antoine freute sich über die gelungene Überraschung. »Ja, die Strohhutkonkurrenz hier im Süden ist groß und ich kann euch versichern, das!«, und damit zeigte er auf die Fransen auf seinem Kopf, »dauert einige Äonen.«

Bisher waren nur zwei neue Gäste angekommen, so dass sich Johanna und Carla mit den geschenkten *Küsschen* nicht überfordert fühlten. Sofia und Louis sprachen ebenfalls gutes Deutsch, was vermuten ließ, dass sie entweder in der Touristikbranche tätig waren oder eine ebenso gute Schulbildung genossen hatten wie Claudine. Auf jeden Fall erleichterte es die Konversation ungemein, wofür die beiden sehr dankbar waren. Wie sich herausstellte, war Sofia Antoines Cousine, die mit ihrem Mann Louis in Avignon lebte. Von Sofias Mutter, also Antoines Tante Bernadette, hatte er dieses herrliche Anwesen gekauft.

Robert, der am Grill arbeitete, kam ebenfalls gleich zu ihnen gelaufen.

»Guten Abend, meine Damen. Sie sehen phantastisch aus. Die Sonne hat Ihnen bereits sehr gutgetan, wie ich sehe.«

»Vielen Dank, Robert. Sie sind ein Schmeichler.«

»Non, non, non, non.« Schon wieder diese Stakkato-Laute.

»Es tut uns leid, dass wir Ihnen nicht bei den Vorbereitungen geholfen haben.« Johanna berührte ihn am Arm. »Dafür«, ergänzte sie, »hilft Carla Ihnen heute Abend beim Vertikutieren des Rasens.«

Robert stutzte, doch Johanna wies mit einer überbordenden Handbewegung hinunter auf Carlas Pfennigabsätze.

»Ich hoffe, es ist für den Rasen noch nicht zu spät. Schicken Sie sie getrost in alle Ecken, wo es nötig ist.«

Carla fehlten die Worte. Auf diese Einleitung ihrer Freundin war sie nicht vorbereitet gewesen. Alle lachten, der Witz war wirklich gut, das musste auch sie zugeben.

»Das ist wahre Freundschaft«, schmunzelte sie.

Inzwischen hatte Antoine eine Flasche Champagner geöffnet und verteilte nun die Gläser. Als alle versorgt waren, stießen sie auf sein Wohl an. Carla beobachtete, wie Johanna ihr Glas in einem Zug halb leerte und hätte sich bei diesem Anblick fast verschluckt. Wahrscheinlich war ihr Kreislauf noch ziemlich im Keller. Dann wurde ausgelassen Konversation gemacht, über das herrliche Wetter in diesem Frühjahr und die vielversprechenden Aussichten auf eine gute Weinernte, ein wenig über Lokalpolitik, den Tourismus und die

Geschäfte allgemein. Johanna und Carla mussten von ihrer Reise erzählen, wie ihnen Saint Rémy gefiele, was sie denn alles schon gesehen hätten und welche weiteren Reisepläne sie verfolgten.

Die Zeit verflog und Antoine schenkte ihnen nach. Die Stimmung war fröhlich und aufgeschlossen und die Frauen genossen das Interesse und die Freundlichkeit, mit der sie von Antoines Familie aufgenommen wurden. Robert und Louis kümmerten sich intensiv um das Grillgut, wobei sie mit großen Gesten diskutierten. Erst jetzt hatte Johanna Gelegenheit, den reichhaltig gedeckten Tisch zu bewundern. Claudine stand hinter ihr.

»Das sieht ja toll aus, Claudine. Sie müssen Stunden in der Küche gearbeitet haben.«

»Aber nein, das sieht nur so wild aus. In der Familie von Antoine ist es üblich, dass man zu Festtagen keine Geschenke mitbringt, sondern irgendetwas zu essen oder zu trinken: einen Salat, Wein, Käse, im Sommer Kirschen. Ich habe alles nur auf Teller und Schüsseln verteilt.«

»Diese Sitte finde ich sehr schön. Und für die Hausfrau überaus erleichternd.«

»Ja, besonders, wenn die Familie immer größer wird. Darf ich Sie fragen, ob Sie Kinder haben, Johanna?«

Sie setzten sich in eine Ecke des Gartens, ein wenig vom qualmenden Grill entfernt.

»Ich habe drei Kinder im Alter von 16, 14 und 12 Jahren.«

»Das soll ja eine recht schlimme und anstrengende Zeit bei den Kindern sein.«

»Ich finde das nicht. Unsere Kinder wurden von klein auf zu sehr großer Eigenständigkeit und Verantwortung erzogen und heute können wir schon die Früchte dessen ernten. Die Zeit, als die Kinder noch nicht zur Schule gingen, fand ich wesentlich härter.«

»Das freut mich zu hören. Ich möchte nämlich auch gerne mindestens drei Kinder haben. Und da ich schon 30 bin, muss ich bald damit anfangen.«

»Setzen Sie sich nicht unter Druck, Claudine. Ich wurde zum Beispiel mit 34 zum ersten Mal Mutter.«

Claudine trank einen Schluck und dachte nach.

»Wissen Sie, Johanna, dass ich Sie sehr bewundere und vielleicht auch ein wenig beneide?«

Johanna hob fragend ihre Augenbrauen.

»Ja, ich beneide Sie um Ihre Freundschaft mit Isabelle und Carla. Sie scheint auf Felsen gebaut zu sein.«

Über diesen Ausdruck musste Johanna ein wenig schmunzeln. »Das ist sehr gut ausgedrückt, weil es auch den Kern der Sache trifft.«

»Darf ich Sie fragen, wie Sie sich kennengelernt haben?«

»Aber natürlich! Carla und ich kennen uns schon seit der Schulzeit, seit unserem 10. Lebensjahr. Ich kann es nicht erklären, aber irgendwie fühlten wir uns von Anfang an zueinander hingezogen. Ich kenne sie also schon viel länger als meinen Mann, der immer behauptet, Carla sei meine bessere Hälfte und nicht er. Isabelle trat erst ungefähr zehn Jahre später in unser Leben. Sie wissen, dass Carla Friseurin ist?«

»Ja, das hat Isabelle mir erzählt.«

»Damals suchte Carla für ihre Prüfung Modelle. Sie hatte dafür ein großes Schild in das Schaufenster gestellt. Und Isabelle war eine Studentin, die Geld brauchte oder eine kostenlose neue Frisur. Isabelle sollte also bei Carlas Prüfung Modell sitzen. Sie hatte damals noch viel längere Haare als heute. Abgesprochen war eine schulterlange Frisur. Am Tag der Prüfung wurde das zweite Modell von Carla krank. Das war ein riesiges Problem. Woher sollte sie so schnell Ersatz finden? In ihrer Not überredete sie Isabelle, auch diesen Part zu übernehmen. Wenn es darauf ankommt, kann Carla sehr überzeugend sein. So erhielt Isabelle zuerst eine mittellange Frisur und zwei Stunden später einen Kurzhaarschnitt.«

Kopfschüttelnd kramte Johanna weiter in ihren Erinnerungen.

»Isabelle war total unglücklich. Um das wieder gutzumachen, kümmerten wir uns sehr um sie. Das war der Anfang.«

»Ja, wie der Zufall manchmal so spielt.«

In der Zwischenzeit konzentrierte sich Carla auf ihren Fotoapparat und veränderte die Einstellungen. Die Geburtstagsgäste hatte sie bereits fotografiert, jetzt spazierte sie zum Hauptweg zurück, um einen Teil des Gartens, den Pool und das Haupthaus aufzunehmen. Und dann durfte sie keinesfalls den Feigenbaum vergessen. Johanna zuliebe. Und den kleinen Kräutergarten, vielleicht konnte ihre Freundin ihn als Anregung für ihren eigenen Garten verwenden? Plötzlich hörte sie Schritte und drehte sich um. Antoine kam auf sie zugelaufen; schnell hob sie den Apparat und drückte kichernd ab.

»Isabelle hat mir erzählt, dass du für eure Doku-Serie zuständig bist.«

»Das Wort hört sich aus deinem Mund wie ein Schimpfwort an«, lachte Carla. »Unsere Foto-Abende sind legendär. Früher waren es gemütliche Abende zu dritt, heute sind wir etwa zehn Personen mit wachsender Tendenz. Und das ist nur der engste Kreis. Wenn unsere Eltern und Johannas Brüder mit ihren Familien hinzukommen, geht die Post ab. Und in diesem Jahr gehe ich stark davon aus, dass alle kommen werden. Schließlich sind wir zum ersten Mal hier unten.«

»Und alle werden neugierig sein auf Isabelles neuen Freund«, grinste Antoine.

»Auch das. Natürlich. Dann werde ich wohl einen Saal anmieten müssen, weil ich in diesem Jahr dran bin. Die Organisation geht immer reihum. Aber ich freu mich jetzt schon darauf.«

»Das verstehe ich gut.«

»Weißt du, Antoine, wenn du noch einmal alles Revue passieren lässt und dabei so viel lachst wie wir an diesen Abenden, dann ist das wie eine zusätzlich geschenkte Woche Urlaub.« Sie strahlte ihn glücklich an.

»Komm, wir machen jetzt ein paar Doppelporträts vor dem herrlichen Oleander.«

»Bitte was?«

»Selfies natürlich. Komm einfach mit.«

Sie zog ihn einige Schritte weiter und ging vor dem großen Oleanderbusch in die Hocke. Während sie die Kamera einstellte, winkte sie Antoine zu sich hinunter. Als Carla anfing zu kippeln, legte er zur Stütze seinen Arm um sie. Dann lehnte sie ihren Kopf an seinen, streckte ihren Arm aus und drückte ab.

»Jetzt verstehe ich.«

»Über diese Fotos lachen die Kids immer am meisten. Schau, dein Kopf ist halb ab. Der Hut ist gar nicht richtig zu sehen. Das müssen wir wiederholen.«

Wieder drückte Carla ab. Diesmal war sie zufriedener.

»Schon besser, aber noch nicht gut genug. Also nochmal.«

»Alles klar«, antwortete Antoine und schielte kräftig, aber mit einem grimmigen Gesichtsausdruck in die Linse, was Carla allerdings nicht sehen konnte.

»Noch zwei«, schlug sie vor, ohne die Bilder zu kontrollieren.

»Okay.«

Auch auf den nächsten beiden Fotos zog Antoine fürchterliche Grimassen.

»So, das war's. Vielen Dank. Dann wollen wir doch mal sehen.«

Antoine half Carla beim Aufstehen, dann schauten sie sich die Doppelporträts an. Antoine grinste nur, als Carla völlig überrascht diese Gruselbilder sah und sich ausschüttete vor Lachen.

»Für die Kids«, versicherte er mit großer Unschuldsmine und hakte sich bei ihr ein.

»Du warst noch gar nicht im Haus. Wenn du möchtest, erhältst du jetzt eine Exklusivführung.« Und mit einem verschmitzten Schmunzeln ergänzte er, »eine Spezialität unserer Familie.«

Isabelle und Sofia setzten sich ans Ende der langen Tafel.

»Wo ist denn Julie heute Abend?«

Sofia und Louis waren Anfang vierzig und hatten eine zehnjährige Tochter. Isabelle kannte die Familie schon von ihrem letzten Besuch in Saint Rémy, als sie diese in Avignon besuchten. Antoine verstand sich sehr gut mit seiner Cousine und war der Patenonkel von Julie.

»Sie ist auch auf einem Geburtstag. Ihre beste Freundin wurde elf und hat heute Nachmittag ein wenig gefeiert. Julie darf dort schlafen.«

»Als einziges Kind hätte sie sich in dieser Runde sicher auch gelangweilt. Du hast übrigens wunderschöne Sandalen an.«

»Ja, das finde ich auch. Antoine hat doch bestimmt erzählt, dass wir seit vorgestern auf einer Messe in Marseille waren und direkt von dort hierhergekommen sind. Wir haben kräftig eingekauft; der ganze Wagen ist voller Ware. Diese Sandalen sind auch dabei. Sie gehören zur neuen Sommerkollektion und gefielen mir so gut, dass wir sie in unser Sortiment aufgenommen haben.«

Es waren flache braune Pantoletten ohne Fersenriemchen, aber mit mehreren geflochtenen, quer über den Fuß gespannten Lederbändern.

»Es gibt sie in unterschiedlichen Farben. Hast du Interesse? Ich könnte dir welche zurücklegen.«

»Das wäre wunderbar. Ein paar für mich und eines für Johanna, die hat demnächst Geburtstag. Das ist natürlich eine Überraschung. Für mich ein paar braune in Größe 40, Johanna hat Schuhgröße 35.«

»Kein Problem. Und welche Farbe willst du für Johanna nehmen? Vielleicht die Farbe ihres Autos?« Die Frauen kicherten.

»Die Männer amüsieren sich köstlich über den violetten Mini,« erzählte Sofia freimütig.

»Das wissen wir alle, aber das macht nichts. Johanna ist stolz und glücklich damit.«

Sofia und Louis führten in der Altstadt von Avignon ein Geschäft mit Lederartikeln. Ihr Angebot bestand vorwiegend aus Taschen, Portemonnaies, Gürteln, Hüten, Schmuck, Jacken und Westen, aber hin und wieder waren auch Hosen und Schuhe dabei. Es war das Elternhaus von Sofia, das sie irgendwann ihren Bedürfnissen entsprechend umgebaut hatten. Seit zwei Jahren nun wohnte Sofias Mutter auf der ersten Etage.

»Ist deine Mutter immer noch zufrieden bei euch?«

»Wir sind alle sehr glücklich über diese Lösung. Aber es ist besonders für mich eine große Erleichterung, da jetzt die vielen Fahrten nach Rémy wegfallen. Gerade im Sommer blieb mir doch immer sehr wenig Zeit dafür, weil man im Geschäft unentbehrlich ist. Und in Bezug auf Julie entlastet uns meine Mutter außerordentlich. Julie genießt die Zeit bei ihrer Oma und meine Mutter hat eine Aufgabe, die ihr Spaß macht und für sie sehr wichtig ist. Und das Beste ist: Beide sind immer in unserer Nähe.«

»Ihr habt ein tolles Haus, Sofia. Ich würde es gerne Johanna und Carla zeigen, aber ich weiß nicht, ob wir das noch schaffen. Kannst du die Sandalen Antoine geben? Was kosten sie übrigens?«

»Aber natürlich mache ich das. Du bekommst sie für 25 € das Paar.«

»Waas? Das ist ja ein super Schnäppchen! Vielen Dank, Sofia. Und für Johanna in jedem Falle eine poppige Farbe. Violett wäre perfekt.«

Carla und Antoine spazierten immer noch durch das Haus.

»Von diesem Flur aus kann man alle Wohnräume erreichen. Hier links ist die Küche.«

Sie war hell und modern eingerichtet. In der hinteren Ecke stand ein kleiner Tisch, der vier Personen Platz bot. An der Gartenseite war eine Fensterfront eingezogen worden. Sie begann oberhalb der Arbeitsfläche und bot einen herrlichen Blick ins Grüne. Die Gartentür stand offen und Carla hörte die Stimmen der anderen.

»Hier kann man es sich zum Kochen so richtig gemütlich machen.« Sie staunte.

»Das stimmt schon, aber Kochen gehört nicht zu meinen Stärken«, grinste Antoine, »und ich kann das auch beim besten Willen nicht bedauern.«

»Das geht mir genauso. Und ich habe gelernt, dass man sich sogar als Frau ohne diese Vorliebe durchs Leben schlagen kann.«

Der angrenzende Raum war das Schlafzimmer. Es hatte nur zwei kleine Fenster und dadurch einen behaglichen Charme. Schöne, dunkle Holzmöbel verstärkten diesen Charakter, der allein durch die frischen Farben der Kissen, Gardinen und des Bettüberwurfs belebt wurde. Der beherrschende Farbton in diesem Raum war apricot.

»Der Raum trägt die Handschrift einer Frau«, rutschte es aus Carla heraus.

»Tatsächlich?«, wunderte sich Antoine, »und ich habe das Gegenteil vermutet.« Dann schüttelte er lachend seinen Kopf.

»Du hast einen guten Blick. Für die Dekorationen haben Claudine und Sofia gesorgt. Ich habe ihnen freie Hand gelassen.«

Das danebenliegende Arbeitszimmer entsprach räumlich dem Schlafzimmer. Ein überdimensionierter Schreibtisch füllte fast die gesamte rechte Wand aus. Carla sah einen Rechner, einen geöffneten Laptop und alle sonstigen, in der heutigen Zeit notwendigen elektronischen Ausstattungsgegenstände wie ein mobiles Telefon und ein Multifunktionsgerät zum Drucken, Scannen und Faxen. Alle übrigen Wände waren mit Schränken und Bücherregalen zugestellt. Ein riesiger, dickfloriger, in warmen Blautönen gehaltener Teppich füllte fast den gesamten Raum aus. Neben dem Schreibtischstuhl war ein großer blauschwarzer Liegesessel das einzige weitere Sitzmöbel im Raum. Es bot einen freien Blick auf Vincent van Goghs *Die Brücke von Langlois bei Arles*. Das Bild hing über dem Schreibtisch.

»Jetzt sind wir also in deinem Lieblingsraum angekommen.«

»Ganz genau, hier fühle ich mich ausgesprochen wohl; hier kann ich stundenlang lesen und arbeiten.«

Das Wohnzimmer war wiederum ein sehr lichter Raum mit einer Fensterfront zum Swimmingpool, von dem man jedoch nur einen Bruchteil sehen konnte. Der Rest verschwand hinter einer großen Hecke. So würden sich weder die badenden Gäste noch Antoine gestört oder beobachtet fühlen. Eine gut durchdachte Planung. Der Wohnraum war spärlich eingerichtet. Auf der einen Seite mit einer Sitzecke, einem Sideboard und einem großen Regal, im anderen Teil dominierte ein edler Holztisch, der mindestens zehn Personen Platz bot. Von der Decke in der Mitte des Tisches hing eine einzelne Glühbirne. Carla grinste.

»Ja, überall fehlt noch irgendetwas.«

»Das kenne ich gut«, antwortete sie. »Manche Dinge brauchen einfach das richtige Timing.«

Kapitel 30

Auf einmal wurden die Stimmen von draußen lauter und temperamentvoller.

»Das klingt so, als seien die übrigen Gäste angekommen. Dann gibt es jetzt endlich etwas zu essen.«

»Wen erwartest du denn noch«, wollte Carla neugierig wissen, doch Antoine zog sie schon weiter. »Meine Geschwister fehlen noch.«

Er schob Carla durch die Küche zur Tür hinaus und blieb dann hinter ihr stehen, seine Hände fürsorglich auf ihre Schultern gelegt, als hätte er Sorge, sie könnte stürzen. Antoine spürte, wie Carla erstarrte. Ihr Blick glitt über die Neuankömmlinge und blieb an Maurice hängen. Noch war sie zu keiner weiteren Regung fähig, aber in ihrem Kopf rauschte ein Gedanke nach dem anderen vorüber. Deswegen hatte er sich also nicht mehr gemeldet, obwohl er es versprochen hatte. Daher die komische Andeutung von Antoine bezüglich der Stadtführung von Metz. Und die Exklusivführung durch das Haus, eine Spezialität der Familie. Daher Johannas Gefühl, Antoine schon einmal gesehen zu haben. Alles klar. In Carlas Bauch begann es zu vibrieren, bis ein befreiendes Lachen sie schüttelte. Sie spürte, wie Antoine sie losließ und drehte sich herum, um ihm eine ordentliche Standpauke zu verpassen. Doch bevor sie auch nur einen Laut von sich geben konnte, hörte sie ein ohrenbetäubendes *Carla*. Diese Stimme kannte sie nicht. Und wieder *Carla*!

Als sie sich umdrehte, wurde sie schon gegriffen und dreimal geküsst.

»Das ist Tante Bernadette«, stellte Antoine vor. »Wie dir nicht entgangen ist, hat sie das Zepter hier immer noch in der Hand.«

»Ich freue mich, Sie kennenzulernen«, brachte Carla stotternd hervor. »Ich habe schon die schlimmsten Dinge von Ihnen gehört.«

»Wie bitte!«

Tante Bernadette war schockiert und Carla hatte Mühe, alles wieder richtig zu stellen. Was war bloß los mit ihr? Sie hatte doch sonst kein Problem, sich zu artikulieren.

»Wenn ich mir jetzt alles richtig zusammen reime, war meine letzte Information, dass Sie mit einem Schlaganfall im Krankenhaus liegen!«

»Ach das, das war doch nichts. Die Kinder übertreiben immer maßlos.«

Antoine nahm seine Tante am Arm und führte sie zu den anderen. Carla versuchte, den Blick von Johanna oder Isabelle aufzufangen, als Maurice zu ihr kam. Er nahm ihre Hand und küsste sie sanft.

»Bonjour, Carla. Ich bin sehr glücklich, Sie zu sehen, und möchte mich für mein flegelhafte Verhalten auch sofort entschuldigen. Ich weiß, es war nicht ganz fair, mich nicht mehr zu melden, aber es hatte sich einfach so ergeben.«

Und dann schenkte er ihr sein offenes sympathisches Lächeln, das ihr schon so vertraut vorkam und jeden Tadel dahinschmelzen ließ.

»Was war denn jetzt mit Ihrer Tante?«, brachte sie mühsam hervor.

»Es war glücklicherweise kein Schlaganfall, sondern nur ein leichter Schwächeanfall. Tante Bernie war bis heute Morgen zur Beobachtung im Krankenhaus. Trotzdem war es gut, dass ich gestern mit Florence weitergefahren bin. So hat Florence sich um Julie kümmern können, da Sofia und Louis in Marseille waren, und ich bin gleich ins Krankenhaus gefahren. Aber mein Bruder war auch schon dort. Und Tante Bernie, Sie sehen ja selber, ist ziemlich zäh.«

»Und ich nehme an, auch ziemlich neugierig«, vermutete Carla, die ihre Schlagfertigkeit zurückgewonnen hatte.

»Ja, allerdings«, lachte Maurice. »Ich habe lange an ihrem Bett gesessen, und da sie wusste, dass Florence und ich uns getrennt hatten, musste ich ihr alles von der Fahrt erzählen.«

»Alles!?«

Carla konnte einfach nicht glauben, dass er der alten Frau in ihrem Zustand und auch seinem Bruder ihre Diebesabenteuer offenbart und vor allem das Geburtstagsgeschenk verraten hatte.

»Hmm, alles«, nickte Maurice nur.

Carlas Augen wurden immer weiter und ein empörter Ausdruck legte sich auf ihr Gesicht. Sie schaute Maurice böse an, aber sein Gesicht blieb eine regungslose Maske, was sie so langsam etwas wütend werden ließ. Da ertönte ein lautes Händeklatschen und Louis rief:

»Es geht endlich los. Setzt euch und greift zu. Das Fleisch ist fertig. Sucht euch einen schönen Platz.«

Auch Carla verspürte reichlich Hunger, doch ihr Ärger war noch nicht verraucht. Maurice nahm das amüsiert zur Kenntnis und beugte sich zu ihr hinunter: »Natürlich habe ich die Passage mit dem Kronleuchter ausgelassen.«

Tante Bernie hatte sich so platziert, dass sie die deutschen Gäste fest im Griff hatte. So saß Johanna neben ihr, während Isabelle und Carla keine andere Chance hatten, als ihr gegenüber Platz zu nehmen.

Von dieser Frau kann man so einiges lernen, dachte Johanna, als sie registrierte, dass Carla auch Florence noch herzlich begrüßte. Jetzt konnte der Festschmaus beginnen. Alle Teller waren mit gegrilltem Fleisch oder Fisch gefüllt. Jetzt griff jeder zu den übrigen Beilagen, deren Auswahl sich weiter vergrößert hatte: Kartoffel- und Thunfischsalat, grüner Salat, Tomaten, Gurken, Oliven, verschiedene Käsesorten, Brot und Obst. Robert schenkte ihnen Rotwein ein. Außerdem standen zwei große Karaffen Wasser auf dem Tisch, so dass sich jeder frei bedienen konnte. Antoine stand auf, sein Glas in der Hand.

»Ich habe mich sehr lange auf den heutigen Abend gefreut. Und das nicht nur, weil Isabelle an meiner Seite ist, sondern auch, weil ich die große Freude habe, ihre beiden Freundinnen Johanna und Carla in meinem Haus zu Gast zu haben. Ich kenne sie erst seit heute Morgen, aber sie sind mir schon so ans Herz gewachsen, als gehörten sie zur Familie. Und ich möchte explizit hinzufügen, dass ich mich den ganzen Tag köstlich amüsiert habe. Herzlichen Dank für euer Kommen. Und wie ihr wisst, bin ich es gewohnt, noch zwei Stunden lang so weiterzureden, was ich euch heute aber nicht zumuten möchte, zumal wir alle Hunger haben. Also …«

Jetzt erhob sich auch Maurice von seinem Stuhl. »Also trinken wir auf Antoines Geburtstag.«

Es folgte ein fröhliches Anstoßen. Santé. Santé. Santé.

Tante Bernie ließ sich von Johanna und Carla den Reisebericht von Maurice bestätigen und so erfuhren auch die anderen alle Einzelheiten. Maurice erzählte von seiner Auseinandersetzung mit Florence und seinen verschämten Versuchen als Tramper. Carla führte aus, wie Johanna einfach zurückfuhr und Maurice anbot, bei ihnen mit zu fahren. An dieser Stelle hätte sie sich selber fast verplappert, als sie beschrieb, wie wenig Platz ihm auf dem Rücksitz des Mini zur Verfügung gestanden hatte. Nur der Fußtritt von Isabelle stoppte sie rechtzeitig. Johanna schilderte von der Exklusiv-Stadtführung in Metz, wobei Carla Antoine grinsend ansah, und Maurice schwärmte ausgiebig von seiner Rettung als Ladendieb.

Dann war Florence an der Reihe, von ihrem Unfall und der Übernachtung im Hotel zu berichten. Als Johanna ihre Weiterfahrt am nächsten Morgen beschreiben wollte, hakte Tante Bernie sofort ein:

»Und abends? Was habt Ihr abends gemacht?«

Als hätten sie auf dieses Stichwort gewartet, nickten sich Johanna und Carla an dieser Stelle einvernehmlich zu.

»Robert«, bat Carla. »Seinen Sie bitte so lieb und übernehmen die Schilderung unseres wundervollen Abends. Und Maurice, würden Sie anschließend die Vorbereitungen für eine kleine Rastplatz-Demonstration treffen? Sie wissen schon, wir benötigen ein Auto oder besser vier Sitze!«

Johanna tat nun so, als trüge sie etwas sehr Großes und Schweres, wobei Claudine an einen Wäschekorb, Louis an einen Kasten Wein, Antoine an eine Bücherkiste und Tante Bernie an ihren Rollator im Krankenhaus dachte. Doch Maurice verstand die Anspielung und nickte den beiden zu. Gemeinsam ließen die drei Freundinnen eine neugierige Gästeschar zurück. Die Idee zu einer kleinen improvisierten Theateraufführung war Carla schon beim Stichwort *König Lear* gekommen. Als sie Johanna davon später erzählt hatte, hielten beide diesen Einfall für eine glänzende Möglichkeit, ihr Geschenk würdig zu übereichen.

»Uns mit ihrer Geschwisterrolle zu überraschen, haben die beiden Männer bestimmt gestern Abend ausgeheckt«, überlegte Isabelle laut. »Jetzt ist mir auch klar, warum Antoine so vage blieb, als er mich anrief und erzählte, dass er erst heute zurückkäme.«

»Er wollte dich nicht beunruhigen, Isabelle. Hätte er dir von Tante Bernies Schlaganfall erzählt, wäre unser Abend hier nicht so entspannt verlaufen.«

Wie immer dachte Johanna positiv.

»Ich stelle mir das folgendermaßen vor, Mädels«, kombinierte Carla, »als es Tante Bernie abends wieder besser ging, tranken die beiden erst einmal ein Glas zur Erleichterung und dann noch eines. Und dann berichtete Maurice ausgiebig von unserer gemeinsamen Fahrt und sie zählten eins und eins zusammen. Das ist ja auch nicht so schwer.«

»Und dann schmiedeten sie ihren Plan, uns zu überraschen. Eigentlich keine schlechte Idee«, schmunzelte Isabelle.

»Ohne den König-Lear-Bart sehen sich die beiden ziemlich ähnlich«, stellte Carla abschließend fest.

»Das ist ja auch kein Wunder«, klärte Isabelle auf, »sie sind eineiige Zwillinge.«

»Dann ist alles klar.«

»Okay, Mädels. Setzt eure neuen Hüte auf. Carla, hast du den Fotoapparat?«

»Den habe ich Florence in die Hand gedrückt.«

»Das ist gut. Dann gehen wir.«

Carla und Isabelle trugen das Paket. Es sah mit den weißen Margeriten himmelschreiend komisch aus, was wohl auch von den übrigen Gästen so empfunden wurde. Oder lachten sie über ihre Strohhüte? Maurice hatte ganze Arbeit geleistet, wie sie schon aus der Entfernung sehen konnten. Vier Stühle standen entsprechend den Autositzen des Mini so aufgebaut, dass alle sie von ihren Plätzen aus gut sehen konnten. Isabelle fing Antoines verwunderten Blick auf und Carla strahlte Maurice an. Sie stellten das Paket hinter den Fahrersitz und Johanna und Carla stiegen ein. Maurice, der als Lehrer ebenso gut beschreiben konnte wie sein Bruder, übernahm natürlich die Schilderung seiner Tramperrolle. Als er sich mühsam auf den Rücksitz quetschte, übertrieb er es dermaßen mit seiner schauspielerischen Darstellung, dass er seine Beine extrem verkeilt hielt. Alle brüllten vor Lachen, am lautesten Tante Bernie, die immer nur rief: »Ce n'est pas possible!«

Maurice erzählte ihnen dann, dass er sich nicht getraut hatte, die Frauen nach dem Inhalt des Paketes zu fragen. Die Schilderung der Abfahrt aus Metz am nächsten Morgen übernahm Johanna. Sie warf Carla den Autoschlüssel zu und stieg mühelos und locker auf den Rücksitz, so dass Maurice nun bequem auf dem Beifahrersitz weiterfahren konnte. Endlich erfuhr auch Isabelle in allen Details, was ihre Freundinnen auf der Fahrt so erlebt hatten. Sie amüsierte sich köstlich und beobachtete, dass es den anderen ebenso ging.

Dann wurde Robert aufgefordert, sie als Polizist auf den Rastplatz zu winken. Robert ließ sich das nicht zweimal sagen, schnappte sich einen Grillspieß und lief vor das Auto, grimmig und wild mit der Kelle zu fuchteln. Trotz der ausgelassenen Stimmung erkannte Tante Bernie jetzt sofort den Ernst der Lage und schlug nervös die Hände vor ihr Gesicht.

»Mon Dieu! Mon Dieu!«

Maurice stellte nun die imaginären Polizisten vor, Monsieur Mireaux, Inspektor Wolf und zwei weitere Männer, und motivierte Johanna, noch einmal das Paket zu verteidigen, was diese mit großem Engagement tat.

»Mon Dieu! Mon Dieu!«

Und dann kam die Stelle, wo die beiden Polizisten das Paket aus dem Auto ziehen mussten. Dazu holte sich Maurice seinen Bruder, musste diesen aber immer wieder bremsen, weil er zu schnell oder nicht vorsichtig genug mit seinem Geschenk umging. Als das endlich geschafft war, setzten die drei Frauen ihre Strohhüte auf und begannen mit ihrem Geburtstagsständchen für Antoine, in das auch die anderen spontan mit einstimmten. Dann durfte Antoine auspacken.

Carla ergriff rasch die Gelegenheit, um sich bei Florence fürs Fotografieren zu bedanken, und übernahm wieder selber diese Aufgabe. Sie beobachtete Antoine, der sich unsicher an die Arbeit machte. Damit hatte er nicht gerechnet. Nicht mit einem Geschenk solcher Größe und schon gar nicht mit der Tatsache, dass er der Anlass für eine polizeiliche Razzia war. Alle warteten geduldig und Carla konnte es sich nicht verkneifen, einen Blick auf Robert zu werfen, der sich in seiner Haut sichtbar unwohl fühlte, wenn er an die Küchenmaschine dachte, die Antoine niemals benutzen würde, wahrscheinlich auch nicht konnte. Aber ihm waren die Hände gebunden.

Und dann war es geschehen. Das Papier war gefallen und die Küchenmaschine erschien vor aller Augen. Ein dumpfes *Oh!* war die Reaktion von Antoine. Ob es sich dabei um eine deutsches oder französisches *Oh* gehandelt hatte, konnte Carla nicht ausmachen. Sie war völlig ausgelastet damit, alle Gesichter, besonders die von Antoine und Robert einzufangen. Und das bereitete ihr einen Mordsspaß. Welch ein Glück, dass selbst die einfachsten Kameras heutzutage einen Zoom hatten. Außer den Geräuschen des Fotoapparates hatte Carla keinen Laut mehr vernommen. Aus den Augenwinkeln heraus sah sie Florence an, wie sie mit ihrer Fassung kämpfte. Und Antoine blickte etwas hilflos zu Isabelle.

»Willst du nicht weiter auspacken, Antoine? Vielleicht kannst du uns ja gleich einen Nachtisch mixen?«

Antoine traute sich nicht, seinen Bruder anzusehen, der allerdings sehr relaxed Carla zuprostete. So unmissverständlich angetrieben, arbeitete er schließlich weiter. Vorsichtig öffnete er eine Lasche, um gespannt den Deckel des Kartons aufzuklappen. Isabelle konnte sich gut vorstellen, welche Gedanken gerade in seinem Kopf kreisten. Wie sollte er sich höflich bedanken? Schaffte er es, sich die Enttäuschung nicht anmerken zu lassen? Warum hat Isabelle da mitgemacht, sie kannte doch seine Küchenfähigkeiten? Wollte sie etwa, dass er Kochen lernte? Um Himmels willen! Und so bog er mutig den Deckel weit nach hinten und strahlte, was das Zeug hielt. Stolz und sehr vorsichtig hob er den Kronleuchter aus dem Karton, hielt ihn für alle sichtbar in die Luft und rang nach Worten.

Carla hatte alles im Kasten. Besonders gelungen war das Bild von Robert. Jetzt schaute sie ihn an und zwinkerte ihm zu. Dann gab sie die Kamera noch einmal Florence.

»Wir sind noch nicht fertig«, hörte sie Johanna rufen.

»Bitte, Antoine, pack den Kronleuchter wieder in den Karton. Die Geschichte ist noch nicht ganz zu Ende.«

»Aber er gehört doch jetzt mir, oder?«, fragte er ängstlich.

Alle lachten, die meisten erleichtert.

Die Küchenmaschine stand wieder neben dem Stuhl-Mini und Maurice beschrieb anschaulich die verdutzten Gesichter der Polizei, als sie keine gestohlene Skulptur im Karton fanden. Und dann kam der große Abschlussauftritt von Johanna und Carla, die die Küchenmaschine jetzt mühelos von der anderen Seite in den Mini stellten. Es gab reichlich Applaus und noch viele Fragen. Und Eis zum Nachtisch. Als wieder alle mit Essen und Trinken beschäftigt waren, sagte Florence:

»Jetzt kann ich mir auch die Episode in der Raststätte erklären.«

Sprach es und erntete im selben Augenblick eine Lachsalve von Maurice, der natürlich sofort ermuntert wurde, auch das allerletzte Ende noch zu erzählen. »Ja, ja, die französische Polizei ist sehr aufmerksam.«

Tante Bernie nickte ernsthaft mit dem Kopf und Carla vermutete, dass sie schon diverse Erfahrungen mit ihnen in ihrem langen Leben gemacht hatte. Nach einigen Minuten der Besinnung, in denen Florence einen Schluck Wein trank, Antoine sich ein letztes Stück Käse in den Mund schob und

Carla in ihrem Eisbecher schabte, hörten sie die kleinlaute Stimme von Robert.

»Und auch ich wurde zum Narren gehalten. So sagt man doch in Deutschland, oder?«

Carla tätschelte beruhigend seinen Arm. »Robert, das war der Stress, der uns noch in den Kleidern steckte.« Carlas unschuldiger Blick konnte Steine zum Erweichen bringen.

»Ich habe das Paket gestern schon gesehen, da war es noch nicht eingepackt«, erklärte er, »und ich habe mich immer wieder gefragt, wie ich Claudine retten könnte.«

»Claudine? Wieso Claudine?«

»Na ja, ich habe mir vorgestellt, wie Antoine ihr mit der Küchenmaschine helfen will.«

Claudine nahm ihren Mann in den Arm und gab ihm einen Kuss. »Das ist wirklich eine absolute Horrorvorstellung, aber irgendetwas wäre mir schon eingefallen.«

Jetzt war es Antoine, der seine Empörung spielte. »Wenn das so ist, traut ihr mir bestimmt auch nicht die Bedienung der Kaffeemaschine zu.«

»Ich schon«, strahlte Isabelle ihn an, »und ich helfe dir sogar dabei.«

Es war schon lange dunkel, doch die Temperatur noch angenehm warm. Die Essensreste hatten sie in die Küche geräumt, ebenso wie das gebrauchte Geschirr, und der Grill kühlte langsam aus. Immer noch saßen alle gemeinsam an der großen Tafel, der Kaffee stand vor ihnen.

»Und morgen fahren Sie schon weiter?«

Tante Bernie war neugierig geworden. Isabelle antwortete ihr.

»Ja, morgen früh fahren wir für sechs Tage ans Meer, nach *Saintes-Maries-de-la-Mer*. Von dort aus wollen wir uns die *Camarque* in Ruhe anschauen. Geplant sind viele Fahrradtouren und Spaziergänge am Strand.«

»Na, hoffentlich geht alles gut.« Tante Bernie verdrehte gekonnt die Augen.

»Jetzt beginnt für uns die Erholungsphase, nicht wahr, Mädels?« Isabelle schaute ihre Freundinnen vieldeutig an.

»So ist es.«

»Aufregung hatten wir schon genug.«

»Das stimmt, jetzt ist Erholung angesagt.«

»Und vor jedem französischen Polizisten gehen wir in Deckung.«

Tante Bernie schaute Johanna erschrocken an. »Wo gehen Sie mit ihm hin?«

Amüsiert kam Isabelle ihrer Freundin zur Hilfe und übersetzte, bevor Tante Bernie alle deutschen Frauen für Polizistenfängerinnen hielt. Es war spät geworden. Eigentlich viel zu spät für Tante Bernie nach ihrem Schwächeanfall, von dem an diesem Abend allerdings nichts mehr zu spüren war. Doch um nichts in der Welt hätte sie diese Vorstellung heute verpassen wollen. Sie freute sich jetzt schon darauf, ihrer Enkelin alles haarklein erzählen zu können. Und außerdem ihrer Nachbarin, natürlich auch ihrer Schwester in Paris …

»Antoine, der heutige Abend war wirklich etwas Besonderes. Und wisst ihr, was ich am meisten bedaure?«

Alle schüttelten verneinend den Kopf und schauten Tante Bernie erwartungsvoll an.

»Dass ich morgen nicht mit den dreien weiterfahren kann.«

Ein trauriges Grinsen huschte über ihr Gesicht, während die anderen herzlich lachten. Ja, so kannte Antoine seine Tante, so war sie immer gewesen, lebenslustig und fröhlich.

»Aber jetzt, *mes enfants*, bin ich sehr müde und würde gerne nach Hause fahren.«

Und damit wurde ein allgemeiner Aufbruch eingeläutet. Florence, die bei ihrer Cousine wohnte, hatte sich als Fahrerin für den heutigen Abend angeboten. Sofia und Louis wollten ihren Kleintransporter bei Antoine stehen lassen, denn sie hatten auch für einen Freund, der ebenfalls in Saint Rémy wohnte, ein paar Dinge aus Marseille mitgebracht. Sie würden ihm alles irgendwann am Wochenende vorbeibringen.

Während Robert und Claudine ein wenig Ordnung schafften, schlenderten die anderen gemeinsam zum Parkplatz und das Verabschiedungsritual begann. Maurice nahm seine Reisetasche aus dem Kofferraum des BMW, denn er freute sich auf ein paar gemeinsame Tage mit seinem Bruder. Anschließend stiegen die vier in den roten BMW ein und fuhren los.

»Das ist ja wie bei uns am Rosenmontag in Köln.«

Alle schauten Carla etwas ratlos an, nur Johanna erahnte ihre Gedanken.

»So viele Bützchen.«

Kapitel 31

Als sie zurück in den Garten kamen, waren Robert und Claudine mit dem Aufräumen schon fertig und verabschiedeten sich nach oben in ihre Wohnung.

»Maurice«, forderte Antoine seinen Bruder auf, »bitte begleite unsere Gäste ins Wohnzimmer und nimm ein paar frische Gläser aus dem Schrank.«

Er selber holte eine Flasche Weißwein aus der Küche und kontrollierte eingehend das Etikett. Nachdem er es für gut befunden hat, folgte er den anderen. Im Wohnzimmer herrschte eine gemütliche Atmosphäre. Isabelle war noch damit beschäftigt, alle Kerzen anzuzünden und lachte über die Küchenmaschine, die Robert mitten auf den großen Holztisch direkt unter die Glühbirne gestellt hatte. Sie war sicher, dass er sie so schnell wie möglich aufhängen würde. Johanna und Carla hatten es sich bereits in der Sitzecke gemütlich gemacht, während Maurice die letzten Gläser aus dem Schrank nahm.

»Dieses ist eine Flasche Wein, die mir Onkel Bertrand für eine besondere Gelegenheit geschenkt hat. Und ich finde, es kann keinen besseren Zeitpunkt dafür geben als den jetzigen.«

Er öffnete die Flasche, roch an dem Korken und schenkte sich einen winzigen Schluck zum Test ein. Dann füllte er die Gläser der anderen.

»Ich vermute, Onkel Bertrand besitzt ein Weingut im Elsass.«

Carla erntete einen überraschten Blick von Antoine und ein Lächeln von Maurice.

»Ich habe das Weingut auf der Stadtführung in Metz erwähnt«, erklärte Maurice. »Gut kombiniert, Carla.«

»Worauf trinken wir?« fragte Antoine. »Auf die Liebe? Auf die Freundschaft? Auf Europa?«

»Auf eure Geburtstage natürlich.«

Johanna atmete den Duft des Weines ein.

»Dann möchte ich einen Wunsch anschließen und Ihnen das *Du* antragen, meine Damen. Wenn das nicht zu forsch ist?«

Maurice schaute die drei fragend an. Sein Blick blieb zwar bei Carla hängen, doch es war Johanna, die antwortete.

»Das ist eine wunderbare Idee, Maurice. Ich heiße Johanna. Habe ich das schon erwähnt?«

Alle lachten. Johanna und ihr trockener Humor. Oder war es die ausgelassene Stimmung? Oder gar der Weingenuss des Abends? Auf jeden Fall stellten die Frauen schnell ihre Gläser ab, um keinen Tropfen des wertvollen Rebensaftes zu vergießen. Dann wurden sie von Antoine ermahnt.

»Darf ich um etwas mehr Ernsthaftigkeit bitten, zumindest bis zum ersten Schluck!«

Artig nahmen alle ihre Gläser wieder in die Hand.

»Dann trinken wir auf unseren Geburtstag und auf die Freundschaft!«

»Santé.«

»Auf euer Wohl!«, sagte Johanna, »und alles Gute auch für dich noch einmal, Maurice. Dein Geburtstag ist im heutigen Trubel völlig untergegangen.«

»Vielen Dank, aber ich bin voll auf meine Kosten gekommen.«

»Mmmh. Das ist wirklich ein besonderer Tropfen. Welche Ehre für uns!« Isabelle sah Antoine lächelnd an.

»Die Ehre liegt ganz auf meiner Seite. Und das Vergnügen auch.«

Johanna schaute auf den sichtbaren Teil des angestrahlten Swimmingpools und versuchte, sich jede Einzelheit genau einzuprägen, um möglichst viele Bilder in ihrem Gedächtnis zu verankern. Dann wandte sie sich Carla zu.

»Hast du auch den Garten fotografiert?« Du weißt, ich brauche noch ein paar schöne Aufnahmen für mein Gemüt.«

Carla schmunzelte innerlich über das Wort Gemüt, das ihre Freundin gewählt hat. Wären sie unter sich gewesen, hätte Johanna sich anders ausgedrückt und gesagt, sie bräuchte noch Bilder für die Seele. Aber sie hatte Recht, in ihrer Praxis gab es viele kahle Wandflächen, die geradezu danach schrien, mit herrlichen Bildern aus der Provence dekoriert zu werden.

»Natürlich habe ich das schon gemacht.«

Ein wenig beruhigt, wandte sich Johanna ihrem Nachbarn zu.

»Sag mal, Antoine, ich weiß noch gar nicht viel von eurer Familie. Wenn ich richtig kombiniert habe, ist euer Ursprung im Elsass, nicht wahr?

»Das stimmt. Unsere Großeltern bewirtschafteten dort ein kleines Weingut. Sie hatten drei Kinder: Onkel Bertrand, Tante Bernie und unsere Mutter Claire. Nach dem Tod der Großeltern übernahm Onkel Bertrand mit seiner Frau Emilie das Weingut, das war immer schon so geplant gewesen.«

Antoine trank einen Schluck Wein.

»Tante Bernie zog zu ihrem Mann Bruno nach Rémy und unsere Mutter heiratete den Pariser Paul Chevallier. Unser Vater arbeitete bei einer großen Bank in Paris und übernahm bald eine Filiale in Berlin, wo zuerst Maurice und ich, drei Jahre später dann Florence zur Welt kamen.«

Jetzt schaltete sich Maurice ein.

»Florence hatte es nicht leicht als Kind. Sie war zwar immer das Nesthäkchen, aber an der Seite von zwei älteren Zwillingsbrüdern aufzuwachsen, bedeutete, immer um Aufmerksamkeit ringen zu müssen. Sie ist bis heute eine Kämpfernatur geblieben.«

Johanna lächelte. »Dann verstehe ich jetzt auch, warum alle in eurer Familie so gut Deutsch sprechen.«

»Das stimmt. Wir waren immer eng mit den Deutschen verbunden, sowohl beruflich bedingt als auch privat.«

»Und bei welcher Universität bist du hier beschäftigt?«

»Ich arbeite seit drei Jahren an der Universität Nîmes, einer Außenstelle der Universität Montpellier. Es handelt sich dabei um eine recht kleine Hochschule mit ungefähr 4.000 bis 5.000 Studenten. Bis zu diesem Zeitpunkt war ich in Paris tätig, aber es wurde mir dort alles zu hektisch und zu groß. Irgendwann ist mir klargeworden, dass ich mich nach mehr Beschaulichkeit sehnte. So bin ich hier gelandet. Und diesen Entschluss habe ich auch bis heute nicht bereut.«

»Wie weit ist es denn von Saint Rémy nach Nîmes?«, forschte Johanna weiter nach.

»Das sind gut 40 Kilometer, aber meine Anwesenheit dort ist nicht täglich erforderlich. Ich halte zwei Vorlesungen im Semester und habe dadurch mehr Zeit für die Forschung.«

»Was unterrichtest du genau?«

»Im Prinzip mache ich das Gleiche wie mein Bruder. Wir lehren beide Geschichte, nur habe ich mich zusätzlich auf alte Sprachen spezialisiert und er auf Französisch und Englisch. Und ich bin wie gesagt an der kleinen Uni in Nîmes und er an der großen in Köln.«

Die Frauen hatten aufmerksam zugehört. Jetzt drehte Johanna ihr Glas zwischen den Fingern und fand es im Nachhinein sehr charmant von Maurice, dass er sein Licht so sehr unter den Scheffel gestellt hatte. Sie beobachtete, wie er Carla verträumt ansah.

Isabelle fühlte sich sehr wohl in der Familie Chevallier. Sie saß angeschmiegt an Antoine auf dem Sofa und träumte vor sich hin. Es war schon verrückt, was die anderen beiden auf ihrer Fahrt hierher alles erlebt hatten. Aber es war auch die richtige Entscheidung gewesen, ihre Ladiestour in Südfrankreich zu verbringen, um ihnen bei dieser Gelegenheit Antoine vorzustellen. Es wurde höchste Zeit dafür. Nicht nur, weil die beiden ihn endlich kennenlernen wollten, sondern weil sie, Isabelle, es ihnen schuldig war. Die beiden hatten so viel Leid mit ihr geteilt, jetzt sollten sie auch an ihrem Glück teilhaben dürfen. Sie freute sich ungemein auf die kommende Woche. Endlich wieder einmal ausgiebig miteinander reden können. Wie lange hatten sie das nicht mehr getan? Die letzten Wochen waren nur so an ihnen vorbeigeflogen, weil jede von ihnen in ihrer eigenen Welt eingespannt war. Carlas Stimme holte sie aus ihren Gedanken.

»Hat Florence eigentlich ihr Versprechen gehalten, Maurice?«

»Du meinst, ob sie manierlich zurückgefahren ist und nicht so, als sei der Teufel hinter ihr her?«

»Ja, genau«, lachte Carla.

»Na, ja«, meinte Johanna klarstellen zu müssen, »wie eine Schnecke bist du selber auch nicht unterwegs.«

»Das habe ich auch gar nicht behauptet«, wehrte sich Carla.

»Du liebst also auch die etwas zügigere Fahrweise, Carla?« Antoine versuchte, das Thema von seinem Bruder wegzulenken.

»Sagen wir mal so: Ich fahre gerne etwas sportlicher. Aber wenn ich zum Beispiel mit Johanna unterwegs bin, halte ich mich strikt an ihre Anweisungen. Dann ist bei 120 Schluss.«

»Schweren Herzens«, lachte Johanna.

»Das streite ich auch gar nicht ab. Aber Maurice, du kannst doch bestätigen, dass ich sehr gemäßigt gefahren bin, oder?«

»Das stimmt, vielleicht aber nur, weil Johanna von ihrem hinteren Logenplatz aus den Tacho allzeit fest im Blick hatte.«

»Das hat sie immer. Egal, wer fährt und wo sie sitzt. Manchmal frage ich mich, wie sie das anstellt. Auf jeden Fall haben wir keine Chance, sie auszubooten.«

Isabelle und Carla waren sich sehr schnell einig. Doch Johanna hatte nicht vor, sich an dieser Diskussion zu beteiligen, und lehnte sich gemütlich zurück.

»Du sagst ja gar nichts dazu, Johanna!«, fragte Isabelle verwundert.

»Alles, was dazu zu sagen ist, habe ich bereits vor Jahren verkündet. Bald werde ich es meinen Kindern predigen müssen, aber bis dahin genehmige ich mir eine Auszeit.«

»Jetzt mal im Ernst, Maurice«, hakte Carla noch einmal nach, »hast du gestern Angst gehabt, als ich fuhr?«

Johanna bemerkte, dass Antoine seinen Bruder besorgt ansah.

»Nein, Carla, da kannst du ganz unbesorgt sein. Ich habe mich gestern sehr wohl gefühlt und würde mich dir im Auto jederzeit wieder anvertrauen.«

»Also bitte, da hört ihr es. Vielen Dank, Maurice.«

Zufrieden trank sie einen Schluck Wein und knackte eine Pistazie. Dann fummelte sie an ihrem linken schmerzenden Ohr herum, hakte den Ohrring aus und legte ihn mit einer theatralischen Geste auf den Tisch.

»Ich sollte wirklich nur Gold und Platin an meinen Körper lassen!«

Die Männer amüsierten sich, da sie sich ohnehin nicht vorstellen konnten, sich für eine Dekoration anstechen zu lassen.

»Trotzdem verstehe ich nicht, warum du kein Auto hast, Maurice. Man ist doch viel unabhängiger und freier, auch wenn man nicht so viel fahren möchte.«

Carla schaute ihn geradewegs an, als sie Johannas Hand mahnend auf ihrem Oberschenkel spürte. »Entschuldige,

Maurice, das war vielleicht etwas indiskret von mir. Du musst mich einfach stoppen, wenn es mit mir durchgeht.«

»Nein, nein, Carla, das ist vollkommen in Ordnung«, sagte er langsam und bedächtig.

»Es ist nur so, dass meine Frau und ich vor zwei Jahren einen Autounfall hatten, den sie nicht überlebt hat. Charlotte saß damals am Steuer, doch ihr wurde keine Schuld zugesprochen. Ein anderer Autofahrer hatte einfach nicht aufgepasst.«

Zum ersten Mal hatte Maurice bereitwillig von seinem Unfall erzählt, wenngleich auch nur kurz und knapp wie die Abfolge eines Menüs. Antoine war erleichtert. Der Bann schien gebrochen zu sein. Offensichtlich hatte sein Bruder dieses furchtbare Erlebnis inzwischen ein wenig verarbeitet. Auf jeden Fall schien der dicke Panzer, den er um sich herum gebaut hatte, Risse zu bekommen. Die Frische und Offenheit der beiden Frauen schien ihm so gut zu tun wie ihm selber Isabelle. Er wünschte sich, sein Bruder würde diesen schweren Teil seines Lebens bald hinter sich lassen und wieder optimistischer in die Zukunft schauen können. Langsam stand Antoine auf und ging zum Esstisch. Er öffnete den Karton und hob den Kronleuchter in die Höhe, so dass er die einsame Glühbirne verdeckte.

»Er sieht phantastisch aus. Damit habt ihr hundertprozentig meinen Geschmack getroffen. Wahrscheinlich träumt Robert schon davon, ihn anzubringen.« Antoine lachte herzhaft. »Die beiden da oben sind wahre Schätze für mich.«

Der Kronleuchter glänzte im Kerzenschein und alle konnten sich ausmalen, welch ein gemütliches Licht er diesem Raum schenken würde. Vorsichtig setzte Antoine das wertvolle Teil wieder in den Karton.

»Ich möchte mich noch einmal bei euch für dieses Geschenk bedanken. Aber es ist viel zu wertvoll. Der Leuchter muss in dieser Größe ein Vermögen gekostet haben«, überlegte er. »Trotzdem gebe ihn nicht mehr her.«

Die Frauen freuten sich. Jetzt waren sie sich sicher, die richtige Wahl getroffen zu haben.

»Da heute Abend so viele Dinge mutig enthüllt worden sind,« setzte Antoine nach einer Weile an, »traue ich mich jetzt auch zu fragen, warum ihr diesen Karton ausgewählt habt? Wolltet ihr mich schocken?«

»Irgendwie mussten wir ihn für diese Fahrt doch sicher verpacken«, antwortete Johanna nebulös.

Die Frauen schauten sich an und grinsten. Dann legte Isabelle los.

»Wir haben diesen Kronleuchter auf einem Flohmarkt in Enschede gesehen. Das ist eine kleine Stadt in Holland, nicht weit hinter der Grenze. Und uns sofort in ihn verliebt.«

»Aber der Preis war viel zu hoch! Das haben wir als Flohmarktprofis natürlich lauthals zum Ausdruck gebracht«, berichtete Carla, »und lange an diesem Stand herum palavert. Und Isabelle hat immer wieder gesagt: Das kommt überhaupt nicht in Frage, ich habe einen ähnlichen dort hinten viel billiger gesehen!«

»So etwas dauert bei uns mindestens zwanzig Minuten«, erklärte Johanna, »je nach Bedeutung des entdeckten Schatzes.«

»Nach meinen Erlebnissen in Metz kann ich mir das lebhaft vorstellen«, glaubte Maurice, einstreuen zu müssen, wurde aber sofort hart attackiert.

»Das wird ja immer schöner. Da standen wir in einem fremden Land ohne Sprachkenntnisse mit einem Bein im Knast. Und das für einen fremden Tramper, der von seiner eigenen Schwester auf einer Raststätte ausgesetzt worden war! Wir handelten aus reiner Menschlichkeit und müssen uns das jetzt auch noch vorhalten lassen! Was sagst du dazu, Johanna?«

»So sind die Franzosen halt. Beim nächsten Mal versuchen wir es mit einem Spanier.«

Alle brüllten vor Lachen und es dauerte einige Zeit, bis Isabelle den Faden wiederaufnehmen konnte.

»Auf jeden Fall hat Carla mit ihrem Charme und ihrem Talent den Preis fast halbiert und da der Händler keine geeignete Tüte für uns hatte, sind wir quer durch Enschede mit dem Kronleuchter in der Hand gelaufen. Mal die eine, mal die andere. Es war herrlich. Wir haben viele wohlwollende Blicke und etliche Angebote erhalten, so dass wir ihn an Ort und Stelle mit Gewinn wieder hätten verkaufen können.«

»Das kann ich mir lebhaft vorstellen«, meinte Antoine.

»Und da wir nun einen stabilen Karton für die Reise benötigten, kaufte Johanna für ihre Mutter zum Namenstag eine Küchenmaschine. Und damit war unser Problem gelöst.«

»Ein großartiger und selbstloser Einsatz, den ich sehr zu würdigen weiß«, schloss Antoine dieses Kapitel und verteilte den Rest der zweiten Flasche gleichmäßig auf ihre Gläser.

Kapitel 32

Johanna wachte wieder als Erste auf. Da sie in der Nacht vergessen hatte, die Vorhänge zuzuziehen, schien ihr die Sonne voll ins Gesicht. Es würde wieder ein herrlicher Tag werden. Sie schaute auf ihre schlafende Freundin und stand leise auf.

»Du brauchst dir gar keine Mühe zu machen, mich nicht zu wecken, ich bin schon seit Stunden wach«, hörte sie Carlas krächzende Stimme.

»Nun, wenn das so ist, dann lasse ich dir den Vortritt im Bad«, bot Johanna großzügig an und ging ins Wohnzimmer. Es war wohl das Reisefieber, das sie heute Morgen mobilisierte, denn schon vierzig Minuten später waren beide frisch geduscht auf dem Weg zum Frühstückstisch. Johanna eilte voran, während Carla noch schnell ein paar Fotos vom Feigenbaum schoss. Im Licht der Morgensonne ging ein besonderer Glanz von ihm aus. So waren schon alle versammelt, als sie sich an den gedeckten Frühstückstisch setzte.

»Was für ein Anblick«, freute sie sich mit einem Blick auf die Köstlichkeiten, die vor ihnen standen, »welch ein Luxus.«

Bei diesem Stichwort sprang Robert plötzlich auf und eilte ins Haus. Wenige Augenblicke später war er wieder da und überreichte Johanna feierlich eine Schale mit frischen Feigen.

»Die hätte ich fast vergessen, Johanna.«

Ihre Augen wurden riesengroß. »Das kann ich jetzt nicht fassen. Extra für mich? Können Sie zaubern? Sie haben mir doch gestern erzählt, die Feigen seien noch nicht reif.«

»Unsere hier noch nicht, aber manche Sorten sind etwas früher.«

Johanna stand auf, um Robert zu umarmen. »Vielen lieben Dank. Ich bin total sprachlos.«

Und ganz langsam nahm sie eine Feige aus der Schale, schälte sie und steckte sich genüsslich ein Viertel in den Mund.

»Mmmmh. Sie sind ein Schatz, Robert. Möchten Sie nicht nach Münster ziehen?«

»Dann musst du dich entscheiden zwischen Johanna und mir, denn ich bleibe hier«, witzelte Claudine.

»Eine sehr schwere Entscheidung, meine Damen. Ich glaube, ich werde eine Nacht darüber schlafen müssen.«

Sie knüpften mühelos an die ausgelassene Stimmung des Vortages an, griffen reichlich zu und ließen sich von Robert und Claudine verwöhnen. Auf einmal kam Shu-Shu um die Ecke stolziert und sprang wieder vertrauensvoll auf Carlas Schoß.

»Wo warst du denn gestern Abend, Shu-Shu?« Carla begann augenblicklich, sie liebevoll zu kraulen und wurde auch sofort mit einem herzerweichenden Schnurren belohnt.

»Gestern Abend war es ihr hier zu voll. Shu-Shu mag es nicht, wenn es zu turbulent ist«, erklärte Antoine. »Aber bei dir scheint sie sich so wohl zu fühlen, dass sie unsere Anwesenheit übersieht.«

»Vielleicht möchte sie sich auch von mir verabschieden«, sagte Carla versonnen und ein wenig nachdenklich. »Dieses Frühstück wird mir fehlen. Ich fürchte, ab morgen bekommen wir nur noch ein typisches französisches Frühstück mit einem winzigen Croissant und einer Tasse Café noir. Sag mal Johanna, wie lange kann man damit überleben?«

»Tja, ich schätze, der normale Durchschnittsmensch ein halbes Jahr, der Franzose sein Leben lang und du, ich tippe auf drei Tage.«

»Wir könnten Ihnen ein Care-Paket packen«, schlug Claudine vor.

»Keine schlechte Idee«, überlegte Carla. »Aber das Schlimmste am französischen Frühstück sind die Gauloises vor dem Croissant.«

Maurice fühlte sich entspannt und glücklich. Zuhause startete er lediglich mit einer Tasse Kaffee in den Tag, weil ihm immer noch die Fröhlichkeit seiner Frau fehlte. Und ganz besonders morgens litt er unter der Stille der Wohnung.

»Ich schlage vor, du rufst mich an, wenn ich dich retten soll.« Er schaute Carla direkt an.

»Oh, das ist ein wunderbares Angebot. Es ist hoffentlich ernst gemeint.«

»Aber ganz gewiss. Mir ist kein Weg zu weit, um mein Trockenbrot mit dir zu teilen.«

»Ach ja, das Trockenbrot. Eine verlockende Alternative.«

Alle lachten wieder, aber etwas Wehmut mischte sich in das Reisefieber der Frauen. Nach dem herrlichen und ausgiebigen Frühstück verschwanden Johanna und Carla, um ihre Sachen zu packen. Isabelle, die dieses schon am Vortag gemacht hatte, suchte noch einige Bücher zusammen. Dann half sie den beiden anderen, alles einzuladen. Carla verschloss den Wagen und ließ den Autoschlüssel unauffällig in ihre Hosentasche gleiten.

»Geht schon mal vor, Mädels. Ich muss meinen Ohrring im Bad gelassen haben. Ich komme gleich nach.«

Als die anderen beiden nicht mehr zu sehen waren, huschte sie zum Mini, ließ die Zündung an und schaltete Charly ein. Schnell arbeitete sie sich über die *Menüeinstellungen* zum Button *Töne,* suchte eine wohl klingende weibliche Stimme heraus und stellte diese auf eine angenehme Lautstärke ein. Dann machte sie sich lächelnd auf den Weg zu den anderen. Ihren Ohrring hatte sie jedoch tatsächlich irgendwo liegengelassen, nur nicht im Badezimmer. Carla ging ins Haupthaus und schaute ins Wohnzimmer. Hatte sie ihn gestern nicht auf den Tisch gelegt? Aber hier war nichts. So ging sie in die Küche und schaute auf der Arbeitsplatte nach. Komisch. Irgendwo musste er doch sein. Als sie sich umdrehte, kam Maurice durch die Tür. Carlas Herz schlug wild, denn bisher war sie noch nie allein mit ihm in einem Raum gewesen. Dicht, um nicht zu sagen sehr dicht vor ihr blieb er stehen. Carla wollte etwas sagen, brachte aber nichts heraus und schaute ihn nur an, als sähe sie ihn zum ersten Mal.

»Ich habe deinen Ohrring gefunden«, begann Maurice. Er sprach sehr leise und sehr zärtlich und ohne ihre Augen freizugeben hielt er die Kreole hoch, die jedoch in diesem Augenblick jegliche Bedeutung verloren hatte. Mit der anderen, der freien Hand glitt er ganz sanft über Carlas Wange bis hinunter zu ihrem Kinn, um dieses ein wenig anzuheben. Ebenso langsam, jede Sekunde dieses Augenblickes auskostend, beugte er sich immer weiter zu ihr hinunter, bis …

»Hier seid ihr ja!«

Isabelle stürmte in die Küche, gefolgt von Johanna, die sogleich erkannte:

»Da ist ja auch dein Ohrring. Wunderbar. Dann können wir ja los.«

Ende